本书是全国教育科学规划教育部青年课题“交往行为理论视域下博士生导师指导模式建构研究”（EIA230494）的阶段性成果

理解与融合

走向交往理性的博士生导学关系

常海洋 著

中国社会科学出版社

图书在版编目（CIP）数据

理解与融合：走向交往理性的博士生导学关系／常海洋著．—北京：中国社会科学出版社，2024.3

ISBN 978-7-5227-3399-9

Ⅰ.①理… Ⅱ.①常… Ⅲ.①博士生—师生关系 Ⅳ.①G643

中国国家版本馆 CIP 数据核字(2024)第 073617 号

出 版 人 赵剑英
责任编辑 程春雨
责任校对 刘 娟
责任印制 张雪娇

出 版 中国社会科学出版社
社 址 北京鼓楼西大街甲 158 号
邮 编 100720
网 址 http://www.csspw.cn
发 行 部 010-84083685
门 市 部 010-84029450
经 销 新华书店及其他书店

印 刷 北京君升印刷有限公司
装 订 廊坊市广阳区广增装订厂
版 次 2024 年 3 月第 1 版
印 次 2024 年 3 月第 1 次印刷

开 本 710×1000 1/16
印 张 19
插 页 2
字 数 302 千字
定 价 98.00 元

凡购买中国社会科学出版社图书，如有质量问题请与本社营销中心联系调换
电话：010-84083683

献给常太安同志！

前　言

博士生导学关系属于师生关系的一种，但又有别于一般的师生关系，是导师与博士生之间在学术指导、科研训练、立德树人等过程中建立起来的交往关系，包括身份关系、制度关系、协作关系、情感关系等方面。从博士生教育的历史脉络出发，审视国内外博士生导学关系在不同历史时期的不同样态、规律、作用及意义，对于搭建博士生导学关系的分析框架，建构和谐师生关系体系有着重要的借鉴意义。国外博士生教育从确立时期开始，经过发展时期、深化时期，充分发展完善了“师徒式”“制度式”“协作式”等博士生导学关系形式，分别体现了博士生导学关系中的身份、制度、协作等不同侧重面，而新型博士生导学关系形式的出现恰是对前一种关系形式的有效补充。中国真正的博士生教育从20世纪80年代开始，经历了博士生教育的确立与发展时期、调整与稳定时期，博士生导学关系的发展在一定程度上是这几种模式的混合形态。伴随着科学技术的不断进步和社会经济的不断发展，国内外博士生导学关系的历史演变都是为满足不同历史阶段社会主体的需求与目标而出现的，也都体现了工具理性渐进和交往理性渐退的特点。面对中国特色社会主义建设的新时代，博士生教育需要实现“立德树人”的教育目标，当下的博士生导学关系也更加呼唤交往理性的回归。

本研究以量化研究与质性研究相结合的方式，通过问卷调查与实地调研访谈，深入探查博士生导学关系的实然境况及其具体影响因素。分析发现，包括年龄、性别等在内的人口学变量和学科、学校等在内的环境因素在博士生导学关系中没有显著性差异，而师生间的交往互动因素对博士生导学关系有显著性影响。因此，博士生导学关系的改善和发展不仅要求妥善解决这些因素的影响；而且要回到教育主体本身，回到导师与博士生的交往与互动本身；更要分析其背后的价值观念或价值取向问题。

本研究以文献综述、历史分析和差异性分析为基础，建构质性研究的分析框架，并通过访谈法对博士生导学关系的困境与原因进行调查分析，发现中国博士生导学关系存在着“相安的疏离”与“表现式亲密”的交往状态。工具理性的兴盛使师生关系对制度、技术及管理的依赖不断增加，淡化了人们对生活世界、内在精神与生命意义的探寻与追求，进而引发师生在交往过程中身份、制度、协作、情感等方面的问题与矛盾。具体表现在博士生导学关系功利化的目的困境、博士生导学关系僵化的制度困境、博士生导学关系雇佣化的协作困境、博士生导学关系抽象化的情感困境等方面。究其原因，在主体层面是由于实现“人”的目的与手段、工具的倒置；在制度层面是由于教育制度与教育实践的远离；在协作层面是由于言语与沟通场域的缺失；在情感层面是缘于教育系统与生活世界的分离。

身份存在、制度存在与符号存在共同构成了博士生导学关系的规范前提，构筑了博士生导学关系的存在基线。因此，基于交往理性的博士生导学关系体系建构在把握身份素养、制度建设等工具理性的同时，更要注意导师与博士生在交往过程中言语互动、情感交流等交往理性的实现。主体与身份作为交往理性师生关系的先决条件，要求师生在进入师生关系之前均需要满足一定的素质与能力；制度与环境作为交往理性师生关系的生成场域，要求建构同时满足博士生教育与导师专业成长的实践环境；符号与媒介作为交往理性师生关系的建构纽带，要求师生在具体交往过程中注意把握言语、文本等符号的意义、表达与理解；理解与融合作为交往理性师生关系的发展空间，决定了导师与博士生和谐关系的发展上限。

解释与理解不仅是导师与博士生沟通的具体实践形式，而且构成了交往理性导学关系的发展空间。解释学循环作为师生理解活动的基本运作形式，不仅使理解具备了朴素的认识论与方法论意义；而且将存在主义、生命哲学与解释学相结合，揭示了导学关系所形成的解释学处境、生命与意义，使理解有了本体论的性质。对师生交往中语言和文本的理解，不仅作为理解者知识结构的建构基础，而且就是对行为主体的理解，对他人的理解；而对他人理解的过程中也伴随着对自我的理解，体现了个体认知结构和内部精神的更新与重构，体现了自我与世界关系的现实性超越。

师生间的统一与融合则决定了和谐导学关系的发展上限。实现交往理性导学关系的建构，从内部理念上来讲，需要把握师生交往过程中各种行为合理性的统一，即理论合理性与实践合理性的统一；经济合理性与道德合理性的统一；目的合理性与价值合理性的统一；工具合理性与交往合理性的统一。从外部表现形式上来说，需要注意导学关系各方面的通力协作，即在身份建构方面把握师生的主体间性；在制度健全方面寻求共同认可的制度规范；在经济合作方面达成包容冲突的契约交往；在情感共融方面构筑师生之间的交往共同体。

目 录

第一章

缘起：博士生导学关系研究的现状与反思

英国戈辛汉姆大学（Gossingham University）的加斯蒂诺（Gastineau）博士说，研究生阶段是很可怕的。至今我还没有遇到过一个没有经历过经济危机、精神危机、情感危机以及与导师关系危机的研究生。这就是这个体系如此可怕的原因。①

第一节 问题的提出

博士研究生教育是高等教育的最高层次，肩负着为国家现代化建设培养创新型人才的重任，对国家的政治、经济、文化等各项事业的发展都起到不可忽视的作用。目前，中国步入了中国特色社会主义的新时代，随着新型大国关系的建立和信息技术革命的推动，中国社会发展正处于经济转型的关键阶段，亟须各个领域培养出一批高质量的研究型、创新型、应用型人才。作为博士研究生的培养者，导师的学术素养、指导水平及其与博士生的和谐关系是影响博士生成才的关键因素，也是提高博士研究生培养质量的必要条件。时代的发展要求博士生导师应当具有扎实的专业知识，坚定的理想信念，高尚的道德情操，以及个人素质的全面提升；博士生导学关系的异化导致博士生教育质量问题的凸显，呼吁我们恰当处理导学冲突与导学矛盾，使导师与博士生的关系回归和谐发

① 参见［英］萨拉·德拉蒙特《给研究生导师的建议》，彭万华译，北京大学出版社 2009 年版，第 13 页。

展之路;博士生教育的实践问题促使博士生教育的理论生成,而导学关系作为研究生教育理论的重要一环,亟待建构起良好的理论基础。

一 导师制为主的培养模式的根本需要

以导师制(Tutorial System)为主的研究生培养模式,起源于英国15世纪的牛津大学,由"新学院"的温彻斯特主教威廉·威克姆(William Wykeham)所创立。学生在进入牛津大学之后就会被指派一名导师,本科生的导师被称为Tutor,而研究生的导师则称为Supervisor。[①] 导师对学生负有教学和辅导的责任,学生课程的选择、考试的准备等都可以请求导师给予指导,但这种导师制度并不是真正意义上的研究生教育教学制度。直到19世纪中期,随着大规模研究所的出现、科学的不断发展以及大学教育的等级分化,研究生导师的地位才开始真正确立。[②]

在早期阶段,导师的决定性职责之一,即保证学生的科研选题或方向明确且易于处理:导师可以建议学生选择一些容易证明的研究方向,以便缩减科研时间或空间所包括的范围,或者减小查阅资料的范围。随着博士生教育的发展,导师的职责也变得越来越丰富,例如要引导博士生树立正确的世界观、人生观、价值观,增强科学研究的使命感、责任感;不仅要做学生学业上的导师,又要做学生人生道路上的导师。导师制的实施有利于导师对博士生因材施教,更好地调动学生的主动性与积极性,提高学生的综合素质和科研创新能力,进而促进学生的全面发展,但也必须具备完善的学分制体制、足够的导师数量、高素质的导师队伍、完善的导师职责等方面的条件和要求。[③] 尽管在各个国家、各个高校没有统一的导师指导模式,但由于它具有个性化、灵活性、可操作性等特点,已经成为博士生培养的重要模式。

当前中国博士教育实施的便是以导师为主的负责制,博士生的各种学习与研究活动基本上都是围绕着导师的课题、任务或要求展开的。传

---

① 李东成:《导师制:牛津和剑桥培育创新人才的有效模式》,《中国高等教育》2001年第8期。

② 薛天祥:《研究生教育学》,广西师范大学出版社2001年版,第313页。

③ 余远富:《对学分制条件下实施导师制的探讨》,《扬州大学学报》(高教研究版)2002年第3期。

统的博士生培养方式已经远远滞后于博士生教育发展及和谐导学关系建设的现实需求，随着新时代的到来，中国对于博士生导师队伍的建设已经有所行动。2020 年 9 月，教育部发布《关于加强博士生导师岗位管理的若干意见》，明确指出“博士生导师的首要任务是人才培养，承担着对博士生进行思想政治教育、学术规范训练、创新能力培养等职责”，并强调“博士生导师是因博士生培养需要而设立的岗位，不是职称体系中的一个固定层次或荣誉称号”①。2020 年 10 月，教育部发布关于印发《研究生导师指导行为准则》的通知，再次强调“研究生导师是研究生培养的第一责任人，肩负着为国家培养高层次创新人才的重要使命”，并对博士生导师提出“正确履行指导职责、精心尽力投入指导、严格遵守学术规范、构建和谐师生关系”等八条行为准则与明确要求。②

导师作为博士生教育模式中的一个重要方面，与博士生之间的关系直接影响着博士生教育质量，强调导师在博士生培养中的地位和作用，更加明确了导学关系对博士生教育和导师队伍建设的重要意义。导师与博士生彼此之间的态度和看法直接影响导师指导学生学习的意愿，影响到博士生的学习质量、科研活动成果，进而决定博士生培养质量的好坏。良好的师生关系创造了导师与博士生之间无障碍的人格交往，导师成为博士生的顾问和盟友，共同在与知识的相遇中获得生命的意义，从而促使师生双方的共同发展。导学关系自始至终贯穿于博士生教育，对博士生教育的影响作用不言而喻，因此，探索新时代博士生导学关系的应然走向，是以导师制为主的培养模式的根本需求与现实观照。

二　博士生教育规模与培养质量的历史推动

1949 年中华人民共和国建立之后，曾先后三次拟实施学位制度，但由于种种原因一直未能真正实行。自 1978 年恢复研究生招生以来，中国

---

① 中华人民共和国教育部：《教育部关于加强博士生导师岗位管理的若干意见》，2020 年 9 月 27 日，http：//www. moe. gov. cn/srcsite/A22/s7065/202009/t20200927_491838. html，2020 年 9 月 29 日。

② 中华人民共和国教育部：《教育部关于印发〈研究生导师指导行为准则〉的通知》，2020 年 11 月 11 日，http：//www. moe. gov. cn/srcsite/A22/s7065/202011/t20201111_499442. html，2020 年 11 月 21 日。

研究生教育已经走过了四十多年的历程，国家、社会和高校的共同努力使中国研究生教育事业迅速发展。1976年，教育部和国务院科技干部局联合组织的学位小组，拟订了《中华人民共和国学位条例（草案）》，经审议修改，1980年2月15日由人大常委会第十三次会议讨论通过。学位制规定中国设学士、硕士、博士3级学位，并从1981年1月1日起开始施行。从1978年恢复研究生教育至今的四十年间，中国研究生学位授予数量大幅增长，从1981年到2018年学位授予总量超过八百万。而近十年中国研究生教育进入高速发展阶段，学位授予量占总量近八成。

1982年6月，中国的首批博士学位产生，从此以后，中国的博士教育迈入了稳步发展的阶段，学位制度也逐渐趋于完善和成熟。从1994年开始，博士学位授予规模呈现急剧扩大的趋势，从1994年至2007年间，博士学位授予数量以年均25%左右的幅度快速增长，2008年，中国博士学位授予数达4.37万人，超过美国成为世界上最大的博士学位授予国家。虽然在2008年之后，中国博士学位授予数量的增长速度有所放缓，但仍旧以年均4%左右的增幅在扩大规模，到2018年授予博士学位总量超过84万人。

为适应博士生教育发展的需要和扩大博士学位授予单位的办学自主权，博士生指导教师成为一个重要的工作岗位而不是教授中的一个固定层次和荣誉称号，1995年学位办颁发了《国务院学位委员会关于改革博士生指导教师审核办法的通知》。该办法提出从1995年起，国务院学位委员会不再单独审批博士生指导教师，逐步实行由博士学位授予单位依据国务院学位委员会和国家教委的有关规定，在审定所属各博士点招收培养博士生计划的同时遴选确定博士生的指导教师的办法。①

随着博士研究生招生数量的不断增长，提高博士生培养质量，实现中国从研究生教育大国到研究生教育强国的转变，成为新时代博士研究生教育的主要任务。若要把数以万计的博士生培养成为适应国家经济文化建设需求的高层次、创新型人才，必须首先造就一大批师德师风高尚、业务素质精湛的博士生指导教师。为了适应经济社会发展的多样化需求，弥补与国际先进研究生教育水平的差距，进一步提高研究生教育质量，

---

① 周文辉、王崇东：《导师制度与研究生和谐师生关系的构建》，高等教育出版社2010年版，第22页。

教育部、国家发展和改革委员会、财政部于2013年3月印发了《教育部、国家发展改革委、财政部关于深化研究生教育改革的意见》，明确指出提升导师指导能力，健全以导师为第一责任人的责权机制。同时要求全面落实教师职业道德规范，提高教师道德水平，加强师德师风建设，发挥导师对研究生思想品德、科学伦理的示范和教育作用。①

硕士研究生生源选择面的扩大和博士生准入门槛的降低，客观上造成了博士研究生整体素质的下降，这不可避免地为导师与博士生的和谐相处埋下了隐患，也在一定程度上促使博士生导师师德师风的建设和自身专业素质的提高。2018年是教师教育改革的一个重要年份，许多有关教师教育的政策文件都在这一年陆续出台。2017年11月，习近平总书记主持召开了十九届中央全面深化改革领导小组第一次会议，审议通过《中共中央 国务院关于全面深化新时代教师队伍建设改革的意见》，并于2018年1月印发，这是1949年以来第一份以中共中央名义印发的专门加强教师队伍建设的文件。它描绘了新时代教师队伍建设的宏伟蓝图，指明了新时代教师队伍建设的改革方向，确定了深化教师队伍建设改革的系列核心举措，对各级党委和政府抓好新时代教师队伍建设工作提出了明确要求。②

为努力造就一支有理想信念、道德情操、扎实学识、仁爱之心的研究生导师队伍，全面落实研究生导师立德树人职责，2018年1月，教育部制定并颁发《教育部关于全面落实研究生导师立德树人职责的意见》。要求落实导师是研究生培养的第一责任人，坚持社会主义办学方向，坚持教书和育人相统一，坚持言传和身教相统一，坚持潜心问道和关注社会相统一，坚持学术自由和学术规范相统一，以德立身、以德立学、以德施教。遵循研究生教育规律，创新研究生指导方式，潜心研究生培养，全过程育人、全方位育人，做研究生成长成才的指导者和引路人。③

---

① 中华人民共和国教育部政府门户网站：《教育部 国家发展改革委 财政部关于深化研究生教育改革的意见》，2013年4月19日，http：//www.moe.gov.cn/srcsite/A22/s7065/201304/t20130419_154118.html，2020年4月20日。

② 王定华：《关于实施教师教育振兴行动计划的政策与思考》，《国家教育行政学院学报》2018年第6期。

③ 中华人民共和国教育部政府门户网站：《教育部关于全面落实研究生导师立德树人职责的意见》，2018年2月9日，http：//www.moe.gov.cn/srcsite/A22/s7065/201802/t20180209_327164.html，2018年2月10日。

三　博士生导学关系问题的现实呼唤

博士研究生教育中的导学关系既是一种状态，又是一个持续不断、自我深化的过程。博士生导师有自觉的职业规范和高度成熟的科研能力与技巧，往往很难被他人所替代，导师不仅仅是专业技能的传递者，而且是道德的引导者，思想的启迪者，心灵世界的开拓者，情感、意志、信念的塑造者。在博士研究生教育中，导师不仅需要知道针对不同的学生采取什么样的策略，而且需要知道在这个过程当中如何恰当地处理与博士生的关系。因此，博士生导学关系融洽与否直接影响着研究生的学习生活和科研成果的优劣，最终决定博士生培养质量的高低。

导学关系问题是研究生教育理论与实践中一个历久弥新的话题，在博士研究生培养教育的过程中，由于博士生经常要参与导师的研究课题和科研项目，所以不论是在科研理论学习上还是实践操作技能上都必然与导师产生前所未有的密切联系。博士的培养离不开社会与学校的支持，但是更离不开老师的悉心指导，与硕士研究生相比，博士研究生教育在交往对象、学习内容和学习形式等各个方面都大不相同。因而，健康和谐的导学关系是培养高质量博士必不可少的条件：双方良好的关系可以提高教育教学效率，促进产出科研成绩，促成一个良好的循环；不健康的导学关系会使得教学和科研的进程难以顺利实现，使高等教育人才培养计划蒙受损失。

有些时候，导师因为科研任务重或公务繁忙等事由，很少与自己的学生见面，双方的交流多限于网络上的虚拟沟通，仅有的见面机会也多存在于会议研讨之时，这种例行公事的见面往往导致师生之间缺乏必要的了解与沟通。若此时师生之间产生的一些误会或者矛盾无法及时澄清和化解，往往会导致较大矛盾的出现并由此引发过激行为。由于导学关系异化而产生的矛盾冲突时有报道。此种极端事例不仅仅出现在硕士研究生教育阶段，在博士生教育阶段也屡见不鲜。近年来，伴随博士研究生招生规模的扩大和培养类型的多元化，博士生教育中的导学关系也日渐特殊化和复杂化，一些博士生和导师发生矛盾的极端案例和由此引发的对导师指导不力、导学关系雇佣化等的指责与讨论经常见诸报端，更引起了不少人对博士生教育中导学关系异化的担忧。

当矛盾冲突偶尔出现时，人们也许会拿少数个案与夸大事实来掩饰，但当因导学关系矛盾激化而引发的悲剧密集不断地上演时，不得不令我们开始反思，导师与学生的关系一定是出现了什么问题，才会导致一些导师与研究生之间的冲突日渐增多，使得本该和谐的导学关系出现种种问题。显而易见，导学关系的异化现象已不再是一个纯粹的教育问题，随着教育的发展，这种异化已逐渐演变成了社会问题。“教育质量是在既定的社会条件下，在教育活动客观规律与学科自身逻辑关系的限制下，一定的教育所培养的人才满足社会需要的程度与促进学生身心发展的程度。”[①] 当代研究生教育背景下，如何理解导学关系的本质问题？导学关系究竟出现了哪些方面的问题？导致博士生导学关系异化的原因是什么？如何构建博士生教育中良好的导学关系？这是我们需要迫切思考并解决的问题。

四　博士生导学关系建构的理论诉求

自中国进入新世纪以来，在近二十年的时间里，研究生教育取得了空前的发展，对研究生教育的研究也取得了很大的成就，其研究成果按性质可以分为对研究生教育理论和研究生教育实践与应用两大类，[②] 尤其是进入社会主义新时代以来，中国的研究生教育也进入了一个崭新发展的阶段，面对当前中国研究生教育的转变，很有必要在理论与实践上共同对其进行深入研究。中国博士生教育改革与发展中的实践经验需要理论的概括，同时，博士生教育中现实问题的解决也需要理论的指导。博士研究生教育中的导学关系是研究生教育实践的科学总结，在博士生人才培养中发挥着十分重要的作用。随着时代的不断发展，博士研究生教育的不断深化，现行的博士生导师制度，其弊端也越来越凸显，成为影响博士生人才培养质量的阻隔。相对于研究生教育其他领域出现的较为繁荣的局面，研究生教育中导学关系的理论建构不仅落后于导学关系实践发展的需要，而且在现实中还存在许多亟待解决的问题。从整体上看，有关导学关系的各种研究内容不加辨别地混为一体，往往导致研究生教

---

① 刘国钦等：《高校应用型人才培养的理论与实践》，人民出版社 2007 年版，第 125 页。

② 薛天祥：《研究生教育学》，广西师范大学出版社 2001 年版，第 1 页。

育导学关系理论研究的碎片化。

纵观国内外有关导师与研究生导学关系的相关研究，其理论与实践的发展非常迅速，各种取向的导学关系及其理论模型种类繁多：从宏观的导学关系理论建构到微观的导学互动模式探讨，再到导学关系研究的多元化发展；从单一的量化研究、质性研究到多种研究方法共存的多元化研究。除此之外，受后现代主义影响的导学关系理论也纷纷出现，在一定程度上促进了导师与研究生和谐关系的发展和建构。对研究生教育导学关系的研究导致许多导学关系范式的应运而生，如能力本位范式、社会取向范式、批判反思范式，等等。面对这些不同的导学关系范式，究竟什么样的范式是合乎当前社会发展的？评判其合理与否的依据是什么？当我们为寻找答案而仔细梳理导学关系的理论时就会发现，博士研究生教育中有关导学关系的理论虽多，如“权变理论”“交往理论”“角色理论”等，大多数属于借鉴或者引用其他学科的相关理论，在研究生教育转型与发展的今天，难以形成有效的推动力量。

现实情况中的博士研究生教育是千变万化的，以往的有关导师与研究生导学关系的理论研究，早已与新时代背景下的导学关系实践脱节，结合当前实际情况来看，研究生教育中的导学关系早已不能满足博士研究生培养与发展的需要。很多学者甚至仅仅是从主观经验判断的角度来进行研究，往往缺乏客观的态度、哲学的深思与整体的视野，这种不加严密逻辑与推理的研究往往导致自身理论建构的碎片化，从而不利于把握导学关系的整体走向与发展趋势。现有的导学关系理论研究，大多数热衷于对具体的导学关系理论研究或者导学关系模式进行研究，基本上忽视了对整体层面的研究与反思。这种基于社会学层面和实践操作层面的研究，是从不同视角、不同侧面、采用不同的理论或者方法而进行的较为具体的理论研究，仅仅能帮助我们从某一方面了解导学关系的本质，而不能使我们从整体上把握导学关系的脉络。

忽视对导学关系进行哲学或形而上学的反思与批判，势必对良好导学关系的建构与发展起到阻碍作用。一方面，它导致对研究生教育中导学关系概念理解的歧义，也使得人们对导学关系建构的认识存在较大的分歧。在研究中，有很大一部分人将研究生教育中的导学关系等同于师生关系，而忽视了二者在研究主体上的差异所在，致使大多研究交织在师生关系的范畴之下。导学关系所关注的是导师指导与学生学习两种活动交互作用的过程，以及对彼此之间的态度和看法，并非单纯意义上的师生关系。忽视对导学关系进行系统的研究会损害我们对导学关系的整体把握，从而出现理论基础的“缺失”。因为各种具体的社会学层面的理论都是关于导学关系某一方面或者某一局部问题的研究，这些具体的理论研究并不能作为整个导学关系研究的全部理论基础，从而导致一种悖论性的研究状况，即理论虽多但又非常缺乏理论，也势必会将导学关系的理论研究与实践引入片面性的歧途。

第二节　博士生导学关系

一　导师与博士生

（一）导师

导师是指在高等学校或研究机构中指导他人学习、进修、撰写学术论文的教师或科研人员。[①] 研究生导师属于导师的一种，指经过一定的遴选和审定后，获得指导研究生的资格。中国实行的是导师负责制，它是指由导师对研究生的学习、科研、品德及生活等方面进行个别指导并全面负责的教学管理制度。[②]《教育部、国家发展改革委、财政部关于深化研究生教育改革的意见》（教研〔2013〕1 号）要求强化导师责任，指出“导师是研究生培养的第一责任人，负有对研究生进行学科前沿引导，科研方法指导和学术规范教导的责任，应发挥对研究生思想品德，科学伦理的示范和教育作用”[③]。

将“导师”这一名词放眼于国际，我们能够发现“mentor”“advisor”“supervisor”“faculty”等英文词汇均可以代指导师。结合现有的文献资料进行辨析，可以发现 supervisor 往往指代比较正式的论文指导老师；

---

① 李行健：《现代汉语规范词典》，外语教学与研究出版社 2004 年版，第 466 页。

② 秦惠民：《学位与研究生教育大辞典》，北京理工大学出版社 1994 年版，第 241 页。

③ 中华人民共和国教育部政府门户网站：《〈教育部 国家发展改革委 财政部关于深化研究生教育改革的意见〉》，2013 年 4 月 19 日，http：//www. moe. gov. cn/srcsite/A22/s7065/201304/t20130419_154118. html，2020 年 4 月 20 日。

而 advisor 和 mentor 用途较为广泛，主要指提供建议的老师，但其指导方式和指导行为有所不同；faculty 一般则指教育机构的教研员。此外，调查还发现，就导师职责而言，大多情况下 advisor 和 mentor 可以互换使用，但 mentor 的标准更高。① 再者，“指导”这一概念所对应的英文，最常见的为“mentoring”，但其并不局限于教育领域，并且“advising”“supervising”“coaching”常常都包含有指导之意。

伴随着研究生教育事业的发展，教育理论也不断赋予导师新的定义和内涵。例如美国研究生院理事会（The Council of Graduate Schools，CGS）指出，导师应是学生在学术界的楷模。他们对研究生导师的定义是：学生的指导者、精神支柱、辅导员和赞助者。导师不仅拥有丰富的专业经验，而且乐于与研究生分享所掌握的知识，能够在情感和道德上给学生以鼓励，针对学生的表现给予具体的反馈意见，向学生提供所需信息，并帮助他们争取各种机会。

本研究所指的导师是指在高等学校或研究机构任职的博士研究生导师，是指具有招收和培养攻读博士学位研究生资格的教师，一般由学术造诣较深、在教学或研究工作中成绩显著（科研成果在本学科领域内处于领先地位，并具有一定的国际水平，或对国家经济建设有重要贡献），且正从事或指导较高水平的科学研究工作并获得一定成果的教授（研究员或具有相当职称的人员）担任。②

（二）博士生

《教育大辞典》中把研究生定义为：“获得学士学位、第一专业学位、高等学校本科毕业证书或同等学力者，获准进入高等院校或科学研究机构进行深入的学习和研究，攻读更高级别的学位或证书的学生。③ 研究生一般可分为硕士研究生和博士研究生。而博士研究生则是在完成硕士教育或具有同等学力，经考核通过以后进入高等院校或科学研究机构进行更加深入的学习和研究，以攻读更高级别学位或证书的学生。

---

① Titus S. L. and Ballou J. M.，“Faculty Members' Perceptions of Advising Versus Mentoring：Does the Name Matter?”，*Science & Engineering Ethics*，Vol. 19，No. 3，March 2013，pp. 1267 – 1281.

② 顾明远等：《教育大辞典》（增订合编本）（上），上海教育出版社 1998 年版，第 265 页。

③ 顾明远等：《教育大辞典》（增订合编本）（下），上海教育出版社 1998 年版，第 1747 页。

博士研究生与硕士生相比，其年龄往往偏大，心智也更加成熟，大都在25岁到40岁之间，具有更加稳定的心理状态与处事方式，在某一专业领域内具备了一定的知识积累和科研能力。博士生采用导师指导的自学和科学研究相结合的方法，进一步提高自己在专业领域内的学术水平，具有较强的自我管理、自我监控和自我调节能力，能够独立完成一项基本的学术或科研任务，同时也具有较为丰富的社会经验和人际关系处理能力。

二　师生关系

师生关系古已有之，其自身的含义也较为广泛，人们对师生关系这一概念的理解也经历了一个不断深化的过程。不同的学者基于自身不同的研究领域及立足点，例如受到教育学、社会学、文化生态学、心理学等学科的影响，对师生关系这一概念的理解和阐述也会有所差别，比较有代表性的定义有以下几种：

南京师范大学教育系主编的《教育学》一书中，认为“师生关系主要是师生之间在教育过程中所发生的直接交往和联系。这种直接交往和联系是一种十分复杂的关系体系，就其指向的目标而言，有为了完成教育任务而发生的工作关系，也有为了单纯满足交往需要而形成的师生之间的人际关系，也有以情感认知等交往为表现的心理关系”①。

陈桂生认为：“师生之间实际上存在着三重关系，即社会关系，教与学的工作关系，以及自然的人际关系，忽视其中任何一种关系都不能称其为完满的师生关系。而这些人际关系和社会关系都是以一定的教育结构为背景的，师生关系基本上是一种由教与学的活动连接起来的工作关系。”②

全国十二所重点师范大学联合编写的《教育学基础》一书中，认为师生关系“是一种特殊的社会关系和人际关系，是教师和学生为实现教育目标，以各自独特的身份和地位通过教与学的直接交流活动而形成的多性质、多层次的关系体系，良好的师生关系不仅是顺利完成教学任务

---

① 南京师范大学教育系编：《教育学》，人民教育出版社1984年版，第102页。

② 陈桂生：《“教育学”视界辨析》，华东师范大学出版社1997年版，第232页。

的必要手段，而且是师生在教育教学活动中的价值、生命意义的具体体现”①。

三 博士生导学关系

博士生教育中的导学关系是学生和教师之间长期发展起来的一种密切的、个性化的关系，属于师生关系的一种。导学关系包含着关心和引导的成分，导师对博士生的指导为师生带来双赢，导师指导有助于博士生知识的获取和能力的培养，有助于学生理解所在学科的工作方式。同时，导师通过对学生的指导工作，掌握知识和技术的最新发展动态，并通过向学科领域输送新的学者而不断提高名誉和声望。

导学关系是在学术逻辑基础上建立起来的一种教育关系，其本质也是一种社会关系，它不仅体现教师与学生之间基于知识传授的学术交往关系，而且涵盖精神交往和道德教化关系。② 首先，导学关系的本质与核心是一种教与学的关系，亦即研究生在导师指导下相对主观能动地学。导学关系是研究生教育中最重要的师生关系，是师生关系的核心，贯穿于整个研究生教育的始终。③ 其次，导学关系也是一种情感关系，研究生的培养主要是在导师的指导下完成的，因此导师与学生之间的关系比起一般课程教师与学生之间的关系要更为密切，并且情感关系贯穿于导师和研究生一切交往的始终。最后，导学关系也是一种人格关系，研究生视导师为榜样，继承和发扬导师的治学态度和科学精神，有利于研究生对科学的追求与探索。④

综上，本研究认为导学关系包括学术与科研上的指导与学习关系、日常交往的情感关系和平等的人格关系。第一，导学关系是在学术指导和科研交流过程中产生的，它是博士生导学关系的基础。博士生在导师

① 全国十二所重点师范大学联合编写：《教育学基础》，教育科学出版社 2002 年版，第 133 页。

② 王燕华：《从工具理性走向交往理性——研究生“导学关系”探析》，《研究生教育研究》2018 年第 1 期。

③ 许迈进、郑英蓓：《三重反思：重构研究生培养中的师生导学关系》，《教育发展研究》2007 年第 8 期。

④ 薛天祥：《研究生教育学》，广西师范大学出版社 2001 年版，第 332—333 页。

指导下完成学业、参与课题研究、参加学术活动、撰写学位论文，并在这一过程中逐步形成与导师之间融洽和谐的关系；第二，导学关系是导师与博士生在日常交往过程中逐渐培养并建立起来的情感关系，导师在学术交流与科研指导过程中，导师与博士生的关系较之一般教师与学生之间的关系更为密切，情感关系贯穿于导师和研究生一切交往的始终；第三，导学关系是导师与博士生之间平等的人格关系，在导师与博士生的互动过程中，通过教育的熏陶与诱导、导师的榜样作用和潜移默化的效果，激励学生继承发扬导师的治学态度和科研精神，激发博士生对科学研究的探索和创造能力，并在这一过程中教会研究生学会如何做学问、如何做人。

第三节　博士生导学关系的研究现状与评析

导学关系在根本上属于师生关系的一种，是研究生与其导师之间以情感、认知和行为交往为主要表现形式的相互关系，反映师生间寻求满足其社会需要的心理状态。师生关系是一个古老的话题，自教育学产生之始，就伴随着对师生关系的研究。20 世纪以来，对师生关系特别是导学关系的研究才逐渐兴起。对导学关系的研究，从对导学关系的哲学研究，到关注导学关系的本质与主体，再到导学关系的互动与建构，大致经历了一个由宏观到中观，由中观到微观与多元的一个过程。同时也表明导学关系这一研究对象越来越具体，越来越贴近于教育实践。哲学演绎并不能代替具体分析，导学关系本质的研究不仅应关注其“抽象的本质”，更应探寻其“实在的本质”。明晰教育实践环境下导学关系区别于其他环境的根本规定性的考察，在具体教育活动及其他因素的相互作用中厘清导师与学生所处的点位，是导学关系研究的必然趋势。

在转向导学关系的互动与建构研究过程中，有不少学者还从综合的角度以多种学科或理论为基础对导学关系进行了探讨，导学关系的研究视角得到极大开拓。如复杂性思维认为导学关系是具有开放性、多样统一性和动态生成性的复杂关系；生命理论主张导学关系是作为活生生的生命主体的教师和学生共同建构的主体间关系；人文精神视域以对人的关怀为起点，以对话为主要方法，主张建立开放与创造的“我—你”主体间关系；法学视域下的导学关系是人与人之间权利与义务相一致的平等和相互尊重的关系。

20 世纪 90 年代中期以后，伴随着国外诸如后现代主义、交往理论等哲学思潮和终身教育思想的影响，及国内主体教育、素质教育和新课程改革的提出与实施，中国导学关系研究由“教师中心”转向“以生为本”的新型导学关系的建构，民主、平等、对话成为基本的取向。中国学者开始大规模地借鉴西方理论，从交往理论、后现代主义、解释学、现象学、建构主义和社会学等多维视角对导学关系进行阐发，内容涵盖了导学关系的本质和内涵、结构、特征、类型、影响因素等多个方面，并逐渐与具体的文化背景相结合，日益走向深化。这一时期的研究不再局限于教育学这一单一视角，而尝试从哲学、心理学、法学、社会学、生态学、人类文化学等多维视角来重新审视导学关系。研究在继承前人哲学思辨和逻辑演绎的基础上，运用了历史、比较和描述等方法，实证研究成为一股潮流，由普适性的原理应用和理论建构走向基于现实问题和具体情境的导学关系探讨。同时，导学关系的研究不再满足于对其内涵、特点等的静态描述，而是趋向于对导学关系运作机制的动态分析。

一 国内博士生导学关系研究现状

博士研究生招生规模的扩大以及导师全面素质的发展，给博士生培养带来更多更大的挑战，博士生教育中的导学关系问题受到了广泛的关注。中国知网（China National Knowledge Infrastructure，简称 CNKI）凭借独特的引文检索机制和强大的交叉检索功能，大规模整合期刊、硕博论文、报纸及会议论文等学术信息资源，为全社会提供资源共享、知识管理、数字化学习等条件与手段。本研究以 CNKI 为数据源，以“导师与博士生”为主题，对教育学领域的文献进行检索并进行筛选，截至 2020 年 5 月，共得到 727 篇文献，作为本次的研究对象。

本研究利用美国费城德雷塞尔大学陈超美博士开发的 CiteSpace 软件，基于共引分析理论（co-citation）和寻径网络算法（path Finder），对中国博士生导学关系研究领域的文献进行计量，以探寻出学科领域演化的关键路径及其知识拐点，并通过一系列可视化图谱的绘制来形成对研究领域演化潜在动力机制的分析和学科发展前沿的探测。由于是以知识域

（knowledge domain）为对象，通过可视化的手段来呈现某一学科或研究领域知识的结构、规律和分布情况，因此通过此类方法分析得到的可视化图形也被称为“科学知识图谱”。本研究基于科学知识图谱可视化的分析视角，首先对检索到的数据源进行关键词共现分析，形成研究热点的知识图谱以及聚类图谱，以回顾中国博士生导学关系研究的热点问题；其次对检索文献作以突现分析和时间线分析，并探讨该研究领域主题与热点的历史性变迁，揭示其变化趋势及动态走向。

为更好地表达文献的主题内容，方便快捷地传递科研信息，关键词的标引会给文献的储存和检索带来极大的方便。由于文献中的关键词往往是其内容的核心，是研究的主要对象，因此在某一学科或研究领域中出现频次较高的关键词被视为该学科或研究领域的热点主题。[①] 本研究以关键词为节点，使用 PFNET 算法，绘制高频关键词共现网络图谱。

在上述方法的基础之上，本研究在关键词共现分析的基础上对其进行聚类分析，对呈现的关键词进行关联性运算，将其中关系密切的词聚集归类，从而进一步挖掘深层信息，以分析导师与博士生研究领域中的关键聚类。通过 CiteSpace 的 LLR（对数似然律）聚类算法，最终得出关键词聚类知识图谱。LLR 聚类算法将关键词分为多个聚类，每一个聚类用一个多边形框出，并用该聚类中最具代表性的关键词添加#作为显示词。

为了更直观地表达聚类图谱所蕴含的信息，关键词共现聚类图谱需要配合聚类标签表进行分析说明，通过整理分析得到聚类标签表。本研究发现博士生导学关系研究主题大致分为 8 个聚类，分别是：#0 博士生、#1 博士生导师、#2 研究生教育、#3 专业点、#4 学校、#5 质量、#6 中华人民共和国、#8 学术产出。中国博士生教育起步较晚，因此最早的研究关注博士教育的主要方面，即导师队伍建设、博士生培养、博士点建设等方面。实际上，博士生导师、导师队伍、研究生导师、博导、导师等概念是交织在一起的；而博士生、博士研究生、研究生、博士生教育、研究生教育等问题也是相互依存的。综合聚类知识图谱和聚类标签表，

---

① 赵蓉英、许丽敏：《文献计量学发展演进与研究前沿的知识图谱探析》，《中国图书馆学报》2010 年第 5 期。

经过二次文献探析，本研究认为中国博士生导学关系研究聚焦于以下几个方面：

（一）博士生导学关系的本质研究

导师的出现先于研究生教育，伴随着研究生教育诞生与发展，导师这一概念的外延便不断扩大。导学关系首先是一种教学关系，是师生关系的核心，它一直贯穿于研究生教育的始终。它体现出研究生培养过程中的教育价值和学术价值。① 导学关系即研究生在导师指导下完成课程学习、参与课题研究、撰写学位论文，并在此过程中学会做学问、学会做人的一种教学关系。② 这种教学关系主要体现在两方面：一是在教学方面的释疑解惑与传道授业；二是在育人方面的学高为师、身正为范。除了教学关系之外，有的学者认为导学关系属于一种指导与被指导的关系，导师即为研究生学业的"指导者"，学生为"被指导者"。③ 也有的学者认为导学关系即是一种传统的师徒关系，因为在研究生教育阶段，导师往往亲自指导学生开展试验、撰写论文、申请课题等，这种行为往往具有明显的师徒特点。④ 除了以上几种主要的导学关系表现以外，合作伙伴关系也是导师与研究生之间所呈现出来的具体形式。这种合作伙伴关系是在明确双方权利、义务的基础上，基于共同的任务，履行和承担相应义务和责任，在人格上平等，以合作为纽带，追求师生双方专业与价值共同发展和成长的关系。⑤ 因此，自主、合作、协商应该成为研究生教育中导学关系的核心。⑥ 导师和学生以相互作用的共同主体的身份作用于客体知识和研究项目，在这个过程中它既是学生的成长过程，也应是教师

① 施鹏、张宇：《美国研究生教育中导学关系的特点与启示》，《学位与研究生教育》2016年第10期。

② 林伟连、吴克象：《研究生教育中师生关系建设要突出"导学关系"》，《学位与研究生教育》2003年第5期。

③ 陈桂生：《导师与研究生关系的事态述评》，《江苏大学学报》（高教研究版）2004年第3期。

④ 周洪宇：《学位与研究生教育史》，高等教育出版社2004年版，第1—12页。

⑤ 洪恩强、胡天佑：《合作伙伴：导师与研究生关系的传统超越》，《当代教育科学》2011年第3期。

⑥ 高桂娟：《研究性学习中的师生关系探论》，《现代大学教育》2007年第2期。

提高的过程。[①]

与其他教育阶段的师生关系相比，导师与博士生之间教与学的关系不像大学时那么直接，而主要表现为研究生在导师的指导下自学、讨论和研究。师生共同承担的科研课题，呈现出助手和合作者的关系。[②] 随着社会的发展变化，导师与博士生的关系也不再是一种简单的关系，从教育与接受教育和自我教育、教育与发展的角度看，导师与博士生的关系是在教学活动中构建的教育与接受教育和自我教育、促进与发展的关系；从人际关系角度看，博士生导学关系是一种特殊的人际关系，既具有一般人际关系的情感基础，又有一般人际关系不具备的崇高目标指向、科学和学术交流方式；从管理与接受管理和自我管理、组织与自我组织角度看，它以师生之间的心理沟通、民主管理、促进学生自我发展为特征，并表现出一定的组织约束性；从伦理角度看，它是一种超越代际的朋友式的尊师爱生的关系，师生之间的友情是有效教育的真正基础。[③] 因此，导学关系是发生在师生“导”与“学”的互动、交往过程中的，通过学业指导和师生间的各类交往，形成的由师生之间的教育与被教育关系、师生之间的社会伦理关系以及以情感、认知和个性相互作用为主的心理关系等构成的“多角度关系体”。[④]

（二）博士生导学关系类型研究

由于教育主体、环境、方法等方面的特殊性与复杂性，导师与博士生的关系注定呈现多种样态。包括硕士研究生在内，研究生导学关系的类型大致可分为纯粹师生型、亦师亦友型、老板雇佣型、松散疏离型。其中，亦师亦友型可能是比较理想的导学关系类型，虽然导师担负着导学关系类型的主要责任，但研究生也要发挥能动作用，积极主动建设与导师的和谐关系。宋晓平教授借鉴国外学者的研究成果，从“亲近程度”和“影响程度”两个角度出发，发展出 8 种典型的博士生导学关系类型：

---

① 侯光明：《提高博士生培养质量应重视并处理好的四个关系》，《学位与研究生教育》2003 年第 10 期。

② 薛天祥：《研究生教育学》，广西师范大学出版社 2001 年版，第 332—333 页。

③ 张静：《导师与研究生之间的和谐关系研究》，《中国高教研究》2007 年第 9 期。

④ 程基伟：《构建和谐导学关系 促进博士生全面发展》，《北京教育》（德育）2013 年第 11 期。

领导型、友善帮助型、理解型、自由型、含糊型、不满型、训诫型、严格型。[①] 博士生导学关系类型在很大程度上取决于导师指导风格的类型。有学者通过质性研究发现，博士生导师的指导风格可分为专制功利型、民主权威型、自由探索型和放任型，要提高研究生培养质量，就必须强调导师指导学生的重要性；建立博士生培养质量追踪调查机制，及时反馈和促进沟通。[②]

良好的关系不仅能够维系常态下研究生与导师的正常活动，也能在双方偶尔违背角色契约的情况下自然调适并修复双方关系，尤其导师偶然的失范性行为更是考验研究生与导师的导学关系。[③] 综合诸多学者的观点，认为目前导学关系普遍存在以下类型：

（1）传统型（权威型）。在传统型的导学关系中，导师往往具有很大的权威性，研究生与导师之间只是单纯的教与学的关系，但归根结底它并不是一种“学术自由”的导学关系。在这种导学关系类型的影响下，研究生不能从事自己感兴趣的研究课题，学术自由权力被剥夺，久而久之便弱化了自主独立科研的能力。[④]

（2）协同型（和谐型、关爱型）。协同型导学关系意味着导师与研究生的协作同步；意味着导师与研究生虽有学识上、能力上的差异，但在地位上、人格上是平等的；意味着导师的指导和研究生的学习同步，不存在指导时无人学习，学习时无人指导的问题；意味着导师的引导和研究生的探索之间的协作同步，即实现目的性引导和自主性探索有机结合。协同型导学关系下导师往往更像是学生的良师益友，师生之间具有较好的融洽性、协调性、亲密性。常态下，该种导学关系类型的研究生与导师交流充分，得到导师的正反馈较多，双方共事感受良好。研究生从学术能力到人品担当对导师都有着充分的信任，对个人未来发展以及与导

① 宋晓平、梅红：《博士生培养过程中师生互动关系研究：基于博士研究生的视角》，《中国高教研究》2012 年第 8 期。

② 徐岚：《导师指导风格与博士生培养质量之关系研究》，《高等教育研究》2019 年第 6 期。

③ 刘燕、刘博涵：《研究生导学关系优化研究》，《高教探索》2018 年第 8 期。

④ 林伟连、吴克象：《研究生教育中师生关系建设要突出“导学关系”》，《学位与研究生教育》2003 年第 5 期。

师的关系都抱有积极乐观的态度。①

（3）放任型（松散型）。放任型导学关系是指，导师因行政管理事务繁忙或者课题过多，无暇指导自己所带的研究生，使其处于放任自流、自生自灭的状态。还有部分导师将研究生委托给其他老师，自己只在节点上签名，一旦研究生与被委托老师沟通不畅，该研究生就会处于无人管辖状态。② 但是，不管出于何种缘由，导师对研究生放任不管，久而久之便导致研究生因得不到导师学术指导而科研能力不足，导师与研究生长期的分离，也会消弭研究生对导师的尊重感与认同感。③

（4）雇佣型（功利型）。雇佣型又叫做“老板—员工”型，此种下的研究生把导师称为“老板”、把自己称为“廉价劳动力”、把科学研究称为“做活”、把参与导师课题称为“打工”。④ 受到功利主义和利益因素的干扰，雇佣型在工科学校中尤为明显，很多研究生俨然已经成为出卖劳动力的打工者。研究生与导师双方以利益为驱动，通过收益实现互相认可，这种带有浓厚商业气息的雇佣式关系将传统观念中师生间情谊消弭殆尽，冷漠的雇佣关系使“研究生教育”变成了“研究生交易”。为了解决雇佣型导学关系给师生带来的不利影响，有的学者倡导新型的一元主义雇佣关系，以期促进二者之间教育关系的清晰化、利益分配的合理化，为高等学校研究生导师制学术文化构建提供一种优化可能。⑤

（5）剥削型。剥削型导学关系即当前媒体普遍批判的存在剥削倾向的师生关系，其主要特征为：导师对研究生的精力、时间过度挤占；忽视导学关系的重要性，缺乏平等精神，不尊重研究生的个人感受和观念；研究生感到过度压力和紧张，情感上缺乏导师支持；研究生内在不满，但保持外在行为的配合。此种导学关系下，当导师出现其他意外失范行

① 刘燕、刘博涵：《研究生导学关系优化研究》，《高教探索》2018 年第 8 期。

② 梁社红等：《导学关系困扰类型分析及对策研究》，《学位与研究生教育》2018 年第 5 期。

③ 涂艳国、吴河江：《自由教育视野下研究生教育的导学关系重构——基于人文学科领域的思考》，《研究生教育研究》2018 年第 4 期。

④ 李全喜：《从导学逻辑到利益逻辑：研究生科研中师生关系异化的生成机理及本质变迁》，《学位与研究生教育》2016 年第 12 期。

⑤ 陈恒敏：《导师、研究生关系的内在属性冲突及其超越——兼论一元主义雇佣关系的建构》，《江苏高教》2018 年第 1 期。

为，研究生容易被采取反叛策略。在此类型导学关系下，研究生不但得不到导师真正意义上的学术指导，而且还被剥夺了自由、自主做科研的时间与精力。

（三）博士生导师队伍及导师角色研究

在博士生教育过程中，导师无论是在教学、科研，还是在人才培育方面都起着重要的作用，是培养合格科研工作者的重要保证。长期以来，各高校从学科发展和人才培养角度出发，积极引进高水平学术人才，建立较为完善的博士生导师遴选机制，提升博士生导师队伍水平。[①] 因此关于博士生导师等问题的研究也持续至今。汤钊猷教授认为，提高博士生教育质量的关键是提高博士生导师自身的素养，这要求博士生导师首先要有良好的科研道德，严谨治学，能够以身作则，为人师表，言传身教，以培养年轻一代为己任；同时能够抓住学科发展的主要方向，占领学科前沿。[②] 而就如何调动导师教书育人的积极性，徐希元教授认为要以师德建设为根本，建立有力的领导管理体制，逐步完善激励与约束机制，同时也应从根本上解决和统一学校教育者、管理者对导师的认识问题以及育人环境问题。[③]

导师是博士生学习期间最密切的联系人，导师的专业水平、人格魅力、为人处世等都会对学术起到潜移默化的影响，甚至有的学生把导师视为自己的偶像，并以导师为目标不断修正自己。根据社会角色理论，一个人在社会生活的不同时间、不同场合、不同环境总是同时扮演着多重角色，都有自己的角色关系和要求，都要努力发挥与其地位相适应的作用，以体现自己应有的价值和意义。从导师应具备的职责角度，导师的角色不仅仅是提供专业指导的专家、科研训练中的教练、积极的提问者和评判者，还应该是督促和激励者、科学精神和科学态度的示范者、

---

① 李雪梅等：《博士生导师人才培养质量评价体系研究——基于理工科博士生学术成果质量的视角》，《学位与研究生教育》2017 年第 5 期。

② 汤钊猷：《谈提高博士生培养质量的关键》，《学位与研究生教育》1997 年第 2 期。

③ 徐希元：《研究生导师教书育人工作的探索与研究》，《学位与研究生教育》1998 年第 4 期。

学业支持者。[①] 师贤方能生斐。隋允康结合钱令希先生的事迹和自己培养研究生的体会，认为导师的角色应该是亦师亦父，亦仁亦德，亦示亦言，亦道亦术，亦德亦才，亦慈亦严。[②] 黄发友认为，在构建和谐的研究生导学关系中，导师应当明确自己承担的社会责任，扮演好自己的角色。导师不仅是研究生知识的设计者、传播者，也是学习方法的指导者和科学研究的引路人，更是全面发展的服务者和培养拔尖创新人才的伯乐。[③]

虽然对导师的作用还没有统一的看法，但在博士生教育中，导师可以被看作是一个重要的"知识建构者"，这可以侧面反映出研究生教育的复杂性，以及学生对导师期望的多元性。导师既要为学生设计培养规划，又要对自身的规划执行做好监督和完善，在面对不同的交往场景时，导师应学会根据不同的实践情境选择不同的角色身份。例如，在专业指导中导师应饰演教练、培训者的角色；在对问题意识的培养中导师应扮演激发者、诱导者角色；在带领学生开展科研中，导师则应扮演科研示范、支持者的角色。[④] 总之，导师要不断调整自身角色，在具备不断创新、不断学习的自我发展意识的同时，还应具备高尚的道德情操和奉献精神，不但要帮助学生做好职业规划，做研究生思想上的朋友，还应该在为人处世等方面给博士生以身示范，做研究生未来发展的良好榜样。

另外还有相当一部分的研究聚焦于对导师的角色期望，这些研究均从各自的角度出发，提出导师应该具有的素质或能力。例如王白石认为，理想的导师应该在本专业领域拥有很高的学术成就的同时，具备跨学科的知识储备；在行为上能为学生起到表率；关爱学生，与学生拥有深厚的感情。[⑤] 周哲发现在对导师人格魅力上，学生期望导师在学术上和生活

---

① 周巧玲、柳铎：《博士研究生导师的角色与责任：概念框架的建构》，《学位与研究生教育》2008 年第 9 期。

② 隋允康：《师贤方能生斐——谈导师在和谐研究生师生关系中的角色和作用》，《学位与研究生教育》2010 年第 12 期。

③ 黄发友：《社会学角色理论视阈下的研究生导师角色扮演——兼论和谐研究生师生关系构建》，《云南农业大学学报》（社会科学版）2011 年第 6 期。

④ 周巧玲、柳铎：《博士研究生导师的角色与责任：概念框架的建构》，《学位与研究生教育》2008 年第 9 期。

⑤ 王白石：《我心目中理想导师的形象——兼谈研究生论文选题》，《学位与研究生教育》1988 年第 3 期。

上能秉承多元化的价值理念，以此作为自身的榜样示范。在对导师学术指导上，学生期望导师能够把更多的精力放在培养学生上，在给予更多的具体指导的同时，能够在精神层面给予更大的提升。[①]在对导师专业权威上，学生对导师的学术造诣、科研水平、科研实践、创新能力等都有较高期待。在对导学关系上，期望导师所带的研究生人数控制在3人以内，也期望在交往中能和导师成为朋友。

（四）导师对博士生指导及问题研究

随着研究的逐步深入，学者们发现影响博士生培养质量的不仅仅是导师队伍建设、管理体制、培养模式、约束机制等客观因素，更重要的是导师对博士生的言传身教，即导师对博士生的指导过程。价值取向、师生主体、指导方式、指导侧重点的不同，直接导致博士生培养质量的差异。有学者曾对澳大利亚昆士兰大学关于博士生导师指导情况的调查进行了分析和研究，阐述了导师指导频率这一影响博士生培养质量的关键因素。[②]导师在指导博士生的过程中，应采取与学生有较为充分的合作模式，在尊重学生的观点和想法的基础上，允许一定程度的强势指导。因此，导师应该耐心听取学生观点，理解和尊重学生意见，与博士生进行课题研究讨论，导师要适时把握原则，该强势指导的地方要相对严厉。[③]

反观真实的博士生培养情境，师生之间的地位差距、关系疏离、责任缺失、情感淡漠种种现象都在不同程度地显示出了当代导学关系的问题与矛盾。张静等人认为在现行培养模式下，导师与学生之间不能有效互动导致双方有异化倾向，严重影响到了研究生的培养质量，使得“师少生多”“一壶多杯”“放羊”等现象普遍出现，也使得导学关系逐渐走向“做课题、发工资”的雇佣道路。[④]寸翠鹤通过调查研究发现，目前导

① 周哲：《人文学科硕士研究生对导师角色期望研究——对西安市四所高校的调查》，硕士学位论文，西安外国语大学，2016年。

② 陈珊、王建梁：《导师指导频率对博士生培养质量的影响——基于博士生视角的分析和探讨》，《清华大学教育研究》2006年第3期。

③ 宋晓平、梅红：《博士生培养过程中师生互动关系研究：基于博士研究生的视角》，《中国高教研究》2012年第8期。

④ 张静等：《优化师生关系是研究生培养机制改革的关键》，《学位与研究生教育》2008年第3期。

学关系存在的主要问题包括：师生之间沟通与交流不足、学术指导不足、师生地位不平等、经济资助不足、缺乏学术研究氛围、管理制度不完善等。交往目的的功利性、交往地位的不平等、交往内容的狭窄，交往频率较低和交往主动性不够是当前导学关系所面临的主要问题。另外，导师与学生在科研关系中出现代理、寻租、道德等方面的问题，使得导学关系呈现隔离化、冷漠化、庸俗化的趋势。导学双方追逐利益致使共同需要难以满足，导学双方的从属关系导致身份平等难以实现，导学双方职责淡化阻碍了共同提高，导学双方缺乏互动也约束了合作共赢。① 导师如果习惯于关注学生的弱势和不足，就没有足够的精力或者新的视角来审视学生的优势和潜能，不能通过开启学生的心扉来唤醒他积极的力量和品质。失去了这样的唤醒，这些原本存在于内心的美好东西就很有可能离他们越来越远。

导学关系的伦理性和经济性，构成理论上的二律背反：伦理性要求导师成为伦理与道德的化身，在学术上、道德上作为研究生的楷模，热爱学生，具备无私奉献、“呕心沥血”“循循善诱”等品质。而经济性则内在地规定了人是“理性经济人”，其行为的基本出发点是自身效用的最大化。正是由于伦理性与经济性的价值取向、内在规定性存在着显著不同，二者之间存在着冲突的可能。②

（五）博士生导学关系的改进策略研究

在中国高等教育由精英化向大众化转变的过程中，博士生教育主要为国家现代化建设提供技术保障和智力支持，也在一定程度上推动了中国博士生培养机制的改革，而优化导学关系则成了研究生教育改革的关键所在。张静等人认为，科学研究必须通过调动导师和学生两个方面的积极性才能完成，这必须通过互动对话达成积极的效果，妥善处理导学关系中的权、责、利等问题，同时营造良好的研究生教育生态环境。③ 面

① 李春根、陈文美：《导师与研究生命运共同体：理念与路径构建》，《学位与研究生教育》2016 年第 4 期。

② 陈恒敏：《导师、研究生关系的内在属性冲突及其超越——兼论一元主义雇佣关系的建构》，《江苏高教》2018 年第 1 期。

③ 张静等：《优化师生关系是研究生培养机制改革的关键》，《学位与研究生教育》2008 年第 3 期。

对导学关系出现的异化现象，田建军认为改变当前的导学关系显得十分必要。他认为，尊重的前提是理解，尊重的核心是平等，没有理解的尊重往往是干预或放任，没有平等的尊重往往沦为口是心非。因此建议以科学机制、导师培训考核机制、双导师制等保证研究生和导师之间的相互尊重与合作共赢。① 在研究生教育综合改革背景下，李春根等人从命运共同体的角度出发，认为可以尝试以制度建设来保障导师与学生的共同需要；以平等对话的渠道实现导师与学生的身份平等；以自身发展的手段确保导师与学生的共同提高；以合作互动的方式来促进导师与学生发展共赢。②

自由教育作为一种平等、自主、自觉和民主的教育，是重构人文学科领域导学关系的理想选择。因此涂艳国等人认为可以以自由教育理念重构导学关系，其主要策略有：树立研究生自主发展观、维护导师身份权威、进行纯粹的学术研究、构筑文化共同体、导师与研究生情感共融等。③ 张广慧等人认为，基于导学关系的复杂性，需要通过一个新视角来审视导师与学生的关系，即关怀性导学关系。④ 而构建关怀性导学关系，需要师生之间培养倾听与观察的意识，形成包容与宽恕的态度，养成对话交流的习惯，树立责任与义务的观念。李春根等人认为，心理契约能成为一种责任准绳，规范导学行为，明确各自职责范围，而且能成为师生之间心灵沟通的桥梁，引导师生达到教学相长、不断进取、共同进步的目的，最终形成协同创新、和谐共进的导学关系。⑤

---

① 田建军：《导师与研究生关系的基本类型及科学构建探析》，《研究生教育研究》2018 年第 3 期。

② 李春根、陈文美：《导师与研究生命运共同体：理念与路径构建》，《学位与研究生教育》2016 年第 4 期。

③ 涂艳国、吴河江：《自由教育视野下研究生教育的导学关系重构——基于人文学科领域的思考》，《研究生教育研究》2018 年第 4 期。

④ 张广慧、张欣：《关怀性：构建导师与研究生关系的新视角》，《现代教育科学》2016 年第 10 期。

⑤ 李春根等：《构建和谐心理契约 促成导师与研究生和谐共进》，《学位与研究生教育》2013 年第 11 期。

二　国外博士生导学关系研究现状

专业学术期刊，尤其是公认的权威学术期刊是科研成果的重要载体，也是学术交流的重要工具。Web of Science 以 Web of Science Core Collection 为核心，凭借独特的引文检索机制和强大的交叉检索功能，有效地整合了学术期刊、发明专利、化学反应、学术专著及其他多个重要的学术信息资源。[①] 根据布拉雷德文献离散理论，大多数重要文献往往会集中发表于核心期刊。本研究以科学引文数据库 Web of Science Core Collection 为数据源，以"doctoral and mentor"或"doctoral and supervisor"为主题，对 1986—2019 年的文献进行检索，共得到 1076 篇文献。将此 1076 篇文献以"Full Record and Cited References"为记录内容，以"Plain Text"为文件格式进行保存并进行分析，涉及题目、作者、关键词、摘要、来源出版物，等等。

科学文献并不是孤立存在的，而是相互联系、不断延伸的系统，文献与文献之间的引证关系形成了科学思想交流、对话的媒介和轨迹。[②]为了更好地表达文献的主题内容，更加方便快捷地传递科研信息，关键词的标引会给文献的储存和检索带来极大的方便。由于文献中的关键词往往是其内容的核心，是研究的主要对象，因此在某一学科或研究领域中出现频次较高的关键词被视为该学科或研究领域的热点主题。[③] 本研究运用可视化分析软件 CiteSpace 5.1，以关键词为节点，时间设置为 2001—2019 年，跨度为 19 年，单个时区长度设置为 1 年，设置 top N% 阈值为 50，使用 PFNET 算法，绘制高频关键词共现网络图谱。

博士生导学关系研究作为教育领域中的一个研究方向，其研究热点较为分散，主要聚焦于教育、学生或博士研究生、指导、博士教育、经验、导师或导师组、社会化、高等教育等，体现了在该研究领域中，对教育主体的关注仍占研究的主要方面。本研究在关键词共现分析的基础

① 陈悦等：《引文空间分析原理与应用》，科学出版社 2014 年版，第 46 页。

② 尹丽春：《科学学引文网络的结构研究》，博士学位论文，大连理工大学，2006 年。

③ 赵蓉英、许丽敏：《文献计量学发展演进与研究前沿的知识图谱探析》，《中国图书馆学报》2010 年第 5 期。

上对其进行聚类分析，对呈现的关键词进行关联性运算，将其中关系密切的词聚集归类，从而进一步挖掘深层信息，以分析博士研究生与导师这一研究领域中的关键聚类。通过 CiteSpace 的 LLR（对数似然律）聚类算法，最终得出关键词聚类知识图谱。LLR 聚类算法将关键词分为多个聚类，每一个聚类用一个多边形框出，并用该聚类中最具代表性的关键词添加#作为显示词。

为了更直观地表达聚类图谱所蕴含的信息，关键词共现聚类图谱需要配合聚类标签表进行分析说明，通过整理分析得到聚类标签表。本研究发现博士生导学关系研究主题大致分为 11 个聚类，分别是：跨文化指导、STEM 教育、高等教育、依恋理论、谘商教育、博士论文、动机、创新、民族志、临床研究、社会资本。综合聚类知识图谱和聚类标签表，经过二次文献探析，本研究认为国外博士生导学关系研究聚焦于以下几个方面：

（一）博士生导学关系的本质研究

导师与博士生的关系也是属于一种师生关系，因此它具有师生关系的特性，但也具备其他教育阶段所没有的特征。国外研究特别注重对导学关系的研究，在他们看来导师是博士生教育中最主要的扮演者，因而对于导师内涵的研究相对比较丰富。对于博士生教育中的导学关系的研究，国外学者倾向于强调师生之间的亲密关系。德国实行的学徒式研究生培养模式使得导师与博士生之间的关系一般比较密切，这种师徒关系不仅是学术指导关系，也是情感关系、个人关系，他能激励学生继承和发扬导师的治学态度和科学精神，有利于博士生发挥自己的创造力。英国导师与博士生的关系一般十分“正式”，仅限于学术研究上的探讨和指引，不涉及私人问题。

国外的博士生导学关系比较倾向于一种平等的民主的关系模式。现有的部分研究是按师生所处地位及他们各自扮演的角色来理解研究生与导师的关系的。博士生与其导师在身份、职业等方面存在着不同，在他们相互之间的沟通交流中导师也扮演着不同的角色：建议人（advisor）、指导者（instructor）、雇佣者（employer）和社会化的施动者（或“推动者”）（*agent of socialization*）。①导师作为顾问，其责任是要促进学生包括专业技能、心理健康、情感支持等在内的全面发展；导师作为指导者，是要给学生指明方向，加大学术指导力度使其成为独立的研究者；导师作为学术使者，可以帮助学生完成专业素养、学术标准、专业认同、价值观念等学科社会化的过程。②

斯坦福前任大学校长唐纳德·肯尼迪认为导师与研究生的关系“更单独更私人性”，导师对研究生的职责从教学相应地转变为指导，这种交互作用“是一种在富于经验的从业者与有志者之间发展的一对一的交互作用，更像是培训而非教学，它类似于曾是行会特征的手艺匠师和学徒关系”。③ Herman Aguinis 等人指出，博士生教育经常会被描述成导师与研究生之间的一种亲密关系。④这也反映出来了导师与学生之间私人的密切联系。Chris MacDonald 等学者从师生之间的冲突角度描述二者的关系：导师与学生之间的关系被描述为信托关系：知识与权利的失衡意味着学生必须相信导师将从良心上提供合理的高质量的教育和指导。⑤

澳大利亚国立大学的教授 Gerlese Akerlind 和 Mc Alpine 从英国一所研究型大学的博士生导师入手，探讨了攻读博士学位的目的，以及导师为达到这些目的所采用的教学策略，揭示了目的与教育学本质上的融合性，明确了在博士生培养和导师专业发展中博士生培养目标的重要性。⑥借鉴亚里士多德的理论，Susan Mowbray 与 Christine Halse 提出将博士学位理论化为一个获得智力与美德的过程，为理解博士学位期间学生的发展提供

---

① Bargar R. R. and Mayo-Chamberlain J.，“Advisor and Advisee Issues in Doctoral Education”，*Journal of Higher Education*，Vol. 54，No. 4，April 1983，pp. 407－432.

② Lechuga V. M.，“Faculty-Graduate Student Mentoring Relationships：Mentors' Perceived Roles and Responsibilities”，*Higher Education*，No. 3，June 2011，pp. 757－771.

③ ［美］唐纳德·肯尼迪：《学术责任》，阎凤桥等译，新华出版社 2002 年版，第 120 页。

④ Aguinis H.，Nesler M. S.，Quigley B. M.，et al.，“Power Bases of Faculty Supervisors and Educational Outcomes for Graduate Students”，*The Journal of Higher Education*，Vol. 67，No. 3，March 1996，pp. 267－297.

⑤ Macdonald C. and Williams-Jones B.，“Supervisor-Student Relations：Examining the Spectrum of Conflicts of Interest in Bioscience Laboratories”，*Accountability in Research*，Vol. 16，No. 2，February 2009，pp. 106－126.

⑥ Akerlind G. and Mc Alpine，“Supervising Doctoral Students：Variation in Purpose and Pedagogy”，*Studies in Higher Education*，Vol. 42，No. 9，September 2017，pp. 1686－1698.

了一个更为有力和更为丰富的框架，而不是工具性地关注显而易见的技能。[①] 来自苏格兰的 Ross Deuchar 教授对导师的指导风格与博士研究生的契合程度进行了深入的分析与探讨。

（二）博士生导师的角色及角色期望研究

关于博士研究生与导师的角色期望研究虽然没有在聚类中被提及，但是包括许多关键词在内，诸如专业精神、责任制、反馈、权威身份、协商、反思、自我评估等，都体现了师生双方对彼此的角色期望，即对导师的期望和对博士研究生的期望。根据导师的理念与看法，博士研究生教育的过程被视为成为一名研究人员的中间过程，在这一过程中博士研究生应尽快掌握学术写作技能。[②] 对于教育学及其他学科的导师而言，博士生必须具备与博士学位相匹配的、持续进步的知识与技能，博士研究生是一个成人学习者，他们应该具备内在的动机以及主动寻求帮助的行动。因此，导师在对博士生指导干预过程中往往采取观望态度。[③] 在理想指导模式下对博士生的表现进行研究，[④] 发现博士生对理想导师应具有的品质特点基本趋同。[⑤] 学生希望导师拥有良好的思想道德水平、教育管理能力以及创新能力，并能够给予及时恰当的指导，能够针对自身情况提出建设性的意见。[⑥] 导师作为顾问者，应为学生的专业咨询做好服务；其次作为指导者，应在正式的指导之余，建立非正式交流，来丰富对研究生的学习指导，最后作为学术代理人，导师可以学术大师的身份给学

① Mowbray S. and Halse C.，"The purpose of the Ph. D.: theorising the skills acquired by students"，*Higher Education Research & Development*，Vol. 29，No. 6，June 2010，pp. 653 – 664.

② Lepp L.，Remmik M.，Karm M.，et al.，"Supervisor' Conceptions of Doctoral Studies"，*Trames-Journal of the Humanities and Social Sciences*，Vol. 17，No. 4，April 2013，pp. 401 – 415.

③ Lepp L.，Remmik M.，Leijen A.，et al.，"Doctoral Students Research Stall: Supervisors Perceptions and Intervention Strategies"，*Sage Open*，Vol. 6，No. 3，March 2016.

④ Rose G. L.，"Enhancement of Mentor Selection Using the Ideal Mentor Scale"，*Research in Higher Education*，Vol. 44，No. 4，April 2003，pp. 473 – 494.

⑤ Dedrick B. E. F.，"What do Doctoral Students Value in Their Ideal Mentor?"，*Research in Higher Education*，Vol. 49，No. 6，June 2008，pp. 555 – 567.

⑥ Marian Wool House，"Supervising Dissertation Projects: Expectations of Supervisors and Students"，*Innovations in Education & Teaching International*，Vol. 39，No. 2，February 2002，pp. 137 – 144.

生以专业素养、情感、专业认同方面的熏陶。[①]

也有一些研究基于导师的单边视角探讨师生之间的角色期望（Benita、Ann E. Austin，2009）。Rose L. 曾指出，学生心中理想导师因素包括：导师的道德情操、指导能力、师生之间的亲密关系等。[②] Karina Lange 和 Caroline Baillie 通过对应用科学研究生（硕士、博士）和导师进行问卷调查得出：大多数学生认为他们导师当前的角色是提供方向和一般指导。良好的交流、有效性、知识渊博和导师制是学生对导师的四个领导期望。其他期望包括"保证时间""确保研究对于学位是适合的和可接受的"。[③] Bloom 等学者提出研究生喜欢的导师类型：关心学生和他们的成功；可接近的；对每个学生的分类个别指导；扮演角色模型；积极地整合研究生到专业领域里。[④] Vicente Lechuga 通过对毕业生导学关系的探讨，表明学生愿意积极主动参加到可以将新知识转化成实践操作的导师队伍中，导师也更愿意吸收能够在少的监督指导下独立且高质量完成任务的学生。[⑤]

英国萨里大学的教授 Anne Lee 于 2008 年在《高等教育研究》杂志上发表的《如何指导博士研究生——博士生科研指导的理念》一文，在博士生导师的职能进一步扩大的今天，有必要对"科研指导"这一概念的范式进行研究。导师的科研指导可以分为功能范式、文化范式、批判性思维范式、解放范式、优质关系范式。[⑥] 澳大利亚西悉尼大学教育研究所的 Christine Halse 与 Janne Malfroy 于 2010 年在《高等教育研究》杂志上

---

① Lechuga V. M.，"Faculty-Graduate Student Mentoring Relationships：Mentors' Perceived Roles and Responsibilities"，*Higher Education*，No. 6，June 2011，pp. 757 – 771.

② Rose L.，"Group Differences in Graduate Students' Concepts of the Ideal Mentor"，*Research in Higher Education*，No. 2，February 2005，pp. 73 – 81.

③ Karina Lange and Caroline Baillie，"Exploring Graduate Student Learning in Applied Science and Student-Supervisor Relationships：Views of Supervisors and Their Students"，*Engineering Education*，2008，pp. 30 – 34.

④ Bloom J. L.，Propst Cuevas A. E.，Hall J. W.，et al.，"Graduate Students' Perceptions of Outstanding Graduate Advisor Characteristics"，*Nacada Journal*，Vol. 27，No. 2，February 2007，pp. 28 – 35.

⑤ Lechuga V. M.，"Faculty-Graduate Student Mentoring Relationships：Mentors，Perceived Roles and Responsibilities"，*Higher Education*，Vol. 62，No. 6，June 2011，pp. 757 – 771.

⑥ Lee Anne，"How are Doctoral Students Supervised? Concepts of Doctoral Research Supervision"，*Studies in Higher Education*，Vol. 33，No. 3，March 2008，pp. 267 – 281.

发表的《作为专业工作的博士生指导的重新定位》，高等教育环境的激烈竞争需要加强博士研究的问责机制和质量保证措施，也需要清楚地阐明和界定博士生导师的工作。在实证分析的基础上，将博士生指导理论化为五个方面的专业工作：学习联盟、思维习惯、学术专长、技术专长和情境专长，为理解和准备当代高校博士生导师的工作提供了更为准确的文本、语言和理论依据。①

（三）导师对博士研究生的学术指导研究

导师对博士研究生的学术指导是博士生导学关系的一个重要体现，也是国外博士研究与导师关系研究的一个重要聚焦点。与之相关的关键词有学生论文、学术研究、博士论文、学术写作、论文写作过程、学术出版、论文等。在当前的博士教育背景下，博士研究生需要发展一系列复杂的研究技能及学术素养，以期在学术实践活动中展现出一定的成绩。在指导博士学术写作的过程中，有的导师致力于学术成果，有的导师致力于认知过程，有的导师则致力于沟通与交流。② 伴随着互联网的普及与远程教育的兴起，在线教育与远程辅导也是诸多学者关注的焦点之一。Kumar 和 Johnson 就曾通过探讨导师在博士学位论文阶段进行线上辅导的经验与有效的策略，揭示了结构、小组指导和同伴支持在克服在线交流和远距离论文指导过程中的重要性。③ 在远程教育环境中，博士生与学位论文过程中的各种行为人（导师、学位论文委员会成员、支持服务者、在校学生）进行对话的机会也是至关重要的，机构和项目支持可以极大地促进论文的进展，减少博士论文写作过程中的孤立感。④

在英文文献搜索中，相关文献从 20 世纪 60 年代到近期，较为全面地反映国外当前博士生教育导师指导问题研究状况。Glaser 研究了导师和学生之间的关系，提出了师生间吸引、自治以及相互作用，在此基础上研

① Halse C. and Malfroy J.，"Retheorizing Doctoral Supervision as Professional Work"，*Studies in Higher Education*，Vol. 35，No. 1，2010，pp. 79－92.

② González-Ocampo，Gabriela，Castelló，et al.，"Writing in Doctoral Programs：Examining Supervisors' Perspectives"，*Higher Education*，Vol. 76，No. 3，March 2018，pp. 387－401.

③ Kumar S. and Johnson M.，"Mentoring doctoral students online：mentor strategies and challenges"，*Mentoring & Tutoring：Partnership in Learning*，Vol. 25，No. 2，February 2017，pp. 202－222.

④ Kumar S. and Coe C.，"Mentoring and Student Support in Online Doctoral Programs"，*American Journal of Distance Education*，Vol. 31，No. 2，February 2017，pp. 128－142.

究了师生三维互动模式。[1] Anderberg 研究了导师在指导学生中扮演的角色，提出导师指导内容，并从导师、学生两个方面制定出研究生科研体验问卷，为导师和学生提供参考。[2] Ortrun Zuber 运用案例研究的方法，讨论帮助研究生学习的五种策略，了解学生的需求，学校要采取多种措施去解决只依靠导师去培养学生的单一模式。[3] Smeby 指出，教授们认为指导学生占据了自己太多科研时间，但学生们却认为导师是他们学习的重要资源，这种张力影响了指导质量。[4] Sandra Acker 等研究了在科研论文的指导中，协商式及管理式指导模式特征，并运用定性的研究方法，探究了学生在两种指导方式中的体验。[5] Hockey 研究根据导师不同指导动机可以把指导过程分成不同的形式。[6]

荷兰乌得勒支大学 Tim Mainhard 教授等人所做的《博士生与导师关系模式研究》也引起了广泛的关注，他认为导师与博士生的关系对博士研究生的成功至关重要。从博士生的角度出发，了解博士生对导学关系的看法，有助于为导师提供详细的反馈，以提高导师的指导效果。[7] 这篇文章介绍了导师——博士生互动问卷（QSDI）的编制过程，该问卷不仅被国外学者大量引用，也作为国内学者进行调查研究时的主要参考。瑞典哥德堡大学教育系的 Anita Frank 教授从博士生研究中的问题出发，分析了导师对博士生指导的两种不同方式，即实践导向的研究指导（research practice-oriented）与关系导向的研究指导（research relation-orien-

---

① Barney G. Glaser, "Attraction, Autonomy and Reciprocity in the Scientist-Supervisor Relationship", *Administrative Science Quarterly*, 1963, pp. 379 – 398.

② Anderberg M. R., "Cluster Analysis for Applications", *Probability & Mathematical Statistics New York Academic Press*, 1973, pp. 347 – 353.

③ Zuber-Skerritt O., "Helping Postgraduate Research Students Learn", *Higher Education*, Vol. 6, No. 1, January 1987, pp. 75 – 94.

④ Smeby K. J. C., "Teaching and Research, The Relationship Between the Supervision of Graduate Students and Faculty Research Performance", *Higher Education*, Vol. 28, No. 2, February 1994, pp. 227 – 239.

⑤ Acker S., Hill T. and Black E., "Thesis Supervision in the Social Sciences: Managed or Negotiated?", *Higher Education*, Vol. 28, No. 4, April 1994, pp. 483 – 498.

⑥ Hockey J., "Motives and Meaning Amongst PhD Supervisors in the Social Sciences", *British Journal of Sociology of Education*, Vol. 17, No. 4, 1996, pp. 489 – 506.

⑦ Mainhard T., Rijst R. V. D. and Wubbels T. T., "A Model for the Supervisor-Doctoral Student Relationship", *Higher Education*, Vol. 58, No. 3, March 2009, pp. 359 – 373.

ted)。探索这两种不同方式对导师指导和导师自身产生了何种影响，并在《高等教育研究》杂志发表名为《导师对博士生体验指导的不同方式研究》的文章，引起了学界的关注。另外，澳大利亚麦考瑞大学的 Sara Cotteral 教授探讨了博士生写作所需要的帮助与支持，新西兰奥克兰理工大学的 Antoinette McCallin 教授通过对 2000 年至 2010 年的文献进行分析，提出了导师指导的发展策略，都在一定程度上推动了博士生导学关系研究的进步与发展。

对博士研究生如何进行有效的指导已经备受国际学者的广泛关注，以至于一门新的学科的兴起——指导教育学，其中团队指导就是非常具有影响力的一个方面。澳大利亚阿德莱德大学的教授 Cally Guerin 及其团队在当地的一所大学进行了叙述性调查，发现优秀的导师非常重视自己与学生的关系，能够表现出强烈的责任意识，同时会给予学生广泛的指导。① 英国牛津大学学习研究所的 Gill Turner 教授探讨了四位学者早年从事博士生导师工作的经验，描绘了他们与学生之间的指导过程的高潮和低谷。发现对博士研究生的指导经验是可变的、个性化的、情绪化的，作为专业发展的博士生导师，需要应对指导期望、导学关系、导学承诺三个方面的挑战。②

(四) 博士生导学关系的问题研究

伯顿·克拉克(Burton R. Clark)在其专著《研究生教育的科学研究基础》(The Research Foundations of Graduate Education)中分析了五个国家的研究生教育及科研训练状况，部分涉及了研究生被导师“剥削”的情况。③ 詹姆斯·杜德斯(James Johnson Duderstadt)也针对研究生被导师“滥用”的情况进行了专门的论述，表示现行博士生教育模式是建立在学生和导师之间既重要又脆弱的关系上。他认为，“有些教师采取的几乎是一种封建的态度，把博士生首先看作为科研项目的工作奴隶，而不

① Guerin C., Kerr H. and Green I., “Supervision Pedagogies: Narratives from the Field”, *Teaching in Higher Education*, Vol. 20, No. 1, 2015, pp. 107 – 118.

② Turner Gill, “Learning to Supervise: Four Journeys”, *Innovations in Education and Teaching International*, Vol. 52, No. 1, January 2015, pp. 86 – 98.

③ [美] 伯顿·克拉克主编:《研究生教育的科学研究基础》，王承绪译，浙江教育出版社 2001 年版，第 1—14 页。

是接受教育和攻读学位的学术”。[①] 唐纳德·肯尼迪（Donald Kennedy）认为学生利益应该作为导师的指导原则，教授们承担着培养学生的重任。导师与博士生之间在分享共同的旨趣和能力的同时，二者之间也存在着一系列风险与挑战，主要表现在：“知识产权和作者名誉、身份的冲突、在合作中的争吵、被剥削的感觉、评价中的问题、发展私人亲密性与独立性之间的张力、甚至恋爱关系等等。”[②] 这些著作从侧面论述了博士生教育中导师指导和学生学习的相关问题，为以后的导学关系问题研究提供了思路。

培养博士研究生的个人素养和专业素质、为博士就业做好准备、有效的管理导师指导过程、应对指导过程中的挑战是影响博士生教育质量的主题，这些方面都受到博士生导师的强烈影响。[③] 影响博士生导学关系的影响因素有很多，例如学生的经验、研究背景、教师问题、指导教育、指导模式等，[④] 大致可分为导师方面的因素、学生方面的因素与外部环境的因素。但国外学者一般不从宏观方面对影响因素做整理归类，他们往往从某一视角入手，细致探究某一方面的因素对博士生导学关系产生的具体影响。在导师对博士生进行指导的过程中，不同的指导风格会对博士生产生不同影响，[⑤] 不同的指导模式也会对博士研究生与导师的关系产生不同影响，[⑥] 因此，面对不同类型的学生，导师的指导风格要进行相对

---

① ［美］詹姆斯·杜德斯：《21 世纪的大学》，刘彤等译，北京大学出版社 2005 年版，第 78 页。

② ［美］唐纳德·肯尼迪：《学术责任》，阎凤桥译，新华出版社 2002 年版，第 122 页。

③ Friedrich-Nel H. and Mac Kinnon J.，“The Quality Culture in Doctoral Education：Establishing the Critical Role of the Doctoral Supervisor”，*Innovations in Education and Teaching International*，Vol. 56，No. 2，February 2019，pp. 140 – 149.

④ Mccallin A. and Nayar S.，“Postgraduate Research Supervision：A Critical Review of Current Practice”，*Teaching in Higher Education*，Vol. 17，No. 1，January 2012，pp. 63 – 74.

⑤ Franke A. and Arvidsson B.，“Research Supervisors' Different Ways of Experiencing Supervision of Doctoral Students”，*Studies in Higher Education*，Vol. 36，No. 1，January 2011，pp. 7 – 19.

⑥ Gatfield and Terry，“An Investigation into PhD Supervisory Management Styles：Development of a Dynamic Conceptual Model and Its Managerial Implications”，*Journal of Higher Education Policy and Management*，Vol. 27，No. 3，March 2005，pp. 311 – 325.

应的调整，以最大限度地实现学生的自我成长与发展。①

英国牛津大学的教授 Lynn McAlpine 和 Margot McKinnon 通过对处于不同博士生涯阶段的学生进行访问，认为博士生寻求指导的原因有很多，博士生对指导关系的看法会随着时间推移而发生变化。② 新西兰奥克兰大学心理系的教授 Nickola C. Overall 及其所在的团队对不同阶段的博士生进行在线问卷调查，探讨导师的学术、个人、自主支持与自我效能感的关系。发现高水平的自主性和学业支持与最高水平的自我效能感相关，而当较高水平的个人支持与较低水平的自主性支持相伴随时，学生报告的自我效能感较低。这些结果表明，有效的博士生指导包括支持学生发表自己的观点和行动，同时指导他们如何完成研究任务。③ 另外 Montserrat Castello 教授研究了博士生的退学问题，他们往往难以在工作、个人生活和博士研究之间取得平衡④。

（五）博士生导学关系影响因素研究

影响博士生导学关系的因素有很多，Cagliari、Webster、Perrier 等对知识迁移（knowledge translation）能力的指导方式进行研究，探讨得出导师是否通过研讨会对学生进行个别指导、是否受过资深训练或者是否有海外专家背景以及是否每 6 个月当中会定期对学生进行最少 1 个小时的指导等因素都会对知识转换能力的培养有影响。⑤ Rodrigues 运用定量研究方法，选取 60 对研究对象（导师与学生）对学位论文过程中的导学关系进

---

① Gurr, Geoff M.,"Negotiating the 'Rackety Bridge'—a Dynamic Model for Aligning Supervisory Style with Research Student Development", *Higher Education Research & Development*, Vol. 20, No. 1, January 2001, pp. 81 –92.

② McAlpine L. and McKinnon M.,"Supervision-the most Variable of Variables: Student Perspectives", *Studies in Continuing Education*, Vol. 35, No. 3, March 2013, pp. 265 –280.

③ Overall N. C., Deane K. L. and Peterson E. R.,"Promoting Doctoral Students' Research Self-Efficacy: Combining Academic Guidance with Autonomy Support", *Higher Education Research & Development*, Vol. 30, No. 6, June 2011, pp. 791 –805.

④ Castelló M., Pardo M., Sala-Bubaré A., et al.,"Why do Students Consider Dropping out of Doctoral Degrees? Institutional and Personal Factors", *Higher Education*, Vol. 74, No. 6, June 2017, pp. 1053 –1068.

⑤ Gagliardi A. R., Webster F., Perrier L., et al.,"Exploring Mentorship as a Strategy to Build Capacity for Knowledge Translation Research and Practice: a Scoping Systematic Review", *Implementation Science*, Vol. 9, No. 1, Juanary 2014, p. 122.

行研究，得出导学关系的影响因素包括导师的5个因素：独占权及合作关系、权威巩固、学生自足能力、合作及成长、创意和焦点；学生的7个因素：自主权和团队支持、默许合作关系、优势保障、实用主义、导师优先合作、有效性及非正式性、自身能力及严谨性；以及二者共有的3个要素：互补的合作关系、学生的分享与主动性、个人主义与过程否认。[①] Abdullah 等人从澳大利亚的一个大学里面随机选取了134位研究生作为调查对象，发现导师背景不同，学生的研究经验也会随之而产生差异，同时这也与学生个体的心理属性有关。[②]

嘉里·肯吉（Conti）对29名教师和837名学生研究发现，教师的行为影响学生的成就，导师的教学风格与学业成绩之间存在相关关系。[③] 斯坦因（Stein）[④] 和罗杰斯（Rogers）[⑤] 等人使用将教学任务的维度与学生学习成果的增益联系起来的概念框架，来研究教学与学习之间的关系，发现与导师联系密切的学生的成绩高于与导师关系疏离的学生。里昂（Lyons）等人对博士生的研究发现，与教师有密切联系的博士生获得的研究资源、教育帮助显著高于与导师没有密切联系的博士生。[⑥] Merkel，Cole，Wesson 运用案例研究，指出指导者（mentor）与被指导者（mentee）的研究目标不一致，一定程度上会影响到导师的指导，并鼓励公共

---

① Rodrigues，José Florêncio，Levay Lehmann，et al.，"Factors Mediating the Interactions Between Adviser and Advisee During the Master's Thesis Project：A Quantitative Approach"，*Quality in Higher Education*，Vol. 11，No. 2，February 2005，pp. 117－127.

② Abdullah M. N. L. Y. and Evans T.，"The Relationships Between Postgraduate Research Students' Psychological Attributes and Their Supervisors' Supervision Training"，*Procedia-Social and Behavioral Sciences*，Vol. 31，2012，pp. 788－793.

③ Conti G. J.，"The Relationship Between Teaching Style and Adult Student Learning"，*Adult Education Quarterly*，Vol. 35，No. 4，April 1985，pp. 220－228.

④ Stein M. K. and Lane S.，"Instructional Tasks and the Development of Student Capacity to Think and Reason：An Analysis of the Relationship Between Teaching and Learning in a Reform Mathematics Project"，*Educational Research and Evaluation*，Vol. 2，No. 1，January 1996，pp. 50－80.

⑤ Rogers S. and Renard L.，"Relationship-Driven Teaching"，*Educational Leadership*，Vol. 57，No. 1，January 1999，pp. 34－37.

⑥ Lyons W.，Scroggins D. and Rule P. B.，"The Mentor in Graduate Education"，*Studies in Higher Education*，Vol. 15，No. 3，March 1990.

机构开展指导研讨会，对好的指导予以重视。① 此外，John Rombeau 等学者还对外科医生与他的学生之间的导学关系进行了探讨，其中报酬是否公平、时间是否充足、指导活动的贬值、指导是否正式等都会影响到师生之间的和谐关系。② 也有学者指出，博士生导学关系是项目成功与否的至关因素，有声称表明导师的监管在以下几个方面没有到位：频繁性（会议不定期）；组织和易接近（建议一对导师或导师组）；质量（建议义务教育作为导师任职资格）；胜任力（一个自身积极地研究者导师不一定能够帮助研究生）；培养自主研究者（研究问题和过程太过于依赖导师）。③

三　国内外博士生导学关系研究评析

（一）国内博士生导学关系研究评析

通过对国内博士生导学关系的全面梳理，可以清晰地看出导学关系的研究一直是教育界的热点问题，并且对该问题的关注与研究明显呈上升趋势。相关研究对于导学关系的本质、特点、类型，导师的角色与角色期望，以及导学关系的问题、影响因素、对策等都进行了大量的阐述与研究。虽然前人所作的研究比较丰富，但是综合梳理上述研究后，还存在一些不足之处，具体表现在：

在研究的对象上，国内关于导学关系的研究从搜集文献时，可以看出多集中于硕士研究生教育，对于博士生阶段的导学关系教育也只是近年来有所关注。在研究内容上，国内研究都集中于导学关系的现状表现、问题、原因及对策研究，所发现导学关系的问题也几乎占满了研究生教育的各个方面，几乎没有一处是不成问题的。即便从不同视角和角度出发，也几乎很少有研究者能够跳出这样一个框架，难以真实有效地发现

① Merkel K. L., Cole J. A. and Wesson S. K., *The Mentor-Mentee Relationship: The Devil Is in the Details*, London: Dermatoethics, Springer, 2011, pp. 1－11.

② Rombeau J., Goldberg A. and Loveland-Jones C., *How to Choose a Mentor*, New York: Surgical Mentoring, Springer, 2010, pp. 5－24.

③ Grevholm B. and Wall P., "A Dynamic Model for Education of Doctoral Students and Guidance of Supervisors in Research Groups", *Educational Studies in Mathematics*, Vol. 60, No. 2, February 2005, pp. 173－197.

导学关系的本质问题，研究结果自然落入往复循环的境地。在研究方法上，多数研究者都是出于单一的经验描述和学理性分析，进行单一的量化研究或质性研究，而采用混合研究方法的研究并不多见。其中一些量化研究还缺乏客观的态度和严谨的精神，甚至研究结果截然相反；一些质性研究还缺乏理性深思与哲学熟虑，所进行的研究也只是为研究而研究，就研究而研究。在研究结果上，关于导学关系的研究结论与对策建议，无非是针对社会、学校、导师、研究生等方面所提出的，政策完善、资金支持、法律保障，立德树人，沟通交流等措施出现得最多。但究竟如何进行政策的完善与法律的保障？如何加强导师的立德树人与师生之间的沟通交流？这是目前研究中鲜有涉及的。另外，针对良好导学关系的建构，各种研究结论对策不一，其观点也较为分散，到现在都没有一个完整统一的结果和系统的定性。

通过对国内博士生导学关系的全面梳理，可以清晰地看出，现有研究在一定程度上探明了博士生导学关系的特点与本质，厘清了当下博士生导学关系的类型及影响因素，阐明了导师这一角色应用的作用与价值，针对博士生导学关系出现的问题进行了较为深入的分析并提出了相应的对策，具有一定的理论意义与应用价值。但博士生导学关系研究仍需关注以下几点：

第一，以人为出发点，直面博士生导学关系本身。博士生导学关系的存在是“前概念的”“未被给予的”，通过悬置概念化、知识化的导学关系理念，直面导学关系的本质，进而厘清博士生教育各要素之间的联系。博士生导学关系研究归根到底是关于人的研究，必须要对人的问题有充分的理性思考与不懈探索。若脱离人这一主体而抽象地、空洞地对博士生导学关系进行探讨，是不会对导学关系的现实状况起到多大的帮助及促进作用的。人作为实践主体的人，与其产生联系的物质并不指一切事物，只有当人这一角色的介入并对物质因素做出某种规定性的判断时，对物质等客观条件的研究才具有相应的价值和意义。对于导师与博士生的研究，不应仅仅考虑外部客观条件的影响，还应当关注两个主体间的现实诉求与需要，深入探讨导师与博士生交往过程中人的主体价值与意义。

第二，本质还原，回归导师与博士生的生活世界。科学实证主义的兴起使得整个教育领域进入崇尚科学、追求理性的发展趋向，对于对博士生导学关系的研究，运用着越来越先进的方法，实行着越来越机械化的模式。这与教育从生活世界中获取真理和创造价值的原则相悖，长期缺乏教育生活体验使得导师与博士生的生活世界缺乏“可感知性”“可体验性”。而本质还原是一种去综合化的过程，即终止对导学关系概念化、理论化的研究，直接面向事物本身，还原事物本质，以重新获得与导学关系最初的接触。导师与博士生的生活世界是美妙的，同时也是复杂的，任何一种教育理论对具体的教育情境都不具有普适性。唯有回归导师与博士生的生活世界，在具体的交往情境中探寻导师与博士生之间的互动与理解，才能使双方了解彼此的需要与诉求，从而采取恰当的教育行动。

第三，以问题为中心，关注导师与博士生的实践与交往过程。分析中国博士生导学关系的研究脉络可以发现，博士生教育体系建立之初，学者们就注意到从客观体系、模式建构或者物质支持的角度来研究博士生导学关系的问题。如今对导学关系宏观因素的分析和建构已经趋于完善，博士生教育管理体系也日渐成熟，但也缺乏对导师与博士生具体交往过程的理解和关照。在研究处于多元化的今天，应把握当下导学关系的实际情况，以具体问题为中心，关注导师与博士生的具体实践与交往过程。在研究过程中，可以依据多种研究理论，采用多种研究方法对导学关系的现实问题与矛盾进行分析，力图使博士生导学关系的研究呈现出应有的学术立场与学术规范，完善该研究领域的独特话语体系，展现丰富的研究成果。

（二）国外博士生导学关系研究评析

在分析国外博士生导学关系研究基本情况的基础之上，探索该领域的研究主题以及前沿领域，能够为国内外博士生导学关系研究的对比以及中国博士生导学关系的发展提供一个独特的视角。分析相关文献，本研究认为国外博士生导学关系研究呈现以下特点：

首先，研究对国外博士生导学关系的主要矛盾和现实问题有较强的把握。分析国外博士生导学关系的研究脉络可以发现，对主要矛盾与现实问题的把握往往是大多数学者的出发点。相对于宏观复杂的理论分析或体系建构，国外研究者更倾向于对博士生导学关系的某一方面进行深入分析，展开具体研究。例如由于传统观念的影响，对女性博士或者女性导师的旧有看法仍是一种普遍的社会现象，只是这种社会现象变得更加的微妙、更加难以捉摸，但是我们不能否认这种现象的存在；又如在国际交流越来越频繁的背景下，更多的导师与博士生来自不同的国家和地区，跨种族、跨文化的学习与指导就成为影响导学关系的一个主要方面。国外研究者就更能把握这种现实问题，采用调查研究法、实验研究法、行动研究法、内容分析法等多种研究方法对其进行分析，而且还借用社会学、管理学、心理学等多种研究理论，如扎根理论、民族志、深度访谈、叙事研究等。国外研究者的这一研究特点使博士生导学关系的研究呈现出基本的学术立场与学术规范，完善了该研究领域的独特话语体系，展现出丰富的研究成果。

其次，研究范式由关注体系、模式及物质支持转向内心、交往及精神支持。从最初开始，国外研究者就注意到从客观体系、模式建构或者物质支持的角度来研究博士生导学关系的问题，并且在理论研究和实践过程中都取得了一定的效果。研究者根据自己的需要和目的，有针对性地选择或排除博士生导学关系中的一些因素，然后进行分析整理，将其整合到一个紧密联系、没有矛盾的体系中去。这种复杂化、抽象化、体系化的研究往往带有一定的理想色彩，虽然在一定程度上能够指导博士生导学关系的有效建构，但随着时间的推移和社会的发展，其作用会大打折扣。于是国外研究者不再仅仅局限于这一单一研究视角，开始尝试采用多种研究方法，有针对性地对博士生导学关系中出现的问题加以探讨。例如对依恋理论、协作指导、心理训练、归属感、自我效能感等问题的研究，表明对博士生导学关系的研究开始转向关注内心世界、交往关系以及精神支持。在研究处于多元发展阶段的今天，把握特定时空中多样的、流变的导学关系实然境况，有助于我们廓清博士生导学关系的发展变化，从而能够自觉地、具体地、深入地参与博士生导学关系的研究，促进二者的关系向我们期许的方向转变。

再次，研究对象由关注自然条件等客观因素的影响转变为关注人这一角色的主体价值。影响博士生导学关系的因素是多方面的，在不同的时期会有不一样的侧重点，导学关系的相关问题会随着时代的发展而消亡或者改变。基于人们认识世界、改变世界的客观规律，当导学关系作为新的研究对象而存在时，对其本质与规律的探讨也是研究者的理论出发点；而在博士生教育规模尚未扩大的20世纪，博士研究生与导师在交往过程中的矛盾和问题并不突出，关注自然条件等客观影响是研究者的现实逻辑。对导学关系研究的逐步深入使人们对其本质和规律有了一定的认识和把握，社会的不断发展也造成了全球博士生培养规模的大幅度提高，博士生教育的相关问题也发生了质的改变。对学生、知识、模型、项目等客观因素的研究并不能妥善解决博士研究生与导师交流过程中出现的各种问题和矛盾，也不能适应导学关系发展的需要，研究者的视角因此而逐渐转变。从近些年来对博士生导学关系中支持、压力、孤立、满足、自我效能等问题的影响中，就可以看出博士生导学关系的研究从关注自然条件等客观因素的影响，逐渐转变为对师生交往过程中人的主体价值与意义的探讨。

最后，研究大多关注于博士研究生的进步与成长，而忽视了导师自身专业发展的需求。尽管对于博士生导学关系的研究转向关注人这一主体角色的价值与意义，但是从文献数量上来看，以导师为视角的研究远不及以博士生为视角的研究。虽然我们强调一种在教育关系中平等的主体性地位，但是由于师生角色天然的差异与导师指导学生的这一基本逻辑注定不能造就师生的完全平等，这也是合乎规律的。由于人的主观能动性的存在，研究主体的价值与意义要从客观对象入手，因此从博士研究生的角度出发，往往是对导师指导、学术训练、心理健康、实践环境、社会化等问题的研究。需要明白与导师一样，博士研究生也是一位有自我选择和自我发展意识的成人，相对于基础教育，研究生教育中师生双方的主体地位和价值更容易实现。因此，和谐导学关系的建构不仅仅要探寻博士研究生在成长过程中的价值与意义，也需要研究导师在专业发展过程中的需要和诉求。只有在双方相互影响、平等交流、共同发展的基础上，才能让博士生教育焕发出生命活力，改善师生双方在教育指导过程中的存在状态和生活质量，从而切实有效地实现博士研究生与导师的和谐关系。

（三）研究博士生导学关系应当注意的问题

国际教育发展问题的比较研究强调审视、反思、批判、超越与创新的精神，[①] 对国外博士生导学关系研究领域的知识图谱进行分析，有助于我们审视和反省博士生导学关系的重要问题，探寻中国博士生导学关系的发展方向。本研究所展示的国外博士生导学关系研究的知识图谱以及所采用的可视化分析方法，对国内相关研究领域的学术批判与范式转换具有一定的参考价值，有助于国内学者拓宽研究思路，把握研究方向。对于当下中国博士生导学关系研究，需要把握以下几个方面的问题：

首先，对中国博士生导学关系的研究，应注重把握新时代环境下博士生导学关系的主要矛盾和基本问题。衡量一项研究的意义要看其是否立足于现实问题，坚持问题导向。对科研文献的阅读与把握是研究成熟与否的基本保障，对于一些基础性、理论性较强的学科或领域来说更是如此。但是对于博士生导学关系这一现实问题，需要我们与实际状况保持紧密的接触，只有这样研究才有坚实的立足点和正确的研究方向。从国外研究趋势来看，由关注师生角色、博士生指导，到关注性别、种族等差异问题，再到关注博士学业生涯的现实境况，表明该领域的研究越来越立足于现实问题，且随着时代的发展而不断变化。坚持问题导向的关键在于敏锐捕捉问题，清醒正视问题，自觉解决问题。而若想真正解决当下中国博士生导学关系的问题与矛盾，就必须立足于现实情况，分析新时代下博士研究生与导师各自的特点是什么？博士生导学关系的矛盾是否受时代的影响而发生了变化？发生了哪些变化？只有在对社会现实问题的观照与思考下，才能真正解决中国博士生导学关系的种种阻碍与矛盾，促进博士研究生与导师的共同成长与发展。

其次，应关注影响博士生导学关系的内心、交往及精神支持。由于教育层次、师生年龄等因素的影响，博士研究生与导师的交往过程主要表现为一种以人与人之间的相互作用、相互沟通、相互理解为核心的交流和对话过程。在社会经济有了一定发展成果的今天，客观体系、模式建构和物质支持这种外在因素的保障，并不能妥善解决导师与博士生的需要和诉求，内心、交往和精神支持往往更能促进和谐导学关系的实现。由于自然科学和科技理性的作用被无限放大，在当下的博士生教育过程

① 李莎、程晋宽：《比较教育研究的批判法：一种回归批判精神的探究》，《外国教育研究》2016 年第 4 期。

中，存在着一种过分关注科研世界而疏离博士生现实生活和内心世界的片面倾向。无论是导师还是博士生，其一切社会实践活动都是建立在生活世界的基础之上的，颠倒科学世界与生活世界的关系，势必造成博士生教育脱离自身的现实生活与社会实际。缺乏对博士研究生与导师内心、交往和精神世界的理解和关照，会使博士生教育的过程单纯地沦为科研指导的过程，博士生教育失去了应有的意义与活力，也为博士研究生与导师之间的问题和矛盾埋下了隐患。因此，博士研究生与导师的交往过程是一种建立在对话和理解基础之上的精神性交往过程，二者之间必须建立一种相互尊重、相互信任、民主平等的交往关系。

再次，对中国博士生导学关系的研究，应关注人这一主体角色的价值与意义。博士生导学关系研究归根到底是关于人的研究，必须要对人的问题有充分的理性思考与不懈探索。若脱离人这一主体而抽象地、空洞地对博士生导学关系进行探讨，是不会对导学关系的现实状况起到多大的帮助及促进作用的。人作为实践主体的人，与其产生联系的物质并不指一切事物，只有当人这一角色介入并对物质因素做出某种规定性的判断时，对物质等客观条件的研究才具有相应的价值和意义。在中国特色社会主义建设进入新时代的今天，中国社会的主要矛盾已经转化为人民日益增长的美好生活需要和不平衡不充分的发展之间的矛盾。若忽视人这一主体角色的价值与意义而一味地关注外在条件发展、变化与影响，是不会从根本上解决人的现实需要的。对于博士生导学关系来说亦是如此，对导学关系的现实观照与研究不应仅仅考虑外部客观条件的影响，还应当关注两个主体间的现实诉求与需要。应当把人的发展融入博士生导学关系的研究之中，立足于物质保障、客观条件、体系建设，具体地思考、研究和推进导学关系和谐健康的发展。

最后，博士生导学关系的研究需弥补导师专业发展需要与诉求的空白。无论是导师的职称评定、绩效考核还是博士生的顺利毕业、评优评先，在根本上都来自同一个问题——科学研究，它既是博士研究生与导师双方建立关系的底层目标，也是双方角色的根本规定。作为教育过程中的成人，自身的专业成长是导学双方进一步的期望，任何试图使对方适应自身目的或需要的单向行为都不是理想的导学关系，对导学关系的研究也不能仅仅从一方的角度出发探讨良好导学关系的建构。从目前的研究来看，无论是国内学者还是国外学者都忽视了导师自身的专业成长，似乎导师这一角色在形成之初就是完美的、没有缺憾的，而只有博士生才是需要进步与成长的人。这种研究的潜意识在无形中导致对博士生的过分关注，而忽视了导师这一主体角色，致使博士生导学关系的研究出现了真空地带。学习的活动是建构在客观世界意义上的活动，是自我探索与自我塑造的活动，是编织自己与他人关系的活动。在博士生导学关系的研究中，需要通过理解专业课程文本、行动研究、合作学习、反思性实践等方式弥补导师专业发展的需要与诉求，在保证导学双方共同成长与进步的同时，促进导学关系的健康发展。

第二章

回顾：博士生导学关系的历史样态与发展演变

博士生导学关系影响博士生教育过程中诸因素的结合与构成方式，在很大程度上决定着博士生教育质量的优劣，也影响着高校教师的专业发展。在博士生教育发展的历史脉络中，随着社会经济文化对高层次人才的需求，对博士生教育的模式也出现不同的类型。导师与博士生的关系在很大程度上受到教育主体心理因素的制约，但也会随着不同时期博士生教育模式的改变而展现出不同的历史样态和特点。对当下博士生导学关系进行价值判断、选择与重构，离不开对博士生导学关系产生、发展、变化的历史原因分析。

博士生教育是近代研究生教育发展和分化的产物，是伴随着社会经济的产生和发展而逐步成熟起来的。现代研究生教育的许多特征都源于欧洲中世纪的大学，例如法国、英国、德国等国当时一些著名的大学都设有硕士、博士学位。但这也仅仅作为一种证明自身学术水平的标志，并没有学位授予的形式和制度。现代意义上的博士生教育形成于 19 世纪初的欧美国家，中国也在 20 世纪初尝试建立博士生教育及学位制度。师生关系在一定程度上受教育制度的影响，但它是伴随着教育活动的产生而产生，关于师生关系的经验和历史要比教育制度历史更为久远。不同历史时期博士生导学关系也会展现出的不同形式及特征，反映着博士生导学关系的不同侧面。从历史脉络对博士生导学关系进行分析，有利于挖掘当下导学关系面临的真正问题并厘清其原因所在，并为新时代博士生导学关系的发展指明方向。

第一节　国外博士生导学关系的发展、特点及影响

探讨国外博士生导学关系发展的历史规律，分析不同时期博士生导学关系的特征和样貌，有助于理解当下博士生导学关系的现状，能够为中国博士生导学关系的价值选择提供借鉴、开阔视野，从而推动导学关系向理想的方向发展。现代意义上的博士生教育产生于19世纪上半叶的德国大学，德国博士生培养实行单一导师指导的形式，导师与博士生之间属于“师徒式”导学关系。进入19世纪中后期，美国对博士生的培养模式进行改革创新，采取导师组指导的形式，完善制度体系，规范教学行为，“制度式”导学关系逐渐取代“师徒式”导学关系而成为主流。直到20世纪中叶，随着第二次世界大战的结束，教育的全球化、多元化也促使科学、技术、生产三者之间的关系更加紧密，各国博士生教育才迎来了又一次的改革浪潮。为满足多方面人才的需求，更加注重结构式、复合型人才的培养，由此也使导师与博士生的关系产生了新的样态，即“协作式”导学关系。“师徒式”导学关系强调导师与博士生之间的身份关系，“制度式”导学关系强调导师与博士生之间的制度关系，“协作式”导学关系是制度关系的进一步完善，但也使师生双方的情感关系成为可能。

一　“师徒式”导学关系：导师与博士生身份关系的显现

“师徒式”导学关系即是德国最早博士生教育模式的产物，博士生以学徒或助手的形式在导师的指导下从事科学研究，博士生的招生、录取、培养、科研、论文写作等所有工作均由导师个人负责。“师徒式”导学关系深受欧洲中世纪大学师生关系的影响。在15世纪以前，欧洲中世纪大学的教育是一种尚未成型的学位教育，学校教育体系仍然明显带有手工业行会或者其他行会组织的痕迹。行会组织是小手工业者为了保护自身的利益而反对封建贵族的自发性组织，由同行的手工业主、帮工、徒弟等组成。[①] 中世纪大学主要的高级学位教育包括硕士教育和博士教育，导

① 李盛兵：《研究生教育模式嬗变》，教育科学出版社1997年版，第15页。

师与学生的关系也如同行会组织中师傅和徒弟的关系。教育内容、教育资源、教育方法和手段均由教授掌握，学生更类似于导师的徒弟，完全听从于导师的指导和安排。现代意义上的博士生教育诞生后，“师徒式”导学关系就是在中世纪大学这种原生型师徒关系中孕育而来的。

(一)“师徒式”导学关系产生的历史背景

文艺复兴和宗教改革运动给德国中世纪大学带来了深远的影响，文化的变革构成了德国人在知识领域的丰富性与在兴趣方面的广阔性，为德国的新人文主义运动做好了精神性准备。1808 年，著名的新人文主义者、历史学家和教育家威廉·冯·洪堡（Wilhelm von Humboldt）出任教育部部长，他按照新人文主义精神对德国高等教育进行了彻底的改革。1809 年创立的柏林大学（Humboldt University of Berlin），以及此后的波恩大学（University of Bonn）慕尼黑大学（University of Munich）等的建立，揭开了大学发展新的一页。这些新兴大学继承了德国中世纪大学教学与科研相结合的传统，并致力于把专门科学研究作为大学教授的主要任务，把教育教学作为大学教授的次要工作。[①] 新大学更加注重学术的自由，为教授研究科学、传播理论、创立学说和发展学派创设了良好的环境和条件，为教授的学术讲座、科学实验、人才吸引提供了更大的可能。

洪堡对德国教育的改革以及新兴大学的涌现，使得一大批的自然科学家执教于德国的大学，与科学研究相关的研究所和实验室也得到了迅速的发展。由此，德国的大学成为当时世界的学术中心，广泛地吸引着来自各国的研究者，他们相继来到教授的研究所和实验室进行工作，成为教授的“科学接班人”，现代意义上的博士教育由此产生。德国的新人文主义运动和新大学运动，不仅极大地提高了大学科研和教学人员的学术水平，推动了科研工作者这一群体的稳固和发展；而且为博士生教育的产生提供了目标、思想、制度等准备条件，从而丰富了整个高等教育的层次结构。更为重要的是，其师徒制的博士生培养模式深刻影响着世界各国的博士生培养模式，影响着博士生导学关系的发展与演变。

(二)“师徒式”导学关系的主要特征

以师徒制为主要指导方式的培养模式与导学关系，旨在培养博士生

---

① ［德］弗·鲍尔生：《德国教育史》，滕大春译，人民教育出版社 1986 年版，第 125 页。

的学术研究能力，强调科学研究在培养过程中的决定性地位。德国的博士生教育对本国政治、经济，尤其是对科学技术的发展起到了巨大的推动作用，德国巨大的经济成就影响着欧洲诸国的发展及国际局势，促使各个国家开始对高等教育的改革。通过改革，西方国家纷纷建立起现代博士生教育制度，“师徒式”的教育模式和导学关系也纷纷为其他国家所效仿，甚至远在东方的日本以及大西洋彼岸的美国，在博士生建立之初也深深地带有德国博士生教育模式的烙印。总体来讲，德国“师徒式”导学关系主要有以下几方面的特征。

首先，导师在博士生管理和指导方面有绝对的话语权。在对于学校、博士生及科学研究等方面，导师均享有较高的话语权，并且在对博士生指导和培养方面处于绝对权威的地位。博士生的论文写作、答辩和学位授予受委员会的监督与审核，但学生能否毕业在很大程度上是由导师决定，而并非学校或者院系决定。德国的大学教授及获得博士学位的其他教师都具备担任博士生导师的资格，由于博士生的学术水平和科研能力会影响导师的学术声望，因此对博士生招生、录取、指导各个环节都非常严格。导师不仅会对博士生的专业知识和专业技能做出严格的要求与指导，也会要求博士生必须具备其他各方面的素质，例如严肃认真的工作态度、坚定的学术信念、良好的道德品行等。导师也会以身作则，以自己的一言一行来指导和影响博士生。如果博士生的研究能力或道德素养太差，则会被导师单方面解除导学关系，博士生自然无法获得博士学位。

其次，导师与博士生的关系有着天然的亲密性。德语中的导师被称为“Doktorvater/Doktormutter”，是“博士生之父”或“博士生之母”的意思。[①] 这种称谓也能清晰地反映出德国博士生教育思想中对博士生导学关系的界定，体现出导师与博士生在学术研究方面的亲密关系。在“师徒式”导学关系中，博士生能够在跟随导师从事科学研究工作的过程中掌握本学科的研究方法与规律，能清楚地了解到导师的学术思想和学术态度。导师是博士生科研道路上的引领者，对博士生的学术科研、为人

---

① 朱佳妮等:《德国博士生培养模式的变革——“师徒制”与“结构化”的比较》,《学位与研究生教育》2013 年第 11 期。

处世、道德品行等都会产生重大影响。博士生在导师事无巨细的悉心指导下，能清楚地认识到自己的不足，并会以导师为榜样，朝着自身的研究方向不断迈进。这种天然的亲密性有利于学术人才的成长，博士生通过导师的言传身教，在具体的专业知识、科研方法之外还能学到许多东西，例如对学术的态度、信念、科研道德等。①

再次，博士生教育以科学研究为目的，导学关系非常纯粹。洪堡认为，大学要保持独立，就不能带有职业教育的色彩，不能被社会经济的需求所制约。在这种教育理念的引导下，培养“纯粹的科学研究者”也自然成为博士生教育的目标。博士生和导师进行的科学研究，其目的就是为了科学，为了研究，除此之外并没有其他的利益诉求或情感纠葛。博士生导学关系沉浸在对纯粹科学研究的向往与追寻之中，不受任何社会或世俗的影响。因此，导师与博士生的关系也前所未有的纯粹，师生之间为了科学研究而形成了共同愿景。虽然在当代看来，这样的博士生培养理念既不符合高等教育的发展规律，也无法满足社会对应用型人才、技术型人才的需求；但此种模式下的导学关系却值得我们学习和效仿。师生之间营造了一种能够有效包容对立与问题的和谐氛围，建立了一种基于科研伙伴关系之上的情感关系，这种和谐的研究氛围与坚韧的情感纽带是和谐导学关系得以良好运转的有力保障。

最后，博士生和导师的学术研究均十分自由。洪堡对大学的改革把培养科研工作者和推进人类文化科学的发展作为主要任务，推崇学术自由的原则，这也是高校教师所拥有的特殊权利。② 学校充分尊重导师与博士生业已形成的导学关系，不对博士生的教育过程和教育方式加以过多的干涉，学校对博士生的管理也比较松散，博士生培养主要由导师负责。这种自由的学术环境非常有利于创新型研究人才的培养，也是19世纪德国大学享誉盛名的主要原因。在学术气息浓厚的大学氛围里，教授们开始用理性的眼光审视人类与世界，导师在教学和科研方面均不受学校过多的制约。在教学过程中，导师注重引导博士生的研究思路，并在师生

---

① 陈洪捷:《德国博士生教育及其发展新趋势》,《学位与研究生教育》1994年第1期。

② 陈学飞:《西方怎样培养博士:法、英、德、美的模式与经验》,教育科学出版社2002年版,第137页。

的互动交往过程中共同探索问题，朝着真理不断迈进。教授的学术自由和科研自由也影响着博士生的研究自由，博士生的研究方向既可以是导师所研究的重点，也可以是学生自己的兴趣与特长。导师往往会帮助博士生分析自己的研究兴趣，并结合科研课题的内容有针对性地指导学生选择自己的研究方向。

（三）“师徒式”导学关系的发展与阻碍

德国博士生教育所带来的巨大成就引起了西方国家的重视，开始纷纷效仿德国建立起现代意义上的博士生教育制度，并实施“师徒式”的导学关系及指导模式。博士生导学关系的发展是一个不断学习、借鉴与演变的过程，对某一个国家的博士生教育来说，它又是一个适应与发展的过程。“师徒式”导学关系由德国发源，逐渐向英国、法国、日本、美国进行转移和演变，其周边国家诸如瑞典、荷兰、意大利、俄罗斯等国家均不同程度地受到德国“师徒式”导学关系的影响，学生大都以学徒或助手的形式在导师的指导下进行科学研究。而美国在借鉴这种培养方式的基础之上，结合本国的国情创设出适合美国社会发展的博士生培养模式，导学关系也逐渐由“师徒式”走向“制度式”。

可以看出，德国“师徒式”下的导师与博士生的关系非常亲密。首先，导师对博士生全面负责制使导学关系更具私人性，导师不仅训练博士生的科研能力和科研素养，更加影响着博士生的道德品行及价值观念。其次，科学研究作为导学双方的共同愿景，博士生和导师均朝着既定的科研目标而不懈努力，加强了导学双方的沟通，成为联结导学关系的重要纽带。最后，师生之间纯粹的学术关系也使双方摆脱了工具理性的制约与情感利益的纠葛，师生双方进行科学研究的过程即探寻自己内心世界，观照自己真实诉求的过程。

同样，随着社会经济的发展，“师徒式”导学关系也会带来一定的问题。首先，导师对博士生指导的绝对话语权会慢慢演变为对博士生各个方面的控制和支配，科学研究并不再是自由追寻知识和寻找真理的渠道，而成为导师掩饰独断专行统治的借口，博士生教育的等级化和权力化最终引发博士生对导师控制的不满。其次，过于强调学术的自由与独立也往往导致博士生的封闭状态，使博士生不能正确地认识和客观地评价自己的学术成果，并且容易造成师生双方学术观点不一致的情况，科研道路上的阻碍如果得不到及时的处理，便会引发导学对立的局面。最后，“师徒式”导学关系仅仅适合存在于精英化教育模式中，随着高等教育的大众化，博士生数量急剧增多，而导师的单一指导使博士生的修业年限过长，且导师传统科研方向与博士生实践需求之间越来越脱节，从而威胁着传统导学关系的解构。

二 “制度式”导学关系：导师与博士生制度关系的反映

德国博士生教育的巨大成就吸引各个国家的纷纷效仿，许多留学生不远万里前往德国留学，并把德国学术自由、科研与教学相统一的教育思想带回本国。其他国家在引进、模仿、改进的过程中，又形成了适合本国国情的博士生教育制度及导学关系，其中变化最大、最富有成效的便是美国。美国立足于本国高等教育的学院制度，巧妙地将德国的“师徒式”博士生培养模式融入其中，形成了正规化、标准化的博士生教育模式。正如斯图亚特·布鲁姆（Stuart Blume）指出，与通常的欧洲博士生教育模式相比，美国博士生教育的优势在于它能够在一个更大规模的基础上确保对研究者和高效率的有效训练。[①] 这种“制度式”（structured）的博士生培养模式及导学关系，是美国博士生教育在建立之初便已形成的理念和制度结构。美国导师对博士生的指导也有别于“师徒式”非正规化、个性化、自由化的特征，而使“制度式”博士生导学关系完全镶嵌于标准的培养制度中。

（一）“制度式”导学关系产生的历史背景

美国的高等教育根植于学院组织模式，而非大学组织模式，更非教授行会或学生行会，这是理解美国研究生教育最重要的一个方面。[②] 美国最早的大学是由清教徒建立的殖民地学院，清教徒自身物质和财力支持有限，往往借助于政府、教会、个人等社会力量支持学院运行，久而久之便导致了社会力量对学院的控制。与传统欧洲大学行会组织或学者社群治校不同，美国学院往往由社会认识构成的董事会管理，学院受社会

---

① 王东芳等:《美国博士生培养的结构化模式及其全球扩散——以经济学科为案例》,《学位与研究生教育》2014 年第 8 期。

② 李盛兵:《研究生教育模式嬗变》，教育科学出版社 1997 年版，第 66 页。

支持并为社会提供各种服务。这种董事会影响下的学校管理，为其后美国高等学校的行政管理模式奠定了基础，使美国的大学在一开始便具备了“入世”的特征。[①] 这种与社会联系、为社会服务的理念，也是后来美国高等教育为大学增添“社会服务”功能的根源所在。

美国独立战争以后，在大力发展政治与经济的同时也注重文化与教育的建设，并且一开始就把教育视为维护政治统治和促进经济发展的手段。美国在19世纪上半叶掀起的公立教育运动和州立大学运动，不仅推动了高等教育学术水平的提高，而且加速了美国教育世俗化的进程，形成了为教育为社会服务的理念。南北战争的结束扫清了美国经济发展的最后一道障碍，社会经济与科学技术的发展急需高水平的专业型人才，呼吁着高层次教育的发展。1876年成立的约翰·霍普金斯大学（Johns Hopkins University）将实用主义和民主主义的思想相结合，设立研究生院作为大学的主体部分，形成了与欧洲高等教育不尽相同的研究型大学。[②] 随后已经开设博士生教育的哈佛大学（Harvard University）、耶鲁大学（Yale University）、康奈尔大学（Cornell University），以及后期设立的克拉克大学（Clark University）、芝加哥大学（The University of Chicago）等纷纷效仿霍普金斯大学的做法，成立研究生院并实行相应的博士生培养制度。

美国博士生培养过程中有标准的入学申请、考核、课程学习、学分、科研、撰写论文、论文答辩、学位授予等必要环节；并且设立研究生院为管理博士生的专门机构，具体负责博士生课程、学位标准、奖助学金等事宜。新的博士生培养项目和质量标准使博士生培养呈现制度化，研究生院制度的确立使博士生培养与导学关系趋于结构化。“制度式”的导学关系支持并促进导师对博士生的学术指导，它不仅提供了一个相互激励、相互督促的研究环境，为博士生之间的交流搭建平台，其充分的监督与质量保障也使师生之间的关系更加稳固。[③]

---

① 张凌云：《德国与美国博士生培养模式研究》，博士学位论文，华中科技大学，2010年。

② 彭华安：《约翰·霍普金斯的创举：“专业式”研究生培养机制》，《教育与职业》2007年第31期。

③ 沈文钦、王东芳：《从欧洲模式到美国模式：欧洲博士生培养模式改革的趋势》，《外国教育研究》2010年第8期。

(二)“制度式”导学关系的主要特征

首先,“制度式”导学关系减少导师权力的同时确保导师的学术素养及责任义务。与德国博士生培养模式中的导师不同,美国博士生教育确立了博士生导师遴选制度和聘任制度,导师不仅需要具备一定的任职条件,还需一定时间的考察。一般而言,教师具备在相关学科领域内从事独立研究的能力且取得一定的学术成就,能够不受宗教势力和地方利益的影响专心培养学生,即可成为博士生导师的候选人。① 在此之后,还需与另外一位导师共同指导一名博士生直至毕业,才有资格独立招收博士研究生。② 另外,对博士生导师实行聘任制度,一旦发现导师违反学校相关规定或者不再具备博士生导师的任职条件与资格,则无须经过合理的程序与解释,即可由校长或董事会解聘导师。③ 可见,导师的遴选制度和聘任制度使博士生导师不属于某一固定的层次或荣誉,适当的退出机制也保证了导师的学术积极性与自身的专业发展。导师也会因此注重对博士生的学术指导,并在学术态度、科研作风上为博士生树立良好的榜样。

其次,由导师与指导委员会相结合的指导模式,使导学关系不再局限于一对一的师徒关系。导师主要负责指导博士生的科学研究及学位论文,导师必须履行定期检查和学术指导的职责,需要及时了解博士生的科研进展、研究问题、研究计划等,并有针对性地对博士生的研究提出建议。博士生指导委员会通常由一位导师(指导委员会主席)、两个或两个以上主修专业的教师以及至少一位辅修专业的教师组成,④ 主要负责制订课程、安排学业任务、中期考核、论文评定等。博士生教育中“制度式”的导学关系,不再是单独的一对一的关系,它既是一种个人(博士生)与集体(导师)的关系,同时也是一种集体(博士生)与个人(导师)的关系。这种导学关系摆脱了“师徒式”导学关系中导师单一指导的弊端,使博士生能够接触更多导师的学术思想,有利于博士生学术视

① 贺国庆等:《外国高等教育史》,人民教育出版社2006年版,第241—247页。

② 李祖超等:《美国博士生导师制度的演变历程、发展改革经验及启示》,《中国高教研究》2013年第12期。

③ 舸昕:《漫步美国大学:美国著名大学今昔纵横谈:续编》,哈尔滨工业大学出版社2000年版,第296页。

④ 王东芳:《美国博士生培养的理念与制度》,《高等教育研究》2013年第9期。

野的开阔和研究能力的提升。

再次，“制度式”导学关系规定了导师与博士生的行为标准，降低了个人因素与情感因素对导学关系的影响。制度化的博士生培养模式强调研究生院对博士生及导师的规范管理，严格规定了导师对博士生应尽的责任、义务与权力。学校逐步完善博士生导师评价体系，采用同行评议、学生评价、论文指导评价等方式客观地展现导师的指导水平及其与博士生的关系，并据此实施奖惩措施。不仅如此，博士生指导委员会的确立使导师与博士生有了互动的基础平台，增加师生交流机会的同时，也提高了导师的指导效率。“制度式”导学关系为博士生提供科研训练与互动交流的平台，不仅提高了博士生的学术能力，更加增强了学生的沟通技巧、表达能力及学术信心。团队的力量使博士生不再受导师单一的人格态度、价值观念的影响，摆脱了个人因素和情感因素对导学关系的干扰，在一定程度上确保了博士生利益的实现。

最后，“制度式”导学关系确保导师注重对博士生的能力培养，使博士生的诉求在一定程度上得到保障。导师着重强调博士生在科学研究和创造方面的教育，追求的是培养为社会服务的高层次、专业型人才。“制度式”导学关系有助于博士生更快、更有效地掌握该专业领域所必需的知识技能，为科研课题的选择、进行与完成提供广泛的知识基础，也为教学与科研的结合提供前提性条件。注重对博士实践能力的培养，也适应了社会发展的需求，博士生在获得科研能力的同时，也提高了对社会的适应能力。自身需要的满足也提高了博士生对导师指导及导学关系的评价，使美国博士生的培养质量稳步提升。

（三）“制度式”导学关系的发展与阻碍

博士生教育的专业化导致了博士生教育管理的制度化和组织结构的等级化，同时也使博士生导学关系走向结构化。导学关系的上限和下限都得到了有效保障，不再局限于一对一的师徒关系，也不再沉溺于过分亲密或专制的导学关系，进而生成在更为广阔的、具有条件限制的导学互动场域之中。美国资本主义经济的迅猛发展对博士生教育提出了更高要求，博士生教育模式及导师指导方式的改革增进了导学关系，提高了博士生培养效率的同时也为社会贡献了大量有用之才。所有这些因素导致了美国的博士生导学关系模式成为继“师徒式”导学关系后各个国家竞相追逐、模仿的理想模式。日本和英国率先对博士生教育模式进行改革，转而营造“制度式”的导学关系，随后是法国和德国等其他西方国家，开始加强对博士生的教育关系，促使导学关系迈向正规化、结构化。“制度式”导学关系诞生于制度化、结构化的博士生培养模式中。首先，在导学关系建立前就对导师在科研素养、道德修养等提出了高标准和高要求，并且规范了博士生作为候选人攻读博士学位的准入条件，在源头上为导学关系的建立提供了良好的基础。其次，结构化的导学关系限制了导师和博士生的权力边界，明确了各自的责任和义务，降低了师生个人因素对导学关系的干扰，从而使博士生教育摆脱了在“师徒式”导学关系中可能出现的独断专横的局面。最后，导师与指导委员会相结合的指导模式，使导学关系得到有效的监督，为博士生与不同的导师创造了交流互动的空间，有利于博士生扩大知识领域，提升研究素养，从而保证博士生教育的培养质量。

从目前社会经济发展与博士生培养质量来看,“制度式”导学关系仍不失为一种改善师生互动交流状况，提高导师指导效率的模式。但这样的导学关系也并非没有问题。首先，若过分专注导学关系的结构化，不免割裂了师生之间制度关系与情感关系的联结，导学关系完全成为一种履行责任与义务的关系。其次，导学关系的结构化往往也会带来博士生管理程序上的烦琐及冗余，使导学关系变为一种冰冷的工具关系。最后，导师与指导委员会共同指导的模式也容易造成二者的权限模糊，从而在博士生培养的关键问题上出现相互扯皮的现象。

三 “协作式”导学关系：导师与博士生经济关系的完善

契约精神在西方国家由来已久，古典契约思想最早可以追溯到《圣经》当中；而现代契约理论则是从罗马法律体系中沿袭而来，罗马法中平等自由的思想逐渐渗透到政治经济社会的各个领域，进而导致了社会契约理论的产生和发展。但是在博士生教育建立后的很长一段时间，国家大都致力于博士生教育规模和教育质量的发展，并没有过多地考虑导师与博士生之间的关系问题。第二次世界大战以后，世界从整体上进入了一个较为稳定的时期，各个国家开始致力于自身的恢复和重建，并把实现政治的民主与科技的进步作为国家发展的重要战略目标。这个时期各个国家教育发展的重要特征之一，便是将教育与社会发展紧密结合，努力实现教育的民主化、大众化与多样化。随着科学、技术、生产三者之间的关系日益密切，以及不同种族、不同文化背景的博士留学生日益增多，促使博士生教育的变革。美国率先开始审视人才培养的目的和博士生教育模式，认为必须在美国建国思想的基础上建立起一种适合政府与大学、大学与教授、导师与学生之间生存与发展的权利义务关系，这种权利义务关系应当包含平等、自由、功利、理性的原则。由此，美国高等教育对"制度式"导学关系的进一步发展与优化，产生了新型的"协作式"导学关系。

（一）"协作式"导学关系产生的历史背景

第二次世界大战以后的时代是一个变革与发展的时代，从20世纪50年代兴起的科技革命，使人类在天文、物理、生物、医学、半导体、计算机等各个学科领域都有了质的提升。社会的变革必然要求教育的变革，科技革命为学术研究与社会生产相结合提供了充分性与必要性，使得博士生的培养目标、管理模式、指导方式、导学关系等诸方面均发生改变。美国社会的科学研究有着将理论转化为实践的优良传统，同时也不断加强政府、企业与大学之间的联系，后来逐步演变为三者之间的广泛合作。大学与政府或企业签订协作的研究计划，由大学教授和博士生展开科学研究，进而形成教学、科研与社会服务相结合的经济协作体制。1951年在斯坦福大学副校长弗兰德里克·特曼（Frederick Terman）的努力和领导下，建立了世界上第一个科学工业园——斯坦福工业园（Stanford Industrial Park），即后来人们所说的硅谷（Silicon Valley）。

与此同时，美国以完善的制度和标准的程序形成了世界公认的高质量的博士生培养模式，在美国自由平等的教育理念下，其培养目标、培养过程及导学关系均兼顾标准化、结构化，且允许多样性的存在。美国高等教育的成功吸引了大量留学生来到美国接受博士生教育，使国外留学生获取美国博士学位的人数以及国外学者担任博士生导师的人数直线上升，博士生教育国际化的思想逐渐兴起。因此，如何对来自不同国家和地区、不同文化和种族的博士生和导师进行有效的培养或管理，成为美国高等教育面临的又一主要问题。在美国自由平等教育理念的影响中，在教学、科研与社会服务广泛深入的结合与跨文化、跨种族的博士生培养与管理的背景下，引起了博士生教育模式的变革，产生了“协作式”的导学关系。

“协作式”导学关系不仅仅是一种指导与被指导的关系，师生之间还有复杂的多重关系，这是由教师、学生、学校等成分的复杂性决定的。“协作式”导学关系是教学、科研与社会服务的统一，是跨文化、跨种族博士生教育的统一，博士生的培养目标需兼顾学术、科研与实践三者的有机结合，博士生指导也需兼顾不同文化、不同种族间的尊重与认可。“协作式”导学关系以自由平等的理念为基础，在学校、导师与博士生共同讨论的情况下，达成有关个人培养的协议或约定，并在此协议或约定下对博士生进行指导与培养。

（二）“协作式”导学关系的主要特征

首先，“协作式”导学关系满足师生双方价值观念的多元化的需求，促使博士生教育的个性化。美国是由来自不同民族、不同国家和地区的人民所组成的多元文化国家，不同教育背景、不同价值观念的交流与碰撞需要美国文化具备强大的包容性及生命力。契约为不同种族移民保留自己的民族文化与行为习惯起到了一定的保护作用，人们可以选择不同的信仰及处世方式。同样，契约精神也帮助导师与博士生达成共识，规定彼此应尽的责任与义务，在最大程度上满足了师生双方对彼此文化与价值观念的尊重和认可，保障跨文化、跨种族博士生教育的顺利进行。“协作式”导学关系使博士生养成了独立自主的习惯，让学生自己为自己的学业负责，导师根据博士生不同的学习特点和认知风格实施不同的指导方式，注重培养具有个性化的、协调发展的人。契约精神的导学关系使博士生教育走进了理性、需要、能力相结合的个性化教育轨道，对于人才培养和人才竞争具有重要的参考价值。①

其次，“协作式”导学关系中师生的身份与样态是高校、教师与学生三方理性思考的结果，达成了师生双方的利益相关。契约不仅是现代西方导学关系的主要形式，也是教师与高校、学生与高校之间关系的主要形式，它们均是长期以来导师、博士生、学校自由选择的结果。学校与导师之间进行约定，对导师进行聘任以满足正常的教学与科研活动，并

① 刘颖洁：《不同文化背景中的高等教育》，博士学位论文，湖南师范大学，2012 年。

允许双方都具备解约的权力；学校与博士生约定，学生遵守学校的规章制度及纪律要求，学校授予博士生学位；导师与博士生约定，导师对博士生进行相应的科研指导，导师与博士生合作完成一定的科研任务。“协作式”导学关系的形成确保了师生双方的利益相关，导师只有顺利完成指导过程才能获得物质上的回馈，保证自身利益不受损害；博士生只有圆满完成导师既定的科研任务，才能获得博士学位，才能保证自身利益的满足。博士生和导师共同商定培养过程中的具体事务，避免了师生之间一方对另一方的过度依赖或掌控，既维护了师生双方的合法权益，又免除了许多不必要的利益纠纷。

最后，导师与博士生的互动以契约规范为基础，严格遵循双方的“约定”，促进了以人为目的教育观念的实现。“协作式”导学关系保护着师生双方的利益实现，同时明确规定着师生双方的行为方式，具有强烈的规范精神。规范精神即契约精神的具体表现，无论是在社会精神层面还是在主体内在向度层面都存在着法治、纪律、守约的精神。[①] 契约是建立在导师与博士生一致同意的基础之上的，所以它对所有师生双方都有约束力。契约一旦订定，导师与博士生都必须遵照执行而不得违背它的意图。因此，“协作式”导学关系重视人的积极性和能动性，强调导学双方作为主体力量的解放，促进着以人为目的的教育观念的实现。这种模式下的博士生教育不仅能够发展师生双方适应和超越现实社会的能力与智慧，而且促进其作为价值主体的追求真善美和自由的内在精神品质。

（三）“协作式”导学关系的发展与阻碍

看到美国博士生教育成功的改革经验后，“协作式”导学关系迅速被移植到其他国家的博士生教育中来。1975 年，英国模仿美国的斯坦福工业园建立了剑桥科学园（Cambridge Science Park），80 年代后又建立了瓦立克大学科学园（Wallick University Science Park）、曼彻斯特科学园（Manchester Science Park）等。自 1983 年以来，日本也开始实施产学合作的契约型导学关系，由国立大学接受企业派遣的研究人员，利用企业

---

① 曾盛聪：《论中国现代化进程中公民教育的价值理念》，《思想教育研究》2004 年第 8 期。

经费进行科学研究。此外，发展中国家近些年来也开始注重博士生教育的契约关系，引进协作式博士生培养制度，集教学、科研、社会服务于一体，在教育主体与学校、政府、企业等的共同约定下，共同培养研究型人才。

可以看出，“协作式”导学关系是建立在教育主体平等、自愿、尊重、责任基础上的合作关系。首先，在这种合作关系中，教育主体、学校和其他组织、政府等之间会产生关于财产、产品服务的某种权力和价值的让渡、转移或者交换，而且这种让渡、转移或者交换是在“自愿”的基础上通过契约来实现的。其次，师生双方会自觉遵守并维护双方达成的约定，有利于维持良好的导学关系。契约守信也是契约精神的核心，是契约精神形成的伦理基础，通过导学双方努力满足对方需求的承诺来实现双赢的结果。最后，“协作式”导学关系使师生双方的利益关系更加紧密，从而使师生双方的内心交往和精神联结成为可能。真正具备契约精神的教育主体，会不断努力提高自己的专业知识与能力，积极主动地关照对方的需求和态度，从而使导学关系建立在制度联结和精神联结的双重保障之上。

需要说明的是，“协作式”导学关系的建立需要社会中契约精神的建立以及个人契约意识的提高，这与社会文化传统、价值观念和人们的行为习惯等密切相关。在人们契约意识尚未成熟的条件下推动“协作式”导学关系的建立，很可能造成教育主体之间权责不清、互相推诿的状况，从而更加不利于博士生导学关系的成长与发展。不仅如此，“协作式”导学关系的实现是建立在完备的法律制度基础之上的。如果没有健全的法律法规体系作保障，一旦出现单方面撕毁“约定”的情况，约定者的利益则无法得到应有保障，从而使“协作式”导学关系失去存在的空间与价值。

第二节 中国博士生导学关系的发展与变化

中国一直有重视教育的优良传统，认为教师对整个社会的建设和发展起着重要作用。“国将兴，必贵师而重傅……国将衰，必贱师而轻傅”；

“化民成俗，其必由学……建国君民，教学为先”[①]，由于传统教育的主要功能是为社会政治经济服务，也就不可避免地忽视了教育活动中的主体及其相互关系。自西周以来，人们就开始提倡“师道尊严”“尊师重道”。对于学习或教育来说，尊敬老师非常重要。只有尊敬老师才能尊重习得的道理，人们才能尊重学问、重视教育。[②] 中国古代有些思想家、教育家很早就主张师生平等、教学相长，“是故，学然后知不足，教然后知困。知不足，然后能自反也；知困，然后能自强也。故曰：教学相长也。”[③] 这种老师与学生共同成长、共同进步的思想在当时极富先进性，但这毕竟不符合统治阶级的利益，在封建社会等级森严的制度下很难得到传播与发展。近代以前的传统教育主要体现其社会功能，对师生关系的考量主要从社会伦理视角出发，并未重视老师和学生的主体地位及作用。但是也出现了一些民主、平等的师生观念，例如尊师重道、启发诱导、因材施教等思想体现了教育教学的基本规律，成为近代师生平等观念的重要来源。

从学制上看，中国最早的研究生教育见于1902年的《钦定学堂章程》和1903年的《奏定学堂章程》，但也只是从形式上确立了研究生教育，并未真正实施。辛亥革命以后成立的南京临时政府以及其后的北洋政府，对整个学制系统进行了改革，规定了中国研究生教育培养中的学徒模式。1918年北京大学设立研究所，同年招收研究生148人，成为中国研究生教育的开端。1925年清华大学成立了国学研究院，1926年厦门大学成立国学研究院，相继开始招收研究生。新中国成立以前，研究生教育的规模都十分有限，从1935年到1949年间全国共授予硕士学位200多人，没有授予过博士学位。[④] 新中国成立以后，从1950年开始招收研究生，从1966年开始到1977年，中国的研究生教育中断了12年之久。1977年国务院批转教育部《关于高等学校招收研究生的意见》，开始恢复研究生教育，此后三年一共招收研究生22434人，比1949—1966年这17

① 孟宪承：《中国古代教育文选》，人民教育出版社2003年版，第95页。

② 阮元：《十三经注疏》，中华书局1980年版，第1524页。

③ 孟宪承：《中国古代教育文选》，人民教育出版社2003年版，第95页。

④ 李盛兵：《研究生教育模式嬗变》，教育科学出版社1997年版，第151页。

年招收的研究生总数（22683人）仅少249人。[①]

在1981年开始恢复博士生教育前，中国国情发生了翻天覆地的变化，由纷繁动荡的教育环境到博士生教育制度的基本确立，走过了一段漫长而又艰辛的路程，也为博士生教育及博士生导学关系的发展奠定了良好的基础。时至今日博士生导学关系的发展已有40年的历史。综合中国博士生教育的发展规模、博士生教育政策的转变等因素，这40年大致可以划分为导学关系确立与发展时期（1981—1999年），导学关系的调整与稳定时期（2000—2018年），新时代导学关系的重构时期(2018年至今)。

一 导学关系确立与发展时期

（一）博士生导学关系的形成背景

1980年2月，中华人民共和国第五届全国人民代表大会常务委员会第十三次会议通过了《中华人民共和国学位条例》，并宣布从1981年1月正式开始实施。学位条例的颁布标志着中国学位制度的产生，使中国研究生教育迈向了一个崭新的阶段。《学位条例》规定了学士学位、硕士学位、博士学位的学术标准和专业技术标准，以此指导高校和研究所对人才的培养和学位授予工作。1981年中国首次公布有权授予博士学位的单位、学科、专业和博士生导师名单，并开始招收和培养博士研究生。[②]在研究生培养基地建设方面，早在1978年国务院就批准中国科技大学试办研究生院，又于1984年批准了22所高校试办研究生院，1986年批准10所高校试办研究生院。1996年，这些试办的研究生院正式建立，成为中国研究生培养的主要基地，并起到了引领和示范的作用。

20世纪80年代中国国民经济迅速发展，社会对高层次人才的需求十分旺盛，推动了博士生教育规模的快速发展。1986年国家教委在《关于改进和加强研究生工作的通知》中指出近两年博士生招生数量发展过快、

---

① 刘晖、李军：《二十国研究生教育》，东北师范大学出版社1989年版，第3页。

② 吴本厦：《我国首批博士学位授予工作的历史回顾》，《学位与研究生教育》2003年第11期。

博士生培养规格单一、相关物质条件有待加强等问题。[①] 同时期由于导师数量、科研经费、生活条件等与博士生教育紧密相关的问题发展滞后，使80年代中后期博士生招生规模逐渐下滑，这种情况直到1990年前后才有所改善。1993年国家教委、国务院学位委员会在《关于学位与研究生教育改革和发展的若干意见》中提出，要使研究生规模在2000年比1992年翻一番，其中博士生教育要有更大的发展。在国家政策的指导和引领下，中国博士生教育稳步向前迈进，逐渐接近世界高等教育前列。1995年，为扩大培养单位办学自主权，国务院学位委员会下放了博士生导师评审权，明确规定博士生导师是一个重要的工作岗位而不是教授中的一个固定的层次和荣誉称号。各单位根据师德师风、学术水平、指导经验、培养条件等实际情况自行确定博士生导师遴选标准进行评聘。随着1999年高等院校大规模增加招生数量，硕士生、博士生的数量也随之大幅增加，博士生导学关系也迈入了一个新的时期。

（二）确立与发展时期导学关系的主要特征

受社会文化、经济发展等因素的影响，不同国家或地区在不同时期会采用不同的博士生培养方式，与之相对应的导学关系形式也大不相同。中国在建立自己的博士培养模式过程中，一方面根植于中国基本国情和传统文化，另一方面积极借鉴博士生教育发达国家的经验，不断探索和改进。从1981年中国正式开始招收博士研究生，到1999年开始的高等教育大众化，中国博士生教育在这将近20年的时间里经历了确立和发展阶段，形成了具有中国特色的博士生培养模式以及兼具中国传统文化的导学关系。

首先，在学术研究上坚持导师对博士生的严格要求，确保导师的权威以及对博士生的主导作用。为确保博士研究生的培养质量，高起点地建设中国的博士生教育制度，国家对博士生导师的指导资格进行了明确的规定。要求"学术造诣较高、在教学或研究中成绩显著、目前正在从事较高水平的科学研究工作并获得一定成果的教授"才可以担任博士生

① 郭严:《贯彻〈通知〉精神全面提高质量——贯彻国家教育委员会〈关于改进和加强研究生工作的通知〉情况综述》,《学位与研究生教育》1987年第5期。

导师。[①] 在当时的社会环境条件下，无论是导师和博士生都背负着巨大的任务和责任，导师具体负责每位博士生的培养目标和培养计划，博士生在导师的指导下确定毕业论文题目，一般要根据教学研究室的科学研究方向、导师的专长、博士生的基础和兴趣、实验室研究设备和条件等确定，并列入研究工作计划。国家对导师高标准、高严格的选拔也造就了导师对博士生培养过程的高要求、高质量。这些不仅确保了导师的学术权威及话语权，也提高了导师与博士生互动的效果与质量，使中国博士生教育在科研条件有限的环境中培养了一大批符合社会建设需要的高端人才。

其次，对博士生的教育管理十分自由，以学生的独立自主学习为主，明显带有师徒式的特点。从历史发展的角度来看，1999 年以前是博士生教育逐渐正规化的时期。新旧师生观念在这一时期进行了激烈的交锋与碰撞，但在当时的博士生培养过程中，导学关系并没有受到过多传统观念的束缚与制约。随后渐渐引入西方研究生教育培养模式，包括入学考试、课程学习、学分习得、初试、口试、论文撰写及审查等一系列程序，使博士生教育制度逐渐走向正规化。在难得的科研环境中，导师和博士生之间充斥着浓厚的学术氛围，心无旁骛、夜以继日地进行研究工作，期盼有朝一日能一展抱负，实现报效祖国的心愿。总的来讲，这一阶段的博士生教育注重学生的独立研究及师生之间的个人关系，导师与学生均以科研为导向，并不强调师生之间的制度关系。

最后，在物质生活条件尚不丰富的环境中，导学双方专心致力于科学研究工作，导学关系较为纯粹。与欧洲现代博士生教育建立之初相同，由于社会生产力发展水平较低，博士生教育的目标是培养高等学校的师资和科学研究人才。中国博士生导学关系在起初也非常纯粹、融洽，导师和博士生均心系祖国，努力为中国现代化进程增添一份力量。在尚未形成完善的博士生管理制度及质量保障体系以前，导师与学生均有较强的自我监督和自我约束的能力；并且评价体系与管理体系的简便恰恰解放了导师与博士生大量的精力与时间，不受行政规则制度的牵绊和约束，

---

① 中国学位与研究生教育发展报告课题组：《中国学位与研究生教育发展报告（1978—2003)》，高等教育出版社 2006 年版，第 17 页。

专心于自己的科研方向。在这种外部环境下，良好的科研环境来之不易，师生之间任务清晰，分工明确，导师与博士生的教学与科研工作得到了有效的统一，共同为着科研目标而努力奋斗。传统导学关系是十分符合中国经济社会发展的一种师生关系，在确保优秀人才培养与成长的同时，也使中国科学技术有了较快的进步与发展。

二　导学关系的调整与稳定时期

（一）博士生导学关系的调整背景

科学技术和知识创新是发展社会经济，实现社会主义现代化的关键因素，为了21世纪国家综合实力和国际竞争力的提高，必须将科教兴国摆在优先发展的战略位置。为实现党的十五大对跨世纪社会现代化建设的宏伟目标，全面推进教育的改革和发展，教育部于1998年12月制定了《面向21世纪教育振兴行动计划》。要求实施“高层次创造性人才工程”，培养造就一批同水平的具有创新能力的人才；加强科学研究并使高校高新技术产业为培育经济新的增长点作贡献。1999年6月，由党中央、国务院召开的全国教育工作会议在北京举行，要求以提高民族素质和创新能力为重点，深化教育体制和结构改革，全面推进素质教育，同时印发了《中共中央 国务院关于深化教育改革全面推进素质教育的决定》。指出要调整现有教育体系结构，扩大高等教育的规模，拓宽人才成长的道路，通过多种形式积极发展高等教育。[①] 为贯彻全国教育工作会议精神，落实党中央、国务院确定的科教兴国战略，实施《面向21世纪教育振兴行动计划》，1999年12月教育部颁布《关于加强和改进研究生培养工作的几点意见》。要求改革研究生培养制度和培养模式，形成有利于高层次人才成长的培养机制；并要求深化研究生教学和科研环节的改革，突出创新能力的培养。[②] 由此拉开了博士生教育模式改革以及博士生导学关系变革的序幕。

1999年后中国博士生教育规模进入了快速增长的时期，2002年全国

---

① 《中共中央 国务院关于深化教育改革全面推进素质教育的决定》，《人民教育》1999年第7期。

② 《关于加强和改进研究生培养工作的几点意见》，《学位与研究生教育》2000年第2期。

在校博士生人数首次突破10万，2006年突破20万。2010年6月21日，中共中央政治局召开会议，审议并通过《国家中长期教育改革和发展规划纲要（2010—2020年）》，这是中国进入21世纪之后的第一个教育规划，是今后一个时期指导全国教育改革和发展的纲领性文件。提出更新人才培养观念，创新人才培养模式，改革教育质量评价和人才评价制度；要求全面提高人才培养质量，提升科学研究水平，增强社会服务能力。[①] 2011年12月，教育部印发《高等学校教师职业道德规范》，要求全面提升高校教师师德水平。2013年3月，教育部、国家发展改革委、财政部联合发布了《关于深化研究生教育改革的意见》，提出通过改革，实现发展方式、类型结构、培养模式和评价机制的根本转变。[②] 随后，国务院学位委员会、教育部印发了《教育部关于改进和加强研究生课程建设的意见》《关于加强学位与研究生教育质量保证和监督体系建设的意见》《学位授权点合格评估办法》《博士硕士学位论文抽检办法》《教育部关于建立健全高校师德建设长效机制的意见》等一系列博士生培养及导师管理的有关政策文件。此后，中国博士生教育开始统筹构建质量保障体系，走向内涵式发展的道路。

（二）调整与稳定时期导学关系的特点

中国博士生教育的改革与社会经济的发展密不可分，各行各业对人才多样化的需求使博士生教育在经济建设中承担更多的责任，也要求新的博士生教育模式、指导方式、导学关系与之匹配。各个阶段博士生导学关系都有其特定的价值目标取向和适应范围，构建中国博士生教育模式的新框架，发展出适应中国国情的博士生导学关系，是新世纪以来中国博士生教育改革和发展的动力来源，也是中国经济建设对高层次人才培养要求的必然结果。总体来说，调整与稳定时期导学关系主要有以下两方面的特点。

一方面，受社会主义市场经济发展的影响，导师与博士生的角色越

① 《国家中长期教育改革和发展规划纲要（2010—2020年）》，《人民教育》2010年第17期。

② 《关于深化研究生教育改革的意见》，2013年3月29日，http：//www.moe.gov.cn/srcsite/A22/s7065/201304/t20130419_154118.html，2020年4月19日。

来越多样化，导学关系也趋于复杂化。变革背景下的导学关系兼取“师徒式”与“制度式”导学关系的交往方式，就实行课程学习与科学研究相结合的原则，在注重博士生课程学习的同时，也注重导师对博士生的培养。但社会经济的迅猛发展深刻地影响着人们的日常生活，博士生和导师之间的关系也不再是简单的指导者和学习者，或者“师傅与徒弟”的角色。导师受科研绩效的影响而过分关注课题的招标与申请，在学术指导上更多地把精力放在了科研任务的安排与规划上，而忽视了对博士生具体的指导过程；而博士生也因为生活或工作而不得不考虑生计问题，进而不再是一个纯粹的学习者的角色。复杂的角色变化带来的结果就是导学关系的变化，导师和博士生精力的分散和负担的日益加重对博士生导学关系产生了不可忽视的影响。①

另一方面，博士生数量的急剧增加与博士生教育制度建设的迟缓，降低导师与博士生之间互动与交往的有效性，使师生交往趋于平淡。虽然中国采用课程学习与科学研究相结合的博士生培养模式，但与博士生培养相关的规章制度建设却不太完善，并没有明确规定导师、导师组、学位委员会、学校、博士生等应尽的责任与义务。既没有博士生培养过程与培养计划的标准化与形式化，又缺乏博士生教育组织上的专门化和制度化。导师对博士生的负责制度没有具体的保障，也就导致了对博士生管理权限的模糊以及导学关系的失调。另外，高等教育大众化使博士生的招生规模在 21 世纪初迅速增加，但博士生导师的数量及质量却相对滞后，导师与博士生比例失调，导师所带学生数量的增加分散了导师有限的精力，使其难以形成对博士生实质性的指导。师生之间缺乏真正的沟通，双方只是以知识为媒介结成工具性关系，加之导师与博士生交往的主动性欠缺，师生之间的联系不再紧密，师生交往趋于平淡。

三　新时代导学关系的重构时期

（一）新时代导学关系的重构背景

2018 年 9 月 10 日，全国教育大会在北京召开。习近平总书记在全国

① 朱成康等：《浅谈研究生培养中的师生关系》，《中国成人教育》2007 年第 23 期。

教育大会上指出，坚持把教师队伍建设作为基础工作。进入新时代，更要坚持把教师队伍建设作为基础工作，增强教师教书育人的责任感和荣誉感，深化教师管理领域的综合改革，让教师队伍成为建设社会主义现代化强国的重要支撑力量。2020 年 7 月 29 日，全国研究生教育会议召开。习近平指出，推动新时代研究生教育改革发展，培养造就大批德才兼备的高层次人才，必须坚持“四为”方针，必须瞄准科技前沿和关键领域，必须深入推进学科专业调整，必须提升导师队伍水平，完善人才培养体系。2020 年 9 月 4 日，为全面贯彻落实全国教育大会、全国研究生教育会议精神，促进研究生德智体美劳全面发展，切实提升研究生教育支撑引领经济社会发展能力，教育部等部门发布《关于加快新时代研究生教育改革发展的意见》。要求加强思想政治工作，健全“三全育人”机制；对接高层次人才需求，优化规模结构；深化体制机制改革，创新招生培养模式；全面从严加强管理，提升培养质量；切实加强组织领导，完善条件保障。①

导师是博士生培养的第一责任人，肩负着为国家培养德才兼备拔尖创新人才的重要使命。随着博士生教育的快速发展和博士生导师规模的不断扩大，有必要进一步加强博士生导师岗位管理，为提高博士生培养质量奠定坚实基础。为加强博士生导师和高校教师队伍建设，2018 年 1 月先后出台了《教育部关于全面落实研究生导师立德树人职责的意见》《中共中央 国务院关于全面深化新时代教师队伍建设改革意见》。文件强调了博士生导师政治素质过硬，师德师风高尚，业务素质精湛三大基本素质要求；明确了导师在博士生培养各个方面的职责，并提出健全导师评价激励机制、表彰机制和监督检查机制等。2018 年 11 月教育部先后出台了《教育部关于高校教师师德失范行为处理的指导意见》《新时代高校教师职业行为十项准则》等文件。2020 年 9 月 22 日，教育部发布《关于加强博士生导师岗位管理的若干意见》，要求严格政治要求，明确导师权责；健全选聘制度，加强岗位培训；健全考核评价体系，建立激励机制；

① 《教育部 国家发展改革委 财政部关于加快新时代研究生教育改革发展的意见》，2020 年 9 月 4 日，http：//www. moe. gov. cn/srcsite/A22/s7065/202009/t20200921_489271. html，2020 年 9 月 21 日。

突出动态调整，完善退出程序。[①]

（二）新时代导学关系面临的主要问题

在一定的社会条件下，导学关系的相关问题可能会被一定的外在因素所掩盖，但随着博士生教育的发展，导学关系问题也越来越突出。新时代博士生导学关系所面临的问题，并不是现有阶段才产生的问题，而是由调整与稳定时期导学关系的发展变化而来。教育研究者与领导者已经看到导学关系问题对博士生教育及导师队伍建设的不利影响，开始对涉及博士生教育的各个方面进行改革。总体而言，现阶段中国博士生导学关系仍面临着以下问题。

首先，传统观念与现代观念的冲击造成导师与博士生身份关系的失调。现代西方师生平等的教育理念虽早已引入中国，但“师道尊严”的观念仍旧根深蒂固，导学关系依然摆脱不了传统观念的影响。传统观念下的博士生导学关系属于师生关系，强调“尊师重道”的人伦精神，后被儒家严格且不对等的伦理制度所加强，进而形成了老师不容冒犯与挑战的命令地位与学生不得怀疑与反抗的绝对服从地位。[②] 在中国博士生教育开展的头20年，受社会经济发展及博士生教育规模的影响，传统观念与现代观念的矛盾对导学关系并无太大影响，导师与博士生以科学研究作为交往互动的纽带，导师并不依赖师生之间的身份关系对博士生加以控制。但随着博士生招生数量的急剧增加，师生之间的沟通频率与沟通效果大打折扣，加之导师与博士生的利益诉求越来越多，师生之间平等合作的科研关系逐渐被弱化，身份与地位极不对称的师徒关系又重新回归主流。

其次，课程学习与学术指导的矛盾引发导师与博士生制度关系的失位。中国博士生培养模式兼取西方“师徒式”与“制度式”的特点，既强调导师对博士生的学术指导，又强调博士生的课程学习。这种综合不同博士生培养模式的方法看似集两家之所长，实则为不加批判而盲目选

---

① 《加强博士生导师岗位管理 为提高博士生培养质量奠定坚实基础》，中华人民共和国教育部网站，2020年9月28日，http：//www.moe.gov.cn/jyb_xwfb/s271/202009/t20200928_492187.html，2021年1月2日。

② 郭友兵：《研究生师生关系的异化困境及其伦理超越》，《学位与研究生教育》2019年第2期。

择的结果，最终只能引发导师与博士生之间制度关系的失位。美国“制度式”导学关系缘于其复杂多元的文化背景与教育背景，导师与博士生均来自不同的国家或地区，甚至美国不同的州郡也有各自的研究生教育模式，因此有必要在对博士生进行学术指导以前，实施一定规模的课程教学。而中国高等教育乃至基础教育均十分重视学生的课程学习，研究生作为博士候选人已具备一定的专业知识与素养，缺乏的恰是导师的个人指导。这种复合型的博士生培养模式泛化了师生间的权责关系，缩短了师生交流互动的时间。同时博士生培养制度与管理制度建设的滞后，又使博士生承受着巨大的学位压力与科研负担，造成学业与科研间的矛盾向导学关系矛盾的转移。

最后，师生交往与学术研究的功利性与纯粹性的错位造成导师与博士生情感关系的失衡。博士生教育初期，和谐的导学关系是建立在纯粹的学术关系之上的，导师与博士生也非常注重彼此之间的情感关系与精神联结。但随着社会的发展，实用主义价值取向影响了人们生活的各个方面，越来越多的博士生和导师顺应了这种潮流，依据功利的原则对导学关系进行重新建构，将科学研究当作获取职称或学位的工具，而并不在意学术研究与师生交往的纯粹性。导师与博士生的科研世界与生活世界本是融为一体的，博士生导学关系也是一个整体性的存在。若仅仅把师生之间的交往视为获取利益的手段，把科学研究视为追逐利益的工具，博士生教育便会造就“单向度的导师”和“单向度的学生”。师生交往与学术研究的功利性与纯粹性的错位，造成博士生教育目的、教育内容、指导手段、评价方式等均在一定程度上偏离教育初衷，导师与博士生之间的情感联结则不复存在，从而使导学关系禁锢在冷漠的铁笼之中。

第三节 对博士生导学关系发展与演变的思考

“师徒式”导学关系指向导师与博士生间的身份联结，能满足博士生教育初期对导学关系的要求。“师徒式”导学关系既强调导师指导、学生学习的指导关系，也强调在指导学习过程中师生双方建立起来的身份联结。“师徒式”导学关系作为博士生导学关系的原始形态，要求导师必须具备广博的专业知识、良好的道德素养以及对博士生的教育教学能力，才能完成教书育人、为人师表的要求与任务。在“师徒式”导学关系中，导师指导是导师与博士生互动的主要方式之一，也是师生双方身份关系的有力体现。导师精湛的业务素养引领博士生在科研道路上前进，博士生因导师的学术权威而对导师由衷敬佩。身份联结规定了师生双方的身份与地位，这样的身份与地位是建立在导师充分的指导能力之上的，若导师对博士生的指导能力不足，师生之间的交往与互动则无法得到保障，身份关系也随之遭受冲击。随着博士生教育规模的扩大，一对一的“师徒式”导学关系也逐渐不能满足博士生教育的需求，“制度式”导学关系由此应运而生。

“制度式”导学关系指向导师与博士生间的制度联结，能有效促进博士生导学关系的稳定与发展。“制度式”导学关系是对扩大化的、呈规模体系的“师徒式”导学关系的有效整合，是借用一定的管理手段和社会支持条件，在保障师生有效交往与互动的前提下对博士生教育效果与质量的提高。它对师生双方的行为都作了具体的要求与规范，能在一定程度上避免因博士生教育规模的扩大等外在因素而造成的导师指导不力、师生交往困难等问题的出现。“制度式”导学关系是现代大学教育治理的有效产物，能在相当长的社会发展阶段内规避导学关系的问题与矛盾，是一种非常完善、有效的导学关系类型。“制度式”导学关系强调导师与博士生之间的制度联结，因此建立充分而完善的博士生教育制度是保障“制度式”导学关系顺利运转的必要条件。若在教育制度建设滞后的情况下贸然推动“制度式”导学关系的建立，则往往降低导师与博士生的身份联结，师生双方的制度联结也无法有效达成，由此引发博士生导学关系的发展危机。

“协作式”导学关系是将“师徒式”“制度式”导学关系与西方传统文化深度结合的产物。西方国家的古代文明起源于沿海地区，繁荣和兴盛的海上自由贸易使得人们更加开放与包容，也逐渐形成了一种协作式的社会文化。[①] 随着西方社会多元文化与价值观的形成，博士生教育中的导学关系也逐步从“师徒式”关系、“制度式”关系向“协作式”关系

---

① 常海洋、吕文娟：《从传统文化看东西方教育理念的差异》，《兰州教育学院学报》2015年第8期。

转变。自由平等是西方社会传统文化的价值内核，也是现代博士生导学关系的核心要求，教育者与受教育者是基于自由平等原则而缔结的教育契约关系。博士生是独立的教育主体，具有选择学校、选择研究方向、选择合作导师、选择教育内容与方法等基本权利。契约关系越发达，契约精神也越能得到彰显，导师与博士生也就越能走出身份与制度影响下的非理性状态。而“协作式”导学关系正是导师与博士生双方理性思考的结果，是以人的发展为目的的价值观念的珍视，有助于师生之间道德情感价值的树立。

未来中国博士生导学关系的建构也应当立足于本国优秀的传统文化，寻找导学关系的出场之路。“协作式”导学关系是根植于西方文化与现代博士生教育相结合的产物，我们对西方优秀博士生教育模式与导学关系的分析与借鉴，并不是毫无判断、不加选择的拿来主义，这样的弊端已经在中国传统导学关系的调整与稳定时期所呈现出的问题中得到充分证明。应当分析西方独有导学关系模式所产生的社会背景、文化传统及历史根源，从现象背后的逻辑出发探寻中国特色博士生导学关系的应有之路。中国古代稳定的群体生活造就了偏重社会秩序与道德伦常的群体性文化心理，现代高等教育也是在统一、规范的教育体制中运行的，因此并没有“协作式”导学关系产生的社会背景和文化土壤。但中国传统文化中也不乏平等、民主、法治、正义的价值精神，如何借鉴西方博士生导学关系发展的有益成果，挖掘中国传统文化中优良的现代性因素，不断探索适合中国国情的导学关系发展路径，是教育学人应当思考的主要着力点。

第三章

调查：博士生导学关系的现状、问题与原因探析

第一节 博士生导学关系的现状与差异性分析

本章对博士生导学关系的现状进行调查分析，力图从实践环境中获取第一手资料，真实有效地反映出当前中国博士生导学关系的全貌。首先，对关于导学关系的理论模型和调查问卷进行梳理，明晰导学关系测量的发展历程，形成对导学关系理论模型及测量问卷的认识基础，为博士生导学关系调查问卷和访谈提纲的编制做准备。其次，在对问卷两边进行信效度检验后，形成博士生导学关系研究的正式问卷，分别对博士生和导师进行测量。最后，运用数据处理软件 SPSS 24.0、AMOS 24.0 等进行数据统计分析，在大致了解博士生导学关系的现状及特征的基础上，寻找影响导学关系的关键因素，并对导学关系进行审视与反思。

一 博士生导学关系理论模型与测试量表

（一）博士生导学关系理论模型

中国对导学关系的专门研究始于 20 世纪 50 年代末，经历半个多世纪的研究与讨论，至今已经形成一个相对完整的研究领域，其研究内容也涵盖了导学关系的本质、内涵、特征、类型、影响因素、建构策略等多

个方面。[1] 国外对导学关系的研究虽然起步较早，但也是从 20 世纪 50 年代开始掀起对导学关系研究的热潮。1957 年，利瑞（Leary）在《人格的人际诊断》（An Interpersonal Diagnoses of Personality）一书中提出了著名的人际关系诊断模型（Model of Interpersonal Diagnoses of Personality），通过大量的调查和实验研究，利瑞提出了测量师生关系的两个维度，即影响维度（Influence Dimension）和亲近维度（Proximity Dimension）。[2] 其中影响维度也叫控制维度，代表领导对下属控制程度的强弱，包括领导性和服从性（Dominance Vs. Submission）。鉴于教育领域中的师生关系属于社会关系中十分特殊的一类双主体关系，因此在教育领域的研究中，往往避免使用控制维度一词。接近维度也叫亲近维度，代表师生之间情感距离的远近程度，包括合作性和反叛性（Cooperation Vs. Opposition）。如图 3－1 所示：

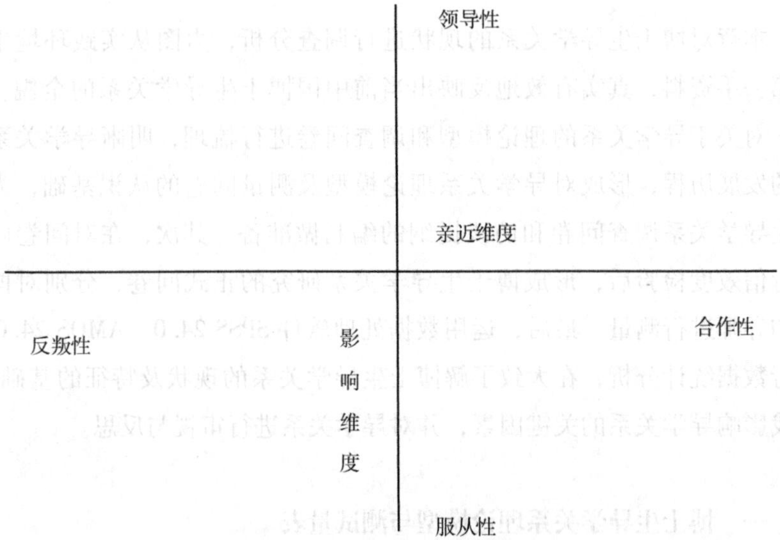

图 3－1 人际关系诊断模型

亲近维度描述的是主体与主体之间的亲密性，影响维度描述的是主

① 陶丽、李子建：《国外师生关系研究进展探析》，《比较教育研究》2016 年第 3 期。

② Leary T.，*An Interpersonal Diagnoses of Personality*，New York，NY：The Ronald Press Company，1957，p. 11.

体与主体间在交流过程中控制导向的程度。利瑞认为，人际间的交流方式是一个动态的过程，在每个人的交往过程中都会体现出领导性、服从性、合作性及反叛性，个体会随着交流对象、交流内容、交流环境等不同因素的影响而发生变化。与之相类似的模型还有加特菲尔德（Gatfield）提出的师生关系模型，不同的是，他用结构（Structure）和支持（Support）两个维度来描述师生之间的互动关系，并根据师生关系在两个维度上的差异，进一步区分出四种不同类型的师生关系，分别是低结构、低支持的放任型关系，低结构、高支持的田园型关系，高结构、高支持的契约型关系，高结构、低支持的管理型关系。[①] 1983 年，罗杰斯（Rogers）提出了一种专门测量师生关系的问卷，即《明尼苏达教师态度问卷》（Minnesota Teacher Attitude Inventory，MTAI），它包含五个维度的因素：学生免责倾向、师生兴趣冲突、处理学生问题严厉程度、僵化程度、学生顺从教师程度。[②]

在导学关系模型中，最具影响力的当属乌贝尔斯（Wubbels）、克雷通（Créton）和霍梅耶斯（Hooymayers）等人建构的教师交往行为模型（Model for Interpersonal Teacher Behavior，MITB），并根据此模型编制了师生交互量表（Questionnaire on Teacher Interaction，QTI）。[③] 2009 年，荷兰乌得勒支大学缅因哈德（Mainhard）教授对教师交往行为模型进行了改编，形成了博士生—导师关系模型。[④] 该模型以影响维度和接近维度为横轴和纵轴，将二维平面分为 4 个部分，并依据二维坐标的组合，发展出 8 种典型的导学关系类型。分别是领导型（leadership，DC）、帮助友善型（helping/friendly，CD）、理解型（understanding，CS）、学生自主型（student responsibility and freedom，SC）、犹豫型（uncertain，SO）、不满型（dissatisfaction，OS）、惩戒型（admonishin，OD）、严格型（strict，

---

① Gatfield T.，"An Investigation into PhD Supervisory Management Styles: Development of a Dynamic Conceptual Model and Its Managerial Implications"，*Journal of Higher Education Policy and Management*，Vol. 27，No. 3，March 2005，pp. 311 – 325.

② 文书锋：《研究生和导师的关系与研究生心理健康》，北京出版社 2011 年版，第 13 页。

③ Wubbels T.，Créton H. A. and Hooymayers H. P.，"Discipline Problems of Beginning Teachers，Interactional Teacher Behavior Mapped out"，*Beginning Teachers*，1985，p. 17.

④ Mainhard T.，Rijst R. V. D.，Tartwijk J. V.，et al.，"A Model for the Supervisor-Doctoral Student Relationship"，*Higher Education*，Vol. 58，No. 3，March 2009，pp. 359 – 373.

DO)，如图3－2所示。

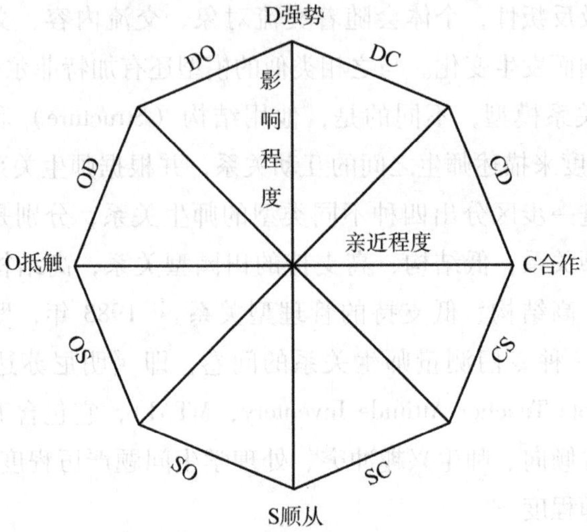

图3－2 导学关系模型

导师与博士生的关系是双方关系，彼此影响着发展中的沟通与互动模式。为了表示导学关系的理论模型，必须以环形结构对比例进行排序，这也意味着两个独立的因素（亲近程度和影响程度）应该成为八个尺度的基础。因此，每个尺度应该与模型中相邻的尺度最高相关，与相反的尺度高度负相关。现代社会学理论研究表明：人的行为是个体的态度、品格、环境等影响因素共同作用的结果，而个体的行为也会影响他的人际交流的进行。个体在进行人际交往时，会不自觉地选取一种让自己舒适或者降低自身焦虑的方式去交流，当这种交流方式得到强化以后，会在与对方的互动中形成相对稳定的交流风格或态度，从而形成相对稳定的人际关系。在导学关系中，导师与博士生彼此的态度是师生的性格特征、环境因素以及与学生的交往过程等共同作用的结果。个体间的导学关系也并非绝对属于某种关系类型，它往往会是几种类型的综合体，只是在较大程度上或在较长时间内具有某一类型的典型特征。同时，导学关系并非确定下来后就一成不变的，而是会随着环境、事件以及彼此的行为方式而发生变化。

（二）博士生导学关系测试量表

马什（Marsh）等人指出，虽然关于本科生对教师评价的研究非常丰富，但对研究生和博士生对导师评价的相关研究却相对较少。不仅很少有研究系统地采用学生问卷来评价博士生导学关系的质量，甚至还缺少一种专门针对博士生与其导师关系的工具。① 也有一些研究使用了包括指导式问卷在内的更为通用的调查手段，它并未针对博士生的实际情况进行彻底调整。② 罗斯（Rose）曾提出包括完整性、指导性和关系性三个分量表在内的理想导师量表（The Ideal Mentor Scale），希望通过对交流的评估，提供一种使导师和博士生观念一致的方法来提高对博士生教育的满意度。③ 然而，在贝尔·埃里森和德德里克（Ellison & Dedrick）的一项研究中，这三个分量表并没有得到有效的验证。④ 基于人际教师行为模型，乌贝尔斯等人制定了关于师生交互量表（Questionnaire on Teacher Interaction，QTI）的调查问卷。该工具可用于收集有关教师在师生交流中人际风格的信息。原始的荷兰语版本包含 77 个项目的五点李克特量表，并且已经对 QTI 的可靠性和有效性进行了一些研究。在所有这些研究中，可靠性和有效性都令人满意。该量表被翻译成多种语言，其中包括荷兰语、英语、法语、希伯来语、斯洛文尼亚语和土耳其语。后来，QTI 适应了其他教育环境，例如教师教育中的学生教师和指导教师之间的互动，以及校长和他们的中小学教师之间的互动。⑤

与师生之间的互动类似，导师与博士生之间的互动是一对一的互动，而不是一对多的互动。博士生导学关系互动量表（Questionnaire on Super-

---

① Marsh, H. W., Rowe, K. J. and Martin, A., "PhD Students' Evaluations of Research Supervision", *The Journal of Higher Education*, Vol. 73, No. 3, March 2002, pp. 313 – 348.

② Nelson, M. L. and Friedlander, M. L., "A Close Look at Conflictual Supervisory Relationships: The Trainee's Perspective", *Journal of Counseling Psychology*, Vol. 48, No. 4, April 2001, pp. 384 – 395.

③ Rose, G. L., "Enhancement of Mentor Selection Using the Ideal Mentor Scale", *Research in Higher Education*, Vol. 44, No. 4, April 2003, pp. 473 – 494.

④ Bell-Ellison, B. A. and Dedrick, R. F., "What do Doctoral Students Value in their Ideal Mentor?", *Research in Higher Education*, Vol. 49, No. 6, June 2008, pp. 555 – 567.

⑤ Wubbels, T. and Levy, J., *Do You Know What You Look Like?: Interpersonal Relationships in Education*, London: The Falmer Press, 1993, pp. 123 – 135.

visor-Doctoral Student Interaction，QSDI）以导师在学术发展中所扮演的角色为基础，强调与博士生指导关系略有不同的特征。缅因哈德等人指出，在导师与博士生的互动可以被视为内容和关系等信息的交换。导学双方在互动的过程中会产生相互期望，并且基于这些期望在交换信息时识别出对方的行为方式，进而判断出对方在互动关系中的交往风格。这意味着导学关系发展成—种何种模式取决于导学双方的行为。因此，某人的风格也取决于沟通中的另一方，并且某人所显示的风格可能因人的不同关系而异。①

对于环形模型的一个重要假设是，尺度之间的相关性随着尺度之间的距离而变小，并且尺度与其相反尺度的负相关性最高。博士生导学关系量表最初由 48 道五点李克特量表题目构成，但并未令人满意地显示出这种相关结构。因此，从四个尺度中删除了总共七个项目，最终出现了由 41 个项目组成的最终版本。该量表可用于向导师提供有关其人际风格的反馈，旨在提高他们的指导质量。虽然导师和博士生之间的沟通往往是如此开放，以至于不需要调查问卷中的数据，但使用此调查问卷提供了一个讨论关系的框架，将增加在非结构化讨论中并不常出现的情境。为了快速测试导师—博士生关系的质量，可以在更详细的级别上使用各个项目的分数。通过使用博士生导学关系量表，可以将博士生导学关系的应然情况和实然情况之间的差异浮出水面，从而提供讨论的基础和改进的途径。

在领导型（DC）的导学关系中，导师对博士生强势指导，也存在一定程度的合作。在此种关系类型中的导师，有着很好的学术权威和科研素养，往往能得到博士生广泛的尊重。对于这种支配性强的正向合作关系，导师的科研任务导向明晰，往往会取得较好的科研成果。在帮助友善型（CD）的导学关系中，导师与博士生的合作程度高，有时也会体现出导师的强势指导；亲近程度较高使导师有机会解决在师生互动中遇到的问题，一定的正向影响程度也是使导师能够把握双方关系的态势和走向。而在理解型（CS）导学关系中，导师与博士生的合作程度高，并且

① Mainhard T., Rijst R. V. D., Tartwijk J. V., et al., "A Model for the Supervisor-Doctoral Student Relationship", *Higher Education*, Vol. 58, No. 3, March 2009, pp. 359 – 373.

导师会给予博士生一定程度的自由。这种类型下的导学双方都善于交流和沟通，彼此有很好的理解，在学生遇到一定问题的时候，导师往往不会进行强势干预，而是将选择权下放给博士生，体现出对博士生充分的信任和自由。

在亲近程度和影响程度中，亲近程度为正向的导学合作是师生之间较为理想的状态；但负向亲近程度的抵触情绪很有可能会对导学关系产生不利的影响。在学生自主型（SC）的导学关系中，导师与博士生的合作程度低，并且导师会给予博士生很大程度的自由。导学关系融洽的同时却忽略了导师对博士生的指导作用，博士生的科研成果可能会因此受到一定程度的影响，转而形成博士生对导师态度的转变，引发导学关系异化的危机。在严格型（DO）的导学关系中，导师对博士生进行强势指导，师生之间存在一定程度的抵触。但由于导师的强势指导使博士生的科研成果有较好的保证，其学业压力的减小也会改变自身对导师的态度，从而形成此种类型下的和谐局面。因此，自主型和严格型的导学关系特点往往比较复杂，师生之间可能会由于支配或合作的提升而走向更为和谐的导学关系；也有可能因为支配或合作的降低而走向更为对立的导学关系。

在犹豫型（SO）导学关系中，导师与博士生之间有一定程度的抵触，并且导师会给予博士生很大程度的自由。在不满型的导学关系（OS）中，导师会给予博士生一定程度的自由，同时师生之间有极大的抵触。导师对博士生态度上的消极和行为上的放任往往使博士生难以获得学业及科研上的支持，从而使导学双方的矛盾进一步加剧。在惩戒型（OD）的导学关系中，导师有时会对博士生进行强势指导，但师生之间有较大的抵触。导师与博士生之间压抑、凝重的气氛也不利于博士生学习动机的提升和科研成绩的提高。这三种类型的导学关系是导学关系类型中较为不和谐的局面，在亲近程度为负向的抵触状态中，导师和博士生之间很难进行有效的交流和互动，无论导师对博士生的影响程度如何，都很难以改变导学双方消极的态度。

二　博士生导学关系量表的确定与测试

问卷量表设计的合理性和科学性是研究目标得以实现的重要保障。

而一般的问卷量表的确立可由两种方式实现，即使用现有问卷量表和自行设计问卷量表。使用现有问卷量表可以大大降低研究误差，保证研究过程的科学性和研究结果的合理性，现有问卷量表的成熟性和可靠性也保证了观测变量的稳定性和准确性。而博士生导学关系问卷经由包括中国在内的各个国家的研究人员使用，经过多次测试，均表明其信效度良好。经与《导师与博士生关系模型》一文的通讯作者联系，本研究获得博士生导学关系问卷的使用权，因此不再进行博士生导学关系量表的预测试。本研究利用问卷星平台邀请博士研究生参与问卷调查，得到博士生问卷246份。剔除作答时间过短、作答重复等无效问卷，得到博士生问卷241份（有效问卷率为97.97%）。

（一）信度分析

信度是指采取同样方法对同一对象重复测量时所得结果的一致性程度，用克隆巴赫系数（Cronbach's α）表示，若Cronbach's α值超过0.7，则说明该问卷的信度较好；但是当测量变量的题项少于6个时，如果Cronbach's α大于0.6，就说明数据是可接受的。缅因哈德教授邀请荷兰教育研究协会的155名博士生参加了博士生导学关系的调查，得到98份有效问卷。在98名参与者中，33%是男性，67%是女性；54%的人年龄在25岁至30岁之间。八个结果量表的可靠性（Cronbach's α）介于0.70和0.87之间，见表3-1，表明测试结果较为可信。

表3-1 《导师与博士生关系模型》中的信度检验（N=96）

维度	项数	克隆巴赫系数
DC	6	0.86
CD	6	0.87
CS	4	0.79
SC	4	0.71
SO	6	0.70
OS	6	0.75
OD	4	0.83
DO	5	0.71

资料来源：《附录A：博士生导学关系调查问卷》调查分析所得。

从对本研究所收集的问卷进行信度分析的结果来看，见表3－2，除学生自主型和严格型的α系数属于可接受外，其余各维度的一致性和量表总体的一致性分析结果均达到令人满意的程度。

表3－2　　　　信度检验

维度	项数	克隆巴赫系数	总体
DC	6	0.915	0.706
CD	6	0.817	
CS	4	0.764	
SC	4	0.630	
SO	6	0.834	
OS	6	0.848	
OD	4	0.886	
DO	5	0.669	

资料来源：《附录A：博士生导学关系调查问卷》调查分析所得。

（二）效度分析

效度指工具能够准确测量事物的程度，即测量的准确性、有效性，一般用内容效度（Content Validity）和建构效度（Construct Validity）来表示。内容效度主要是指量表内容所表现出的对变量优劣程度的主观评价，主要依靠研究者对测量变量定义和题项描述上的主观判断。① 而本研究所采用的量表是国外相对较为成熟的问卷，同时考虑中国人的语义和理解习惯进行翻译，故此问卷具有良好的内容效度。建构效度是由聚合效度和区分效度所组成的，一般用探索性因子分析来检验问卷的建构效度。对问卷结果进行KMO测度和Bartlett's球形检验，结果如表3－3所示。KMO统计量为0.964，接近于1；Bartlett's球形检验的显著性水平为$0.000<0.01$，说明数据结果适合做因子分析。

① 蔺玉：《博士生科研绩效及其影响因素的实证研究》，博士学位论文，中国科学技术大学，2012年。

表 3－3　　　　　　　　**KMO 和 Bartlett's 球形检验**

KMO 取样适切性量数		0.964
Bartlett 的球形度检验	近似卡方分布	6836.022
	自由度	820
	显著性	0.000

资料来源：《附录 A：博士生导学关系调查问卷》调查分析所得。

在对问卷量表进行因子分析时，应使得主成分的方差累积贡献率达到60%以上；有时可适当放开标准，但也至少要达到50%以上。探索性因子分析最常用的提取因子的方法有两种：主成分分析法和主轴因子法。主成分分析法假定所有观测变量的方差都能被公因子解释，即每个变量的方差都为1.0。而在主轴因子法中，它的基本假定是观测变量之间的相关都能被公因子所解释，而变量的方差不一定完全被公因子所解释。所以在主轴因子法中，公因子方差就不一定为1.0。[①] 已知博士生导学关系测量问卷的维度有八个，因此在进行因子分析时，选取基于因子固定数目进行分析，如表 3－4 所示，八个因子的总方差解释量为67.374%。

表 3－4　　　　　　　　**总方差解释**

成分	初始特征值			提取载荷平方和		
	特征根	方差贡献率（%）	方差累积贡献率（%）	特征根	方差贡献率（%）	方差累积贡献率（%）
1	16.985	41.428	41.428	16.985	41.428	41.428
2	3.489	8.510	49.938	3.489	8.510	49.938
3	1.601	3.906	53.844	1.601	3.906	53.844
4	1.323	3.226	57.070	1.323	3.226	57.070
5	1.194	2.912	59.982	1.194	2.912	59.982
6	1.079	2.632	62.614	1.079	2.632	62.614
7	0.999	2.436	65.050	0.999	2.436	65.050
8	0.953	2.324	67.374	0.953	2.324	67.374

资料来源：《附录 A：博士生导学关系调查问卷》调查分析所得。

---

① 孙晓军、周宗奎：《探索性因子分析及其在应用中存在的主要问题》，《心理科学杂志》2005 年第 6 期。

本研究还考察了各维度之间的相关，除如表3－5所示，除SO（犹豫型）和DO（严格型）两维度不存在显著相关之外，各维度之间的相关较为良好。根据上述分析结果可以得出，本研究所采用的博士生导学关系调查问卷具有良好的信度水平和效度水平，调研结果具有较高的可信度，可以进行后续的数据分析。

表3－5　　　　各维度的相关分析

	DC	CD	CS	SC	SO	OS	OD	DO
DC	1							
CD	0.851**	1						
CS	0.766**	0.816**	1					
SC	0.559**	0.604**	0.648**	1				
SO	－0.705**	－0.601**	－0.667**	－0.428**	1			
OS	－0.599**	－0.561**	－0.640**	－0.475**	0.714**	1		
OD	－0.638**	－0.583**	－0.681**	－0.501**	0.704**	0.786**	1	
DO	0.259**	0.236**	0.188**	0.129**	0.008	0.205**	0.169**	1

资料来源：《附录A：博士生导学关系调查问卷》调查分析所得。

注：1. **. 在0.01级别（双尾），相关性显著。

2. *. 在0.05级别（双尾），相关性显著。

导师和博士生的关系不是从确定下来就一成不变的，否则本研究也就失去了讨论的意义，导学关系的改进也会无从下手。博士生导学关系是随着师生双方态度、信念、行为、环境等因素而不断变化的。从导学关系各维度相关分析中可以得知，领导型、友善型、理解型、自主型之间存在显著正向相关，也就是说，当师生之间的互动交往类型属于领导型时，导师与博士生之间往往也会出现友善、理解和自主的状况。这四种类型可归为积极类型的导学关系。犹豫型、不满型、惩戒型之间存在显著正向相关，即当导学双方的交往类型为犹豫型时，师生双方较为可能出现不满、惩戒等情况。这三种类型可归为问题类型的导学关系。此种归类也与模型分析时的归类大致相似。积极类型的导学关系与问题类型的导学关系之间存在显著负向相关，表明当师生之间出现领导型、友善型、理解型、自主型导学关系时，一般情况下不会转变为犹豫型、不满型、惩戒型的导学关系。比较特殊的导学关系类型即为严格型的导学关系，它与积极类型的导学关系之间存在一定程度的正向相关，但与不满型和惩戒型之间也存在一定程度的正向相关，与犹豫型导学关系不存在显著的相关性。表明该种类型状态下的导学关系，既有可能发展为积极类型的导学关系，也有可能转变为问题类型的导学关系，但严格型与犹豫型之间的关系目前是无法确定的。

三 博士生导学关系现状分析

本研究调查对象的基本情况如表 3－6 所示，博士生在男女、是否结婚、有无工作经验等方面的数量差距不是很大；博士生的年龄多集中于26—30 岁（56.85%），大多数来自“211”“985”或双一流建设高校（84.23%），且绝大多数属于学术型博士研究生（95.44%）。在学科分布上，由国务院学位委员会和教育部颁布修订的《学位授予和人才培养学科目录（2011 年）》，规定中国分为哲学、经济学、法学、教育学、文学、历史学、理学、工学、农学、医学、军事学、管理学、艺术学 13 个学科门类。一般认为人类具有三大知识体系：自然科学、社会科学、人文学科。[①] 自然科学是以定量研究为主要手段，探究包括人的生物属性在内的有机自然界的各门科学的总称，包括物理学、化学、天文学、生物学等。社会科学是对用科学的方法研究人类社会现象的学科的统称，包括政治学、经济学、社会学、心理学、教育学等。人文学科则是对那些被排除在自然科学和社会科学之外的学科的总称，包括文学、历史学、哲学、艺术学等。因此为了便于归类，将十三大学科门类归为自然科学（理学、工学、农学、医学）、人文学科（文学、历史学、哲学、艺术学）和社会科学（经济学、管理学、法学、教育学、军事学）。在这三大类学科当中，自然科学博士生最多（59%），人文科学博士生最少（9%）；博

① 李醒民：《知识的三大部类：自然科学、社会科学和人文学科》，《学术界》2012 年第8期。

士生各年级分布较为平均。

表 3－6　　　　　调查对象一般资料（N＝241）

项目	分组	频率	百分比（%）
性别	男	113	46.89
	女	128	53.11
年龄段（岁）	18—25	23	9.54
	26—30	137	56.85
	31—40	64	26.56
	41—50	14	5.81
	51—60	3	1.24
婚姻状况	已婚	110	45.64
	未婚	131	54.36
工作经验	有工作经验	118	48.96
	无工作经验	123	51.04
学位性质	学术型	230	95.44
	专业型	11	4.56
年级	一年级	66	27.39
	二年级	63	26.14
	三年级	56	23.24
	四年级	22	9.13
	五年级以上	34	14.11
所在的学校	“211”“985”或“双一流”建设高校	203	84.23
	其他	38	15.77
所在的学科	自然科学	141	58.51
	人文学科	21	8.71
	社会科学	79	32.78

资料来源：《附录 A：博士生导学关系调查问卷》调查分析所得。

调查对象导师及互动情况如表 3－7 所示，被试导师大多为男性（87%），年龄大多为 51—60 岁（46%），且多为普通教授（61%）。61% 的博士生表示导师组有固定的例会，导师与学生交流的时间大都在 1

小时以内。在科研方面，有70%的学生较多参与导师的课题，甚至独立承担部分的课题任务，却有56%的学生未与导师共同发表过文章。

表3－7　　调查对象导师资料及互动情况（N＝241）

项目	分组	频率	百分比（%）
导师的性别	男	210	87.14
	女	31	12.86
导师的年龄（岁）	30岁以下	2	0.83
	31—40岁	36	14.94
	41—50岁	65	26.97
	51—60岁	110	45.64
	61岁以上	28	11.62
导师的学术身份	院士	4	1.66
	杰出学者	77	31.95
	普通教授	147	61.0
	普通副教授	13	5.39
导师是否担任校内行政职务或校外其他职务	是	113	46.89
	否	128	53.11
与导师交流的频次	每周两次或两次以上	72	29.88
	一周一次	74	30.71
	两周一次	33	13.69
	三周一次	10	4.15
	一月或更长时间一次	52	21.58
与导师每次交流的时间	几乎没有	6	2.49
	0.5小时以内	83	34.44
	0.5—1小时	102	42.32
	1—3小时	41	17.01
	3小时以上	9	3.73
导师组是否有固定例会	有，严格执行	148	61.41
	有，执行不到位	42	17.43
	没有	51	21.16

续表

项目	分组	频率	百分比（%）
与导师共同发表的文章数量	0 篇	136	56.43
	1—2 篇	83	34.44
	3—5 篇	19	7.88
	6—10 篇	2	0.83
	11 篇以上	1	0.41
参与导师课题的程度	几乎从不参与	14	5.81
	较少参与	56	23.24
	较多参与	112	46.47
	独立承担部分课题任务	59	24.48

资料来源：《附录 A：博士生导学关系调查问卷》调查分析所得。

由导学关系调查量表中各维度所得的平均分，可以得出博士生导学关系的样本均值分布统计和导学关系平均轮廓图，如表 3－8 和图 3－3 所示；缅因哈德教授所得的导学关系轮廓图如图 3－4 所示。可以看出，中国领导型和不满型的导学关系要多于国外，其余各种类型的导学关系差别不是非常明显。

表 3－8　　博士生导学关系类型均值分布情况统计

维度	个案数	最小值	最大值	平均值	标准差
DC	241	1.20	5.00	4.0570	0.85850
CD	241	1.33	5.00	3.7545	0.80795
CS	241	1.00	5.00	3.7697	0.79443
SC	241	1.25	5.00	3.5135	0.70162
SO	241	1.00	4.50	1.8686	0.75952
OS	241	1.00	4.67	1.7379	0.70094
OD	241	1.00	4.50	1.4699	0.73907
DO	241	1.00	5.00	3.3195	0.67970

资料来源：《附录 A：博士生导学关系调查问卷》调查分析所得。

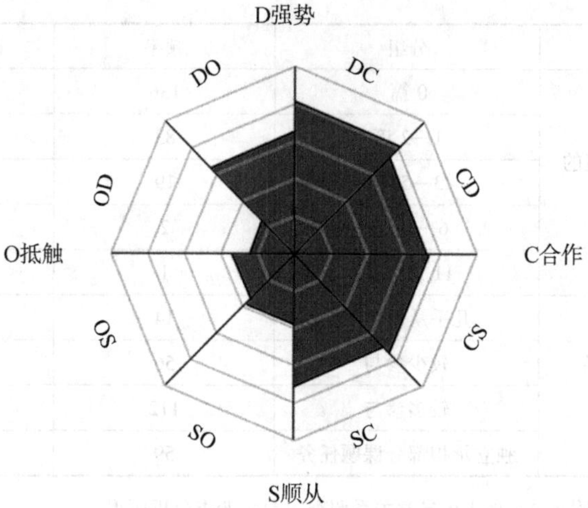

图3-3　博士生导学关系轮廓图（N=241）

资料来源:《附录A:博士生导学关系调查问卷》调查分析所得。

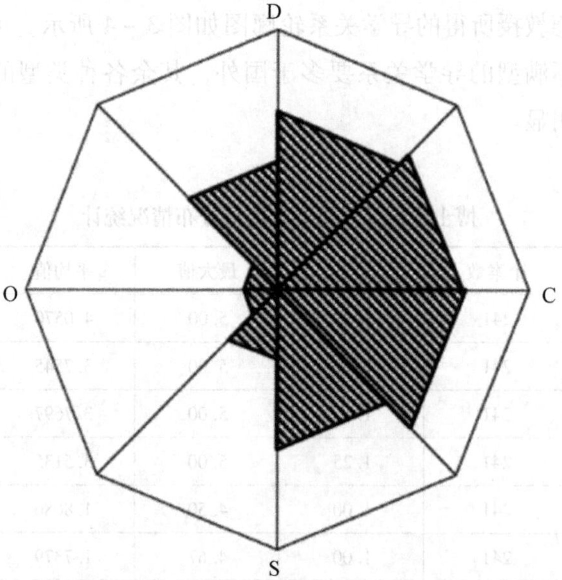

图3-4　导学关系轮廓图（缅因哈德 N=96）

资料来源:Mainhard T.,Rijst R. V. D.,Tartwijk J. V.,et al.,"A Model for the Supervisor-Doctoral Student Relationship",*Higher Education*,Vol. 58,No. 3,March 2009,pp. 359-373。

四　博士生导学关系影响因素分析

运用不同的调查问卷和研究方法，对导学关系现状调查的结果也会大不相同，如针对性别、年龄、专业、婚姻、工作等基本控制变量对导学关系的影响，学者们的研究结果也不尽一致。因此，为探寻影响博士生导学关系的核心要素，有必要对导学关系中博士生的基本情况进行差异性分析。差异性分析主要采用独立样本 T 检验和单因素方差分析的方法，对博士生因素（博士生的性别、年龄段、婚姻状况、工作经验）、导师因素（导师的性别、年龄、学术身份、职务）、导学关系环境因素（学位性质、年级、学校类别、学科专业）和导学互动因素（导师与博士生交流频次、交流时间、导师组固定例会、与导师共同发表文章、参与课题）等基本问题进行分析，以求得这些因素是否为影响导学关系不同类型的因素之一。独立样本 T 检验是用来检验两个独立样本的平均值或者中位数是否一致，以确定两组数据之间是否存在差异。而当两个或两个以上的因素对因变量产生作用时，则需用单因素方差分析的办法来进行。利用方差比较的办法来检验这些因素是否对因变量产生显著性影响，往往选用一般线性模型的方法来进行参数估计。

根据博士生导学关系的理论模型，可知导师与博士生的关系可以分为八种不同的类型，其中四种类型之间具有显著正向相关，被称为积极类型的导学关系；有三种类型与积极类型呈显著负向相关，被称为问题类型的导学关系；还有一种类型即严格型导学关系与二者均存在一定程度的正向相关，故单独讨论。针对导学关系类型均值可以得出博士生导学关系轮廓图，它反映了当前中国博士生导学关系的平均样态。中国导师与博士生之间关系良好，绝大多数时间呈现积极类型和领导型的导学关系，只有极少时间呈现问题类型的导学关系。在现实中，导师与博士生之间不可能只存在一种类型的导学关系，师生之间的关系是这一平均样态的整体反映，并随时间、环境、事件等影响因素而发生改变。通过文献资料可以得出，导学关系的影响因素大致可分为主体客观因素（博士生方面因素和导师方面因素）、环境因素和互动因素，且每种因素对不同类型导学关系的影响并不相同。

(一)博士生个体客观因素对导学关系影响很小

在对文献资料的阅读和整理时发现，许多研究认为博士生的年龄、性别、婚姻、工作经验等对导学关系均会产生一定程度的影响。但本研究的结果表明，博士生个体因素对导学关系的影响很小：在博士生方面的影响因素中，只有博士生的性别对犹豫型导学关系产生显著性影响。除此之外，博士生的年龄、婚姻、工作经验都未对导学关系产生显著性影响。这几种主体客观因素仅仅是博士生和导师的客观资料情况，不能代表主体因素的全部，但也能在一定程度上规避导学关系研究的错误路向。

1. 博士生性别差异分析

对导学关系中博士生的性别差异分析结果如表3-9所示。可以看出，除犹豫型（SO）的导学关系之外，博士生的性别在其他导学关系类型上并无显著性差异。相比于女生，导师在与男生互动时更容易产生模棱两可的态度。除此之外，性别对其余导学关系的类型并无太大影响。从样本均值上来看，女生在积极类型导学关系中的样本均值要高于男生，在问题类型和严格型导学关系中的样本均值要低于男生，但无显著性差异。

表3-9　　　　博士生性别差异分析

	性别	N（241）	均值	标准差	方差齐性检验 F	方差齐性检验 Sig	t	P
DC	男生	113	3.92	0.91	1.82	0.178	-2.31	0.052
	女生	128	4.18	0.80				
CD	男生	113	3.68	0.82	0.37	0.543	-1.34	0.179
	女生	128	3.82	0.79				
CS	男生	113	3.65	0.81	1.02	0.314	-2.17	0.051
	女生	128	3.87	0.77				
SC	男生	113	3.50	0.73	0.37	0.543	-2.80	0.780
	女生	128	3.53	0.68				
SO	男生	113	2.00	0.79	2.96	0.086	2.58*	0.011
	女生	128	1.75	0.72				
OS	男生	113	1.83	0.80	15.98	0.000	1.90	0.059
	女生	128	1.66	0.59				

续表

	性别	N（241）	均值	标准差	方差齐性检验 F	Sig	t	P
OD	男生	113	3.38	0.72	0.91	0.341	1.35	0.178
	女生	128	3.26	0.64				
DO	男生	113	1.56	0.78	6.70	0.010	1.78	0.078
	女生	128	1.39	0.70				

资料来源：《附录 A：博士生导学关系调查问卷》调查分析所得。

注：* $P<0.05$，** $P<0.01$，*** $P<0.001$。

受社会分工和传统观念的影响，男生的性格往往外显，女生的性格往往内隐，假设女生相对于男生更容易建立起积极类型的导学关系，但这样的推测并无确定的依据。但是在犹豫型导学关系（SO）方面，男生的样本均值要明显高于女生。犹豫型导学关系中的导师表现出更强的被动性，对博士生教育及师生互动中的不良情况会采取消极的应对措施。合理的解释是男生的性格特点更为外向，思维更加灵活，且较多坚持自己的观点，当导师无法用合理的方式进行干预时，则会让博士生自主进行选择。

2. 博士生年龄差异分析

随着年龄的增长和社会阅历的提高，个体处理问题的方式和能力都会有所提高，对人际关系的把握与应对也会更加成熟。假设年龄较大的博士生容易建立起积极类型的导学关系，但事实上，博士生的年龄并不影响博士生导学关系类型。对博士生年龄差异分析得出，不同年龄阶段的博士在不同类型导学关系中的样本均值均无显著性差异。博士生教育与其他阶段的教育有着明显的区别，其主要任务是在掌握专业知识的基础上对前沿领域的研究和把握。理想状态下的博士生导学关系，更像是古代贤人与其门下弟子一样的师徒关系，但在现代教育观念和环境制度的影响下，又比传统师徒关系更为纯粹。

3. 博士生婚姻状况差异分析

从对导学关系中博士生的婚姻状况差异分析结果可以看出，婚姻状况在八个类型的导学关系上均无显著差异。也就是说，博士生是否结婚对导师与博士生之间的关系并无影响。按照日常经验，已经成家的博士生，能够更好地处理家庭事务及其与配偶的关系，自然也能更好地处理与导师的关系，故假设已婚博士生的导学关系要好于未婚博士生。然而事实并非如此，就积极类型和严格型导学关系而言，未婚博士生的均值要高于已婚博士生；就问题类型导学关系而言，未婚博士生的均值要低于已婚博士生，但在这些方面均无显著性差异。

4. 博士生工作经验差异分析

从对导学关系中博士生的工作经验差异分析结果可以看出，无论博士生是否具有工作经验，其在导学关系的各个类型上均无显著差异。也就是说博士生的工作经验并不影响导师与博士生之间的关系。在工作中，员工与领导是纯粹的上下级关系，领导发布任务，员工依照领导的意志执行任务。但是在博士生教育中，导师与博士生的关系并非一种上下级的关系，而是一种导师指导、学生学习的平等导学关系。有工作经验的学生在积极类型导学关系中的样本均值要高于无工作经验的学生，同样在问题类型导学关系中的样本均值也高于无工作经验的学生，只是在严格型导学关系中的样本均值要低于无工作经验的学生。但这种差距也是细微的差别，并无统计学上的显著意义。

（二）导师个体客观因素对导学关系没有显著影响

在对文献资料的阅读和整理时发现，许多研究认为导师的年龄、性别、工作、职务等对导学关系均会产生一定程度的影响。但本研究的结果表明，导师的性别、年龄、学术身份、工作职务都未对导学关系产生显著性影响。这几种个体客观因素仅仅是导师的客观资料情况，不能代表个体因素的全部，但也能在一定程度上规避导学关系研究的错误路向。

1. 博士生导师性别差异分析

从对导学关系中博士生导师的性别差异分析结果的样本均值上来看，导师的性别在不同类型导学关系中的样本均值差距十分微小。导师性别在导学关系的八个维度上均不存在显著性差异，也就是说导师的性别并不影响导师与博士生之间的关系。

2. 博士生导师年龄差异分析

按照日常经验，假设年龄越大的导师，其指导经验更为丰富，与学生的关系应该更好，而事实并非如此。从样本均值上来看，在60岁以前的积极类型的导学关系中，导师的年龄越小，其样本均值得分越高；在问题类型的导学关系中，导师的年龄越小，其样本均值得分越低。而等导师到了60岁以上，其与学生的关系又恢复到一个相对较好的水平。合理的解释是导师在退休以前仍然具有较高的工作压力与科研压力，导师与学生之间的关系也受许多其他因素的干扰；而等导师退休被学校返聘之后，其工作压力与科研压力就会大大降低，导师也有更多的时间和精力来指导学生，导师与学生之间的情感关系更为紧密。也就是说在博士生导师正式退休以前，导师越年轻，其与学生的关系往往更加良好，但这样的差距十分微小，并不存在显著性差异，也就是说导师的年龄并不影响导师与博士生之间的关系。

3. 博士生导师学术身份差异分析

博士生导师这一学术身份的条件十分严格，除极个别特殊情况外，一般由学术造诣较深、科研成绩显著的教授担任。中国高校教师岗位有十三个等级，包括正教授一至四级，副教授五至七级；讲师八至十级；助教十一至十三级。由于在调查时大多数学生对导师的职称等级不太清楚，故根据相关文献和政策措施，将导师分为院士（中国科学院院士、中国工程院院士、“万人计划”杰出人才等）、杰出学者（长江学者、国家杰青、国家优青、“百千万人才工程”人选等）、普通教授和普通副教授四个层次。假设导师的学术身份越高，其在科研、指导及与学生关系方面越为突出，从样本均值来看基本如此，但是不同学术身份下的导学关系并无显著性差异，并不具备统计学意义。

4. 博士生导师担任职务差异分析

对导学关系中博士生导师任职差异分析结果，按照经验习惯，我们往往会认为导师一旦在校内外担任其他行政职务，其职业的习惯会造成其领导型的管理风格，在与博士生的交往中难以良好转变，从而难以产生积极型的导学关系。然而事实并非如此，在样本均值上，导师担任职务时在积极类型导学关系中的样本均值要低于没有担任职务的导师；其在问题类型导学关系中的样本均值要高于没有担任职务的导师。但是这样的差异在统计学中是微小的，并不具备统计学上的显著意义。

（三）导师的权威性与学生的自主性对导学关系影响很大

师生互动对导学关系的影响非常显著，但在一种类型方面的影响却相对较小，即严格型导学关系，导师与博士生的交流时间、导师或导师组是否有固定例会、博士生参与导师课题程度对严格型导学关系均未产生显著性影响。也就是说严格型导学关系是一种相对独立的导学关系类型，并不受师生互动的过多干扰。而未能对导学关系产生过多影响的主体客观因素，却能对犹豫型导学关系产生一定的显著性影响。从博士生导学关系模型图中可以看出，这两种类型的导学关系中，师生双方均存在一定程度的抵触情绪，不同的是严格型导学关系中导师的话语权与领导力最高，而犹豫型导学关系中导师的话语权与领导力最低。导师这种稳定的人格特征和行为模式，是个体的内在心理与外部环境相互作用下而形成的心理品质。师生双方在互相交流过程中较大的话语权差距，就会使一方听从于另一方，从而形成严格型或犹豫型的导学关系。

由于导师的话语权与领导力属于较为稳定的人格特征，因而严格型导学关系很难受到外界因素的影响，而犹豫型导学关系却恰恰相反。严格型导学关系中的导师往往以任务为导向，对学生进行较强的控制与指导，学生对导师不敢提出异议，仅做出迎合性的回应。师生双方的交流与互动很难对这种重结果轻过程的导学关系产生实质性影响，它既有可能因任务圆满完成而转化为积极类型的导学关系，也有可能受任务阻碍而转化为问题类型的导学关系。而犹豫型导学关系中的导师往往难以对学生进行有效的控制和影响，进而采取忽视学生的态度，任由学生自我探索。如果学生的自主能力较强，能够通过自己的探索和努力完成博士阶段的任务，那么导学双方的矛盾会被隐藏，导学关系也会逐渐转化为自主型导学关系；而如果学生的自主能力较弱，难以有效完成博士阶段的任务，导学双方的矛盾就会加剧，而转变为更加对立的问题型导学关系。

例如在博士生工作经验差异分析中，博士生的工作经验虽然对导学关系并无显著性影响，但其中最接近显著性差异的是犹豫型导学关系（SO）和自主型导学关系（SC），其显著性水平为 0.055 和 0.056，从样本均值来看，有工作经验的博士生在犹豫型和自主型导学关系的样本均值要高于没有工作经验的博士生。可见，有工作经验的博士生在一定程度上具有更明显的自主性，而当导师对博士生的影响力要小于学生的自主性时，往往会产生犹豫型或自主型的导学关系。

表 3－10　　博士生工作经验差异分析

					方差齐性检验			
	工作经验	N（241）	均值	标准差	F	Sig	t	显著性水平
DC	有工作经验	118	3.97	0.90	2.69	0.10	－1.59	0.114
	无工作经验	123	4.14	0.81				
CD	有工作经验	118	3.72	0.85	1.26	0.26	－0.67	0.504
	无工作经验	123	3.79	0.77				
CS	有工作经验	118	3.75	0.85	2.53	0.11	－0.30	0.768
	无工作经验	123	3.78	0.74				
SC	有工作经验	118	3.60	0.66	1.02	0.31	1.92	0.056
	无工作经验	123	3.43	0.73				
SO	有工作经验	118	1.96	0.83	5.40	0.21	1.93	0.055
	无工作经验	123	1.78	0.67				
OS	有工作经验	118	1.79	0.70	0.02	0.90	1.12	0.263
	无工作经验	123	1.69	0.70				
OD	有工作经验	118	3.24	0.70	1.11	0.29	－1.77	0.078
	无工作经验	123	3.40	0.66				
DO	有工作经验	118	1.51	0.79	1.29	0.26	0.75	0.455
	无工作经验	123	1.44	0.69				

资料来源：《附录 A：博士生导学关系调查问卷》调查分析所得。

注：＊P＜0.05，＊＊P＜0.01，＊＊＊P＜0.001。

（四）教育环境因素对导学关系影响很小

有许多研究结果也认为博士生的年级、专业、学校、学位性质等环境因素会对导学关系会产生显著影响，这在一定程度上是正确的，但不能就此说明环境因素是影响导学关系类型的主要原因。针对学习类别对犹豫型导学关系有显著性影响。综合博士性别对犹豫型导学关系也有显著影响，对其他类型的导学关系并无显著影响，应当考虑产生这种影响的原因是否与犹豫型导学关系的特殊性有关。最后，针对不同学科的差异对导学关系的影响，结果显示二者之间的关系并不显著。虽然在不同性质的学科之间，博士生教育模式与指导方式有较大差异，但这并不影响博士生对导师以及导学关系的评价，如若不然，学科性质和学科建设就会有问题。

1. 博士生学位性质差异分析

中国实行的学位教育主要分为专业型学位和学术型学位。学术型博士研究生以学术研究和科研探索为导向，主要培养大学教师和科研机构的研究人员；专业型博士研究生以实践和技能为导向，主要培养高水平的专业技术人才。专业学位与学术型学位在培养目标上各自有明确的定位，因此，在教学方法、教学内容、授予学位的标准和要求等方面均有所不同。故以学位性质的不同，将博士生分为学术型博士研究生和专业型博士研究生，对导学关系中博士生的学位性质差异分析结果如表3－11所示。

表3－11　　博士生学位性质差异分析

	学位性质	N（241）	均值	标准差	方差齐性检验 F	方差齐性检验 Sig	t	显著性水平
DC	学术型	230	4.07	0.84	2.87	0.09	1.43	0.155
	专业型	11	3.70	1.18				
CD	学术型	230	3.77	0.79	2.17	0.14	1.58	0.115
	专业型	11	3.38	1.12				
CS	学术型	230	3.80	0.77	1.68	0.20	2.54	0.052
	专业型	11	3.18	1.09				
SC	学术型	230	3.52	0.69	1.27	0.26	0.39	0.694
	专业型	11	3.43	0.89				
SO	学术型	230	1.84	0.74	1.55	0.21	－3.00**	0.003
	专业型	11	2.53	0.96				
OS	学术型	230	1.72	0.70	0.05	0.83	－1.87	0.063
	专业型	11	1.12	0.69				
OD	学术型	230	3.33	0.67	1.11	0.29	1.23	0.366
	专业型	11	3.07	0.90				
DO	学术型	230	1.44	0.69	13.03	0.00	－1.83	0.096
	专业型	11	2.14	1.26				

资料来源：《附录A：博士生导学关系调查问卷》调查分析所得。

注：* P<0.05，** P<0.01，*** P<0.001。

可以看出，除犹豫型（SO）之外，博士生的学位性质在导学关系的各个类型上均无显著差异。在样本均值上，学术型博士生在积极类型导学关系中的样本均值要高于专业型博士生，在问题类型导学关系中的样本均值也要高于专业型博士生。但在犹豫型（SO）导学关系上，二者具有较高的显著性差异。相比于学术型的博士研究生，专业型博士研究生与导师更容易产生犹豫型（SO）的导学关系。重视实践和应用的导向使专业学位的博士生有更强的独立性和自主性，对自己的学业规划也较为清晰，当学生与老师之间的意见产生分歧时，专业型博士研究生一旦选择坚持自己的意见，导师则难以改变，就容易落入犹豫型的导学关系之中。需要说明的是，在本次调研结果中，专业型博士研究生的样本量只有 11 个，样本量的大小会对数据分析结果造成较大的影响，因此还需在未来的研究中进一步探明。

2. 博士生学校类别差异分析

1995 年经国务院批准，教育部启动“211 工程”，即面向 21 世纪重点建设 100 所左右的高等学校和一批重点学科的建设工程。1999 年教育部启动建设“985 工程”，提出中国要建立若干所具有世界先进水平的一流大学。2017 年教育部启动“双一流”建设计划，提出到 2020 年，若干所大学和一批学科进入世界一流行列，若干学科进入世界一流学科前列；到本世纪中叶，一流大学和一流学科的数量和实力进入世界前列，基本建成高等教育强国。[①] 这是中国高等教育领域继“211 工程”“985 工程”之后的又一国家战略，有利于提升中国高等教育综合实力和国际竞争力。由于国家对入选高校的战略支持力度较大，故将博士生所在的高校分为重点高校（“211”“985”或“双一流”建设高校）和其他高校。

但是从分析结果来看，无论博士生来自“211”“985”或“双一流”建设高校，还是其他普通高校，其在导学关系的各个类型上均无显著差异。也就是说博士生所在的学校并不影响导师与博士生之间的关系。从样本均值上看，来自“211”“985”或“双一流”建设高校的博士生，

① 教育部、财政部、国家发展改革委关于印发《统筹推进世界一流大学和一流学科建设实施办法（暂行）》的通知，2021 年 1 月 26 日，https：//www. gov. cn/xinwen/2017 - 01/26/content_5163670. htm，2021 年 1 月 27 日。

其样本均值在积极类型导学关系中的样本均值要略高于其他高校的博士生；在问题类型导学关系中的样本均值要略低于其他高校的博士生。但这样的差距均是微小的，并无统计学意义。

3. 博士生学科专业差异分析

对导学关系中博士生所在学科专业的差异分析结果如表 3－12 所示。一般认为人类具有三大知识体系：自然科学、社会科学、人文学科。为了便于归类，将中国研究生教育所设立的十三大学科门类归为自然科学（理学、工学、农学、医学）、人文学科（文学、历史学、哲学、艺术学）和社会科学（经济学、管理学、法学、教育学、军事学）。[①] 在美国博士生教育中，人文学科博士生能获得的资助匮乏，学习过程更独立而缺乏同伴群体支持，对生涯发展的期待模糊，导师指导频率较低，获得学位耗时长，这些特征都使人文学科博士生流失率逐渐攀升。[②]

表 3－12　　博士生学科专业差异分析

	学科专业	N（241）	均值	标准差	F	P	两两比较（P<0.05）
DC	自然科学	141	4.13	0.84	2.84	0.060	
	人文学科	21	4.20	0.83			
	社会科学	79	3.87	0.88			
CD	自然科学	141	3.81	0.77	1.77	0.173	
	人文学科	21	3.89	0.83			
	社会科学	79	3.62	0.86			
CS	自然科学	141	3.79	0.78	2.46	0.087	
	人文学科	21	4.07	0.75			
	社会科学	79	3.65	0.82			
SC	自然科学	141	3.48	0.69	0.63	0.531	
	人文学科	21	3.67	0.75			
	社会科学	79	3.53	0.71			

① 李醒民：《知识的三大部类：自然科学、社会科学和人文学科》，《学术界》2012 年第 8 期。

② 徐岚、陶涛：《督促还是淘汰：博士生中期考核机制形成及其实施效果研究》，《高等教育研究》2018 年第 5 期。

续表

	学科专业	N（241）	均值	标准差	F	P	两两比较（P<0.05）
SO	自然科学	141	1.83	0.77	1.64	0.196	
	人文学科	21	1.71	0.73			
	社会科学	79	1.99	0.75			
OS	自然科学	141	1.68	0.68	1.29	0.278	
	人文学科	21	1.80	0.80			
	社会科学	79	1.83	0.71			
OD	自然科学	141	1.43	0.67	0.40	0.673	
	人文学科	21	1.53	0.97			
	社会科学	79	1.52	0.79			
DO	自然科学	141	3.37	0.68	0.92	0.399	
	人文学科	21	3.31	0.76			
	社会科学	79	3.24	0.65			

资料来源：《附录A：博士生导学关系调查问卷》调查分析所得。

由于自然科学等硬学科的导师往往需要扮演领导者和负责人的角色，其指导更偏向任务导向，高度结构化；而人文社会科学等软学科的导师往往需要扮演辅导者和支持者的角色，其指导更偏向个人导向，缺乏结构化。[①] 自然科学同人文社会科学的指导方式、学习方式的差异可能会引起导学关系的差异。但从样本统计量的结果可以看出，在积极类型的导学关系中，人文学科样本均值最高，自然科学次之，社会科学最低；而在问题类型的导学关系中，社会科学的样本均值往往最高。但不同学科对不同类型导学关系的影响并无显著性差异，不具备统计学意义。

（五）教育制度因素对导学关系有显著影响

博士生的年级对导学关系会产生显著影响，博士生所处的年级不同对导学关系的评价不同，这与博士生教育中的科研进展、学位论文等因素有关，这类影响因素深受博士生教育制度的影响。对导学关系中博士

① 徐岚：《从导师指导过程看立德树人对博士生社会化的作用》，《学位与研究生教育》2020年第5期。

生的年级差异分析结果如表3－13所示，结果表明，除自主型（SC）导学关系和严格型（DO）导学关系外，不同年级的博士生对导学关系类型有显著性的差异。自主型导学关系和严格型导学关系是一对互相排斥的导学关系，自主型导学关系中导师对博士生的影响力最弱；而严格型导学关系中导师对博士生的影响最强。这种一方主导另一方的导学关系在特定环境中的表现也相对和谐稳定，因此在不同年级当中的样本均值没有显著性差异，导学关系类型不容易发生改变。

表3－13　　　　博士生年级差异分析

	年级	N（241）	均值	标准差	F	P	两两比较（$P<0.05$）
DC	一年级	66	4.34	0.62	4.47	0.002	1>3　1>4
	二年级	63	4.08	0.80			2>4　5>4
	三年级	56	3.90	0.87			
	四年级	22	3.55	1.14			
	五年级及以上	34	4.04	0.96			
CD	一年级	66	4.04	0.53	4.47	0.002	1>2　1>3
	二年级	63	3.77	0.82			1>4　2>4
	三年级	56	3.57	0.80			
	四年级	22	3.35	1.03			
	五年级及以上	34	3.76	0.93			
CS	一年级	66	4.11	0.66	5.24	0.000	1>2　1>3
	二年级	63	3.72	0.75			1>4　1>5
	三年级	56	3.63	0.75			
	四年级	22	3.41	0.88			
	五年级及以上	34	3.65	0.95			
SC	一年级	66	3.60	0.65	0.89	0.473	
	二年级	63	3.47	0.67			
	三年级	56	3.52	0.83			
	四年级	22	3.30	0.54			
	五年级及以上	34	3.55	0.72			

续表

	年级	N (241)	均值	标准差	F	P	两两比较 (P<0.05)
SO	一年级	66	1.62	0.66	3.18	0.014	1<2　1<3
	二年级	63	1.93	0.71			1<4
	三年级	56	1.96	0.75			
	四年级	22	2.18	1.12			
	五年级及以上	34	1.90	0.66			
OS	一年级	66	1.56	0.57	2.38	0.53	1<4
	二年级	63	1.74	0.62			
	三年级	56	1.77	0.78			
	四年级	22	2.05	0.81			
	五年级及以上	34	1.82	0.81			
OD	一年级	66	1.30	0.48	3.11	0.016	1<4　2<4
	二年级	63	1.40	0.64			
	三年级	56	1.54	0.85			
	四年级	22	1.89	1.01			
	五年级及以上	34	1.54	0.84			
DO	一年级	66	3.46	0.56	1.52	0.199	
	二年级	63	3.31	0.66			
	三年级	56	3.16	0.70			
	四年级	22	3.36	0.85			
	五年级及以上	34	3.32	0.75			

资料来源:《附录 A:博士生导学关系调查问卷》调查分析所得。

由于此次调研对象包含了已经毕业的博士，因此选择“五年级及以上”的样本，既可能是已经毕业的博士，也可能是还未毕业的博士生，将两类学生混合对研究有着较大的影响。理想状态下的积极类型导学关系，其样本均值会随着年级的增长而逐渐降低，而到毕业之后回顾整个博士阶段，会对导学关系有一个整体的评价，而使样本均值升高。从样本均值来看，博士生在一年级时对积极类型导学关系的评价最高，此后逐年降低；博士生在一年级时对问题类型导学关系的评价最低，此后逐年上升。由此看来，博士生的年级是影响导学关系的因素之一，但这只是表面的关联，至于为何博士生所处的年级会对导学关系造成普遍影响，还需进行进一步的探究。

(六) 师生互动在一定程度上能够促进导学关系的发展

影响导学关系的因素，除了主体方面的客观因素和年级、学校、学科等环境因素之外，还包括与导师的交流时间、频次、发表文章、参与课题等主观因素。因此对导师与博士生交流频次、时间、是否有固定例会、参与课题程度等导学互动基本要素进行分析，以达到对导学关系问题的深入把握。博士生导学关系是师生双方对彼此的观念、情感、态度、看法等主观感受的综合体现，这些内在的心理活动是教育心理学所研究的主要内容，并非本研究关注的重点。行为是内心活动的反映，探究师生之间的互动行为能更好地帮助理解双方对彼此的态度和看法。研究结果同样表明，师生互动对导学关系具有非常显著的影响。在一定程度内，导师与博士生的交流时间、交流频次、导师或导师组固定例会与参与导师课题都能促进导学关系的发展，但对问题类型的改进作用没有对积极类型的促进作用大。师生互动对导学关系的促进是有局限性的，数据表明互动次数过于频繁、交流时间过长、承担课题任务过大，导学关系样本均值的得分也会有所下降。对于导师而言，需要把握师生互动的程度，不能单纯依靠互动来试图改善或发展导学关系。

另外，师生互动对问题类型导学关系的影响显得相对较小，师生交流频次、交流时间仅对部分问题类型导学关系产生显著性影响，导师或导师组固定例会和学生参与课题程度均不能有效改善问题类型的导学关系。问题类型导学关系的主要矛盾是导师与博士生之间的敌对和排斥，这与师生双方的人格、观念、伦理道德、行为习惯等主观因素有较大影响。问题型导学关系的成因非常复杂，并不是导师、学生或者偶然事件等单一因素引发而形成的，因此一般情况下，师生双方很难出现以问题型导学关系为主的情形。问题型导学关系成型后很难得以有效改善，如若不加以有针对性地预防和保护，很有可能使导学双方的矛盾加剧，造成无法挽救的局面。

1. 导师与博士生交流频次差异分析

对导学关系中导师与博士生交流频次的差异分析结果如表 3 - 14 所示。在积极类型的导学关系中，除了自主型（SC）导学关系之外，其余各类型中导师与博士生交流频次差异均对导学关系有显著性影响。师生之间一周多次交流的样本均值要显著高于多周或更长时间一次交流的样本均值；师生之间一周一次交流的样本均值要显著高于一个月或更长时间一次交流的样本均值。在问题类型的导学关系中，除犹豫型（SO）导学关系之外，其余各类型中导师与博士生交流频次对导学关系均有显著性差异。师生之间一周交流多次的样本均值要明显低于一个月或更长时间一次交流的样本均值。而严格型（DO）导学关系似乎相对稳定，不受师生之间交流频次的影响。由此可以推断，在一定频次内，师生之间的交流次数对积极类型导学关系有着较为显著的影响，对问题类型导学关系有着较为显著的影响。也就是说，师生之间在一定时间段内的交流次数越多，师生之间越有可能建构积极类型的导学关系，越有可能避免问题类型导学关系的出现。但这样的影响也是在一定程度上的影响，师生交往过于频繁或许也会对积极类型导学关系产生不利影响。

表3-14　　导师与博士生交流频次差异分析

	交流频次	N（241）	均值	标准差	F	P	两两比较（P<0.05）
DC	一周两次或多次	72	4.37	0.64	6.02	0.000	1>3　1>5
	一周一次	74	4.10	0.85			2>5
	两周一次	33	3.93	0.77			
	三周一次	10	4.05	0.67			
	一个月或更长时间一次	52	3.64	1.05			
CD	一周两次或多次	72	4.00	0.73	5.65	0.000	1>3　1>5
	一周一次	74	3.83	0.73			2>5
	两周一次	33	3.68	0.72			
	三周一次	10	3.72	0.68			
	一个月或更长时间一次	52	3.35	0.95			
CS	一周两次或多次	72	4.07	0.67	8.01	0.000	1>3　1>5
	一周一次	74	3.86	0.67			2>5
	两周一次	33	3.58	0.77			
	三周一次	10	3.85	0.54			
	一个月或更长时间一次	52	3.34	0.96			

续表

	交流频次	N (241)	均值	标准差	F	P	两两比较（P <0.05）
SC	一周两次或多次	72	3.66	0.71	1.86	0.118	
	一周一次	74	3.56	0.68			
	两周一次	33	3.37	0.63			
	三周一次	10	3.45	0.66			
	一个月或更长时间一次	52	3.36	0.75			
SO	一周两次或多次	72	1.70	0.71	1.95	0.102	
	一周一次	74	1.88	0.78			
	两周一次	33	1.95	0.65			
	三周一次	10	1.77	0.43			
	一个月或更长时间一次	52	2.06	0.87			
OS	一周两次或多次	72	1.56	0.64	3.09	0.017	1 <5
	一周一次	74	1.73	0.60			
	两周一次	33	1.82	0.68			
	三周一次	10	1.50	0.45			
	一个月或更长时间一次	52	1.97	0.89			
OD	一周两次或多次	72	1.33	0.65	2.32	0.057	1 <5 2 <5
	一周一次	74	1.41	0.61			
	两周一次	33	1.58	0.67			
	三周一次	10	1.33	0.49			
	一个月或更长时间一次	52	1.70	1.01			
DO	一周两次或多次	72	3.48	0.62	1.99	0.097	
	一周一次	74	3.22	0.68			
	两周一次	33	3.36	0.57			
	三周一次	10	3.04	0.83			
	一个月或更长时间一次	52	3.27	0.77			

资料来源：《附录 A：博士生导学关系调查问卷》调查分析所得。

2. 导师与博士生交流时间差异分析

对导学关系中导师与博士生交流时间的差异分析结果如表 3 - 15 所示，相比于导师与博士生之间的交流频次，师生之间的交流时间对导学关系的影响更为显著。除了严格型（DO）导学关系相对独立之外，师生之间交流时间的差异均对其余七种类型导学关系产生显著性影响。一般而言，导师与博士生之间的交流时间都在 1 小时左右，经过长时间的交流也有可能对导学关系造成不利影响，导师和研究生的专注程度、耐心程度等都会受到一定影响，这一点也能从样本均值的得分上看出端倪。因此，排除交流时间在 3 小时以上的样本，在积极类型导学关系中，师生之间交流时间越长，其样本均值得分越高，对导学关系评价越高；在问题类型的导学关系中，师生之间交流时间越短，其样本均值得分越高，对导学关系评价越低。同样可以得出，在一定时间内，师生之间的交流时间对导学关系有着极为显著的影响。

表 3 - 15　　导师与博士生交流时间差异分析

	交流时间	N（241）	均值	标准差	F	P	两两比较（P<0.05）
DC	几乎没有	6	2.86	1.17	4.93	0.001	1<2　1<3
	0.5 小时以内	83	3.89	0.81			1<4　1<5
	0.5—1 小时	102	4.19	0.76			2<3　2<4
	1—3 小时	41	4.21	0.90			
	3 小时以上	9	4.15	1.17			
CD	几乎没有	6	2.25	0.55	9.70	0.000	1<2　1<3
	0.5 小时以内	83	3.54	0.77			1<4　1<5
	0.5—1 小时	102	3.92	0.69			2<3　2<4
	1—3 小时	41	3.92	0.83			2<5
	3 小时以上	9	4.10	1.03			
CS	几乎没有	6	2.46	0.95	7.85	0.000	1<2　1<3
	0.5 小时以内	83	3.57	0.75			1<4　1<5
	0.5—1 小时	102	3.94	0.72			2<3　2<4
	1—3 小时	41	3.92	0.83			
	3 小时以上	9	3.94	0.76			

续表

	交流时间	N (241)	均值	标准差	F	P	两两比较 (P<0.05)
SC	几乎没有	6	2.79	1.13	3.68	0.006	1<2 1<3
	0.5小时以内	83	3.38	0.64			1<4 1<5
	0.5—1小时	102	3.61	0.65			2<3 2<5
	1—3小时	41	3.57	0.80			
	3小时以上	9	3.89	0.64			
SO	几乎没有	6	2.53	1.02	1.55	0.188	1>3 1>4
	0.5小时以内	83	1.93	0.79			
	0.5—1小时	102	1.81	0.73			
	1—3小时	41	1.80	0.68			
	3小时以上	9	1.78	0.91			
OS	几乎没有	6	2.72	1.30	3.81	0.005	1>2 1>3
	0.5小时以内	83	1.71	0.64			1>4
	0.5—1小时	102	1.68	0.64			
	1—3小时	41	1.72	0.70			
	3小时以上	9	2.06	1.00			
OD	几乎没有	6	2.33	1.17	2.94	0.021	1>2 1>3
	0.5小时以内	83	1.50	0.74			1>4
	0.5—1小时	102	1.36	0.61			
	1—3小时	41	1.54	0.86			
	3小时以上	9	1.58	0.88			
DO	几乎没有	6	3.10	1.10	1.05	0.383	
	0.5小时以内	83	3.23	0.61			
	0.5—1小时	102	3.34	0.65			
	1—3小时	41	3.42	0.79			
	3小时以上	9	3.56	0.79			

资料来源:《附录A:博士生导学关系调查问卷》调查分析所得。

3. 博士生导师组固定例会差异分析

博士生导师或导师组所组织的固定例会,是同一专业或同一师门下师生群体交流的主要方式。通过导师或导师组组织的固定例会,师生之间可以进行包括学术问题、生活问题、情感问题、压力问题等多方面的交流，从而促进师生群体间的融洽关系。对导学关系中博士生导师或导师组固定例会的差异分析结果如表 3－16 所示，除惩戒型（OD）和严格型（DO）导学关系之外，导师或导师组是否有固定例会对导学关系产生显著性影响。在积极类型的导学关系中，导师或导师组有例会且严格执行的样本均值要显著高于没有例会的；问题类型的导学关系中，导师或导师组有例会且严格执行的样本均值要显著低于没有例会的。因此可以判断，导师或导师组是否有固定例会对导学关系产生显著性影响。导师或导师组有例会且严格执行的相对于没有例会的，更有可能建立积极类型的导学关系，更有可能规避问题类型的导学关系。

表 3－16　　　　博士生导师组固定例会差异分析

	固定例会	N（241）	均值	标准差	F	P	两两比较（P<0.05）
DC	有且严格执行	148	4.25	0.75	11.22	0.000	1>2　1>3
	有但执行不到位	42	3.66	0.85			
	没有	51	3.82	1.00			
CD	有且严格执行	148	3.89	0.74	5.79	0.004	1>2　1>3
	有但执行不到位	42	3.61	0.77			
	没有	51	3.48	0.95			
CS	有且严格执行	148	3.90	0.74	6.48	0.002	1>3
	有但执行不到位	42	3.67	0.76			
	没有	51	3.47	0.89			
SC	有且严格执行	148	3.61	0.68	3.86	0.022	1>3
	有但执行不到位	42	3.40	0.69			
	没有	51	3.32	0.74			
SO	有且严格执行	148	1.74	0.70	5.79	0.004	1<2　1<3
	有但执行不到位	42	2.13	0.81			
	没有	51	2.02	0.82			
OS	有且严格执行	148	1.65	0.62	3.15	0.045	1<3
	有但执行不到位	42	1.85	0.67			
	没有	51	1.90	0.89			

续表

	固定例会	N (241)	均值	标准差	F	P	两两比较（P<0.05）
OD	有且严格执行	148	1.41	0.70	1.17	0.311	
	有但执行不到位	42	1.57	0.77			
	没有	51	1.56	0.82			
DO	有且严格执行	148	3.39	0.65	2.06	0.130	
	有但执行不到位	42	3.18	0.60			
	没有	51	3.24	0.81			

资料来源：《附录A：博士生导学关系调查问卷》调查分析所得。

4. 博士生参与导师课题程度差异分析

科学研究或学术研究是博士生需要掌握的基本技巧与内容，博士生一般会跟随导师的研究方向或研究课题进行学术训练，导师也会在科研任务中对学生进行充分的指导，师生之间进行有效的交流与互动。因此，可以通过博士生参与导师课题的程度，推断该因素对导学关系是否产生显著影响。对导学关系中博士生参与导师课题程度的差异分析结果如表3－17所示，在积极类型的导学关系中，博士生参与导师课题的比重越大，其样本均值的得分越高，对导学关系的评价越高；在问题类型的导学关系中，博士生参与导师课题程度对导学关系并无显著性差异。需要说明的是，在积极类型导学关系中，博士生独立承担部分课题任务的样本均值要低于较多参与课题的样本均值，但二者之间并无显著性差异。可以看出，博士生参与导师课题程度在一定程度上对积极类型导学关系有显著性影响，对问题类型导学关系并无显著性影响。

表3－17　　博士生参与导师课题程度差异分析

	参与课题	N (241)	均值	标准差	F	P	两两比较（P<0.05）
DC	几乎从不参与	14	3.55	1.15	3.07	0.028	1<3　1<4
	较少参与	56	3.91	0.94			
	较多参与	112	4.28	0.73			
	独立承担部分课题	59	4.08	0.89			

续表

	参与课题	N（241）	均值	标准差	F	P	两两比较（P<0.05）
CD	几乎从不参与	14	3.17	0.98	3.96	0.009	1<2　1<3
	较少参与	56	3.66	0.87			1<4
	较多参与	112	3.89	0.65			
	独立承担部分课题	59	3.73	0.91			
CS	几乎从不参与	14	3.27	0.85	2.53	0.058	1<3　1<4
	较少参与	56	3.69	0.92			
	较多参与	112	3.84	0.67			
	独立承担部分课题	59	3.83	0.84			
SC	几乎从不参与	14	3.52	0.74	1.04	0.375	
	较少参与	56	3.48	0.71			
	较多参与	112	3.59	0.62			
	独立承担部分课题	59	3.40	0.82			
SO	几乎从不参与	14	2.18	0.86	0.91	0.439	
	较少参与	56	1.89	0.80			
	较多参与	112	1.84	0.70			
	独立承担部分课题	59	1.83	0.81			
OS	几乎从不参与	14	2.05	0.99	2.54	0.057	
	较少参与	56	1.89	0.87			
	较多参与	112	1.66	0.56			
	独立承担部分课题	59	1.66	0.66			
OD	几乎从不参与	14	1.50	0.74	0.89	0.445	
	较少参与	56	1.59	0.93			
	较多参与	112	1.40	0.58			
	独立承担部分课题	59	1.49	0.80			
DO	几乎从不参与	14	3.11	1.03	0.58	0.629	
	较少参与	56	3.29	0.69			
	较多参与	112	3.34	0.59			
	独立承担部分课题	59	3.36	0.73			

资料来源：《附录A：博士生导学关系调查问卷》调查分析所得。

五 博士生导学关系现状的总结与讨论

本章分析并讨论了导学关系及导学关系的理论模型，对量化研究的方法进行了简单的说明介绍。研究采用世界上较为流行的导学关系互动量表（QSDI）对中国博士生导学关系的现状进行调查，调研对象分布平均，测试结果信效度良好。在分析博士生导学关系的总体情况和差异特征的过程中，通过描述性统计分析、独立样本 T 检验、单因素方差分析等方式，探明了博士生导学关系的基本状况以及不同影响因素之间的差异，并针对统计分析的结果，做了进一步的访谈，有助于了解造成这些差异的原因，进行更加深入的反思。通过对当下中国博士导学关系的调查研究，探明博士生导学关系的总体现状，在反思导学关系影响因素的基础之上，本研究认为对和谐导学关系的促进和发展，还需把握以下几个方面。

（一）导学关系是身份、制度、经济、情感等关系的共同作用

通过对博士生导学关系的调查研究可以得出，影响导学关系的因素几乎涵盖了导师与博士生的方方面面：客观因素对导学关系的影响很小，导学互动过程中的动态因素对导学关系有显著性影响，而起根本作用的是导师与博士生互动行为背后稳定的心理特征。导师与博士生的身份条件决定着导师作为指导者和博士生作为学习者的角色形象和角色地位；教育制度则保证着师生双方权利和义务的实现，确保师生双方在交往互动中的行为准则；而师生双方在沟通过程中的精神联结则推动导学关系及师生双方的进步与成长。因此，导师与博士生的身份条件，教育过程中的制度和原则，以及师生互动的情感联结，都是影响导学关系的重要条件。只有通过以上诸要素的共同作用，才能确保博士生导学关系的稳定和发展。

（二）导学关系的建构需注意主体角色的特征、矛盾及消解

导师因对专业领域的研究和传统“师道尊严”的观念而享有在导学互动中的话语权。但在导学关系中，导师对博士生的影响是多方面的，导师不仅是学术指导的权威人物，更是共同完成科研任务的合作伙伴；不仅是学生价值观念的引导者，也是学生情感生活上的支持者。在师生不同交往环境下，导师的角色各不相同，一旦将学术指导中的权威角色

代入其他交往环境，往往会引起学生的不适。博士生不能因为导师的学术权威和身份地位而降低自身的主动性，丧失在导学互动中的话语权。只有博士生具备科学研究和与导师交往的主动性，才能真正拥有博士生教育中的主体地位。在博士生涯初期，导师可为学生安排明确的学习任务并及时给予反馈，此后应慢慢训练学生自我发展和批判反思的能力，以平衡导学双方的话语权，才能改善师生交往过程中导师的绝对主导，促进导学关系的良好发展。

个体的自我是在主体自我与客体自我、自我与他人等主体间的互动中自主建构的，[①] 因此，博士生需要具备耐挫力、抗压力、自我约束、独立创造等自主性品质。导师绝不能因为学生自主性过强而对学生放任不管，这样的学生往往更需要通过与导师交流来获得学术上的指导。导师缺乏专业性、支持性的指导和行为，机械式地履行导师的基本职责，只会丧失学术指导的权威性，使导学关系走向危险的边缘。面对自主性强的博士生，导师更应该发挥学术指导的话语权和领导力，在有效的沟通环境中建构良好的交往关系，才能对学生进行积极的干预和指导。导师需要协调作为学术人的专业化人格与私人化身份之间的张力，建立起师生交往的道德行为守则和指导行为界限，从而形成恰当的指导风格，建构稳固的导学关系。[②]

师生双方的人格、气质、态度、价值观念等因素形成了自身与他人交往时稳定的心理活动和心理状态，从而建立起与他人交往时稳定的人际关系。博士生教育过程中，导师和学生都会受到来自家庭、社会、学校等外界环境因素的干扰形成特定的指导方法和学习手段，从而深刻地影响着导师与博士生间的关系。关于导学关系的建构和发展，我们会从外在的环境因素入手，从制度、评价、奖惩、监控等方面试图对导学关系加以改善，却忽视了交往关系中人作为主体的价值和地位。不可否认，这些措施是必要的，但更为重要的是对导学关系及关系主体的关照，否则难以达到令人满意的效果。若想真正建构起和谐的导学关系，必须对

---

① 张俭民、董泽芳：《从冲突到和谐：高校师生课堂互动关系的重构——基于米德符号互动论的视角》，《现代大学教育》2014 年第 1 期。

② 徐岚：《导师人格与身教对博士生培养的影响》，《教育发展研究》2019 年第 23 期。

这些外在的影响因素加以"悬置"，在摒除外界条件干扰的基础上直面导学关系本身，直面教育主体本身，以达到对导学关系的"本质还原"。

对导学关系影响因素的实证分析，终究也是在实践层面探究外界因素对导学关系的影响，并不涉及制约导学关系选择的主体——博士生和导师。虽然主体方面的客观因素（例如性别、年龄、身份等）不会对导学关系造成太大的影响，但是教育主体内部稳定的观念、态度和人格特征等都是决定师生交往行为的核心要素，自然也深刻影响着导学关系的类型。博士生教育是一种不应过分规定和定义的实践活动，师生双方都不应该被既定的规则所限制。导学关系是"前概念的""先赋性的"，应当看到教育主体的根本特质对导学关系的影响。博士生指导过程体现着师生双方的理想信念和德行成长，导学互动过程中也蕴含着师生双方的道德品质和生命情态。唯有回到最初的、最原始的师生互动状态，才能获得师生双方最本源的联系，一睹导学关系的本真面目。

第二节 博士生导学关系的问题与原因探析

在对中国博士生导学关系现状的调查中发现，无论是在学术交流过程中还是在日常生活中，博士生导学关系看上去要比实际情况更加稳固。在深度访谈过程中发现，博士生导学关系的矛盾凸显在导师指导不力和博士生延期毕业这两个方面，而这两个方面在一定程度上也具备连续性和同一性。就导师与博士生交往的本质属性而言，导学关系就是在其基本关系属性——科研指导——中得以呈现的，因而如果并非因以上两种情况产生激烈冲突而不可调和时，博士生大都会表示自己和导师的关系不错。但每个个体对导学关系的判断与概括均属于主观意志上的总结，而并不能客观显现博士生导学关系的本真问题；也就是说，博士生和导师对彼此或者对导学关系的满意程度，并不能代表现阶段中国博士生导学关系的真实状况。从整体上而言，中国博士生导学关系是处于"相安的疏离"和"表现式亲密"的境况之中，在其背后仍隐藏有较大的困境与危机，这也恰是本研究的价值旨归。

一　研究设计与研究过程

质性研究又称质的研究或定性研究，是在自然情况下对某种事物或现象进行观察、交流、分析、体会、解释和理解的过程，质性研究的目的不在于验证或推演某种事物的现象或因果关系，而是在当下的具体环境中理解事物或现象的意义。因此，质性研究主要使用归纳法来分析资料和形成理论，通过与研究对象互动，对其行为和意义建构获得解释性理解的一种活动。① 采用质性研究中半结构访谈的方法对博士生导学关系所面临的困境进行探究，其原因在于：首先，虽然已经有许多相关研究探讨了导学关系所面临的困境及影响因素，然而对于博士生这一不同于传统学生的群体少有涉及或予以重点讨论，导学关系面临困境的根源尚存在诸多探索空间。采用质性研究这一具有自然主义传统的探究方法，可以使研究者在自然情境中与被研究者不断互动，发现影响问题的根本因素或提出新的视角，从而对事物的“质”得到一个比较全面的解释性理解。其次，博士生导学关系所面临的问题会涉及诸多繁杂的因素，质性研究方法倡导进行整体的、关联式的考察，在了解事件本身的同时考察自身与其他事件的关联，形成解释的循环，因而能够帮助研究者在纷繁复杂的因素中寻找关联、构建更为完整的因果机理。最后，质性研究立足于主客观相统一的真实生活世界，即导师与博士生日常生活的世界，强调主客观世界的有效结合，在探讨和解决博士生导学关系量化研究难以解释的现状及困境时具有一定的内在优势。同时，以深度访谈作为数据资料收集的主要途径，能够克服量化研究普遍性与确定性的局限假设，以研究者本身作为研究工具，深入探讨博士生导学关系的真实状态，能够有效挖掘博士生导学关系的现实困境及根本原因。

（一）样本选取

博士生导学关系质性研究是基于导师与博士生间真实的交往材料与事迹展开，研究的目标是厘清制约导学关系发展的困境，探寻引发这些困境的根本原因，从而为构建和谐博士生导学关系提供实践依据。为保

① 陈向明：《质的研究方法与社会科学研究》，教育科学出版社 2000 年版，第 7—10 页。

证访谈材料的真实性、有效性和代表性，本研究在研究对象的选取上借助方便抽样和滚雪球抽样的方式。为尽可能地为研究问题提供有效信息，本研究主要考虑了访谈对象的地域分布、学校类别、年级、学科属性等因素，受访者多为研究者的同学、朋友以及他们的同学和朋友。经过筛选，最终选取浙江大学、厦门大学、西南大学、东南大学、中国科学技术大学、西北工业大学、北京师范大学、上海海事大学、上海理工大学、陕西师范大学、郑州大学、河南大学、湖南师范大学等18 所高校的27 位名博士生作为受访者，受访者的基本信息如表 3 - 18 所示。

表 3 - 18　　被访者个人信息汇总

姓名	编号	性别	年级	专业	学科性质	学校
	B1	女	博二		自然科学	
	B2	男	博三		人文社会科学	
	B3	女	博四		自然科学	
	B4	男	博四		自然科学	
	B5	女	2018 年毕业		自然科学	
	B6	女	博二		自然科学	
	B7	女	博四		人文社会科学	
	B8	男	博三		自然科学	
	B9	女	2016 年毕业		自然科学	
	B10	女	2020 年毕业		自然科学	
	B11	女	博五		人文社会科学	
	B12	男	2021 年毕业		自然科学	
	B13	男	博五		自然科学	
	B14	男	博四		人文社会科学	
	B15	女	2017 年毕业		自然科学	
	B16	女	博二		人文社会科学	
	B17	女	博五		人文社会科学	
	B18	男	博三		自然科学	
	B19	男	2019 年毕业		人文社会科学	
	B20	女	博四		自然科学	
	B21	男	博四		自然科学	

续表

姓名	编号	性别	年级	专业	学科性质	学校
	B22	女	博五		人文社会科学	
	B23	女	2019 年毕业		人文社会科学	
	B24	男	博五		自然科学	
	B25	女	博三		自然科学	
	B26	女	博四		自然科学	
	B27	女	博三		人文社会科学	

资料来源：《附录 B：博士研究生访谈提纲》调查分析所得。

注：应受访者要求与访谈基本原则，隐去姓名、专业、学校等个人信息。

（二）资料收集与处理

本研究采用深度访谈的方式进行数据收集，通过开放式的问题让被访者主动展露其经历和看法，并辅以制度式问题进行细节的描述和澄清。访谈开始之前，根据研究问题拟定访谈提纲，围绕博士生导学关系中工具理性与交往理性表现及具体事例展开，包括影响导学关系的因素，导学关系的转变与影响，对导学关系的评价、反思与期望等。访谈问题基本上遵循由远及近、由简单到复杂、由具体到抽象的方式排序，并在必要时进行进一步的追问，在深入挖掘问题背后原因的同时也能争取避免漏掉一些重要信息。访谈提纲也不是固定不变的，在每一次的访谈过后也会对访谈内容进行细微调整，以便更有目的性地收集资料。

访谈在 2021 年 3 月开始，至 7 月份结束，由于访谈内容的敏感性，访谈不要求被访者提供姓名、学校等信息，并在访谈资料转录的过程中隐去被访者无意中透露的有关自身信息的内容。为营造安全、放松、信任的访谈环境，访谈借助腾讯会议或微信电话等方式进行远程连线。在正式访谈开始前详细向被访者说明本研究的目的、方法与手段，并简要介绍本研究所采用的理论框架，使被访者对本研究有一定的了解与准备。同时向被访者郑重说明，本研究将严格遵守学术道德规范，访谈录音及文字转稿仅用于学术研究。为了使访谈资料能达到呈现现实情境的目的，访谈开始后并未围绕明确且具体的研究问题与受访者进行交流，只是将交流内容的范围大致限定于导学关系方面，包括对导学关系的满意度、师生之间难以忘怀的事情以及理想的导学关系等等,[①] 随着访谈的持续深入进而转向半结构式访谈。通过访谈最终得到 15 小时 22 分钟的语音文献，平均每人访谈时长约为 34 分钟，经过转录与校对，共获得约 243400 字的文本资料。综合文献研究的基础，选择以开放性访谈的方法和案例研究的策略，对访谈结果进行资料整理并进行深入分析。

本研究在经过反复阅读被访者语音转录资料并进行初步分析的基础上，着手资料的编码与归档工作。本研究希望质性研究中了解当下博士生导学关系的现实困境及其隐藏在背后的原因，因此在编码时考虑“类属分析”对编码的要求，即在访谈资料中寻找反复出现的现象以及可以解释这些现象的重要概念的一个过程。在形成编码系统后，按照分析框架中的类属关系来汇总所收集到的资料，形成汇总表，以便对访谈资料形成更具概括性的理解。

（三）分析框架

本研究主要以哈贝马斯的交往行为理论为基础，以文献综述、历史研究和量化研究中的差异性分析为辅助，综合衡量影响博士生导学关系的各个方面的因素，最终形成本文的分析框架。

1. 文献综述基础

衡量一项研究的意义要看其是否立足于现实问题，坚持问题导向。对科研文献的阅读与把握是研究成熟与否的基本保障，对于一些基础性、理论性较强的学科或领域来说更是如此。但是对于博士生导学关系这一现实问题，需要我们与实际状况保持紧密的接触，只有这样研究才有坚实的立足点和正确的研究方向。从国际研究趋势来看，由关注师生角色、博士生指导，到关注性别、种族等差异问题，再到关注博士学业生涯的现实境况，表明该领域的研究越来越立足于现实问题，且随着时代的发展而不断变化。坚持问题导向的关键在于敏锐捕捉问题，清醒正视问题，自觉解决问题。而若想真正解决博士生导学关系的问题与矛盾，就必须立足于现实情况，分析当下博士研究生与导师各自的特点是什么？博士生导学关系的矛盾是否受时代的影响而发生了变化？发生了哪些变化？

---

① 欧阳硕、胡劲松:《从“相安的疏离”到“理性的亲密”——基于扎根理论的研究生导学关系探析》,《高等教育研究》2020 年第 10 期。

只有在对社会现实问题的观照与思考下，才能真正解决博士生导学关系的种种阻碍与矛盾，促进博士研究生与导师的共同成长与发展。

由于教育层次、师生年龄等因素的影响，博士研究生与导师的交往过程主要表现为一种以人与人之间的相互作用、相互沟通、相互理解为核心的交流和对话过程。在社会经济有了一定发展成果的今天，客观体系、模式建构和物质支持这种外在因素的保障，并不能妥善解决导师与博士生的需要和诉求，内心交往和精神支持往往更能促进和谐导学关系的实现。由于自然科学和科技理性的作用被无限放大，在当下的博士生教育过程中，存在着一种过分关注科研世界而疏离博士生现实生活和内心世界的片面倾向。无论是导师还是博士生，其一切社会实践活动都是建立在生活世界的基础之上的，颠倒科学世界与生活世界的关系，势必造成博士生教育脱离自身的现实生活与社会实际。博士研究生与导师的交往过程是一种建立在对话和理解基础之上的精神性交往过程，二者之间必须建立一种相互尊重、相互信任、民主平等的交往关系。

博士生导学关系研究归根到底是关于人的研究，必须要对人的问题有充分的理性思考与不懈探索。若脱离人这一主体而抽象地、空洞地对博士生导学关系进行探讨，是不会对导学关系的现实状况起到多大的帮助及促进作用的。人作为实践主体的人，与其产生联系的物质并不指一切事物，只有当人这一角色的介入并对物质因素做出某种规定性的判断时，对物质等客观条件的研究才具有相应的价值和意义。若忽视人这一主体角色的价值与意义而一味地关注外在条件发展、变化与影响，是不会从根本上解决人的现实需要的。对于博士生导学关系来说亦是如此，对导学关系的现实观照与研究不应仅仅考虑外部客观条件的影响，还应当关注两个主体间的现实诉求与需要。应当把人的发展融入博士生导学关系的研究之中，立足于物质保障、客观条件、体系建设，具体地思考、研究和推进导学关系和谐健康的发展。

2. 理论基础分析

博士生导学关系质性研究所运用的理论基础主要是源自哈贝马斯的交往行为理论。哈贝马斯认为，在社会科学理论中大多数是隐含地运用行为概念的，他根据波普尔的三个世界理论，将人类在社会中的行为归结为目的策略行为、规范调节行为、戏剧行为和交往行为四种。

第一种，目的策略行为，是行为者通过使用恰当的手段或策略，以技术的规范为导向，立足于经验知识合理地选择行动，从而达到相应目的的行为。目的策略行为所涉及的是行为主体与“客观世界”的关系。自从亚里士多德以来，目的行为一直是哲学行为理论关注的焦点，目的行为是通过在一定情境下使用恰当的手段或有效的方法使行为者实现了一定的目的，或进入了一个理想的状态。目的行为中的核心要素是行为者在不同行为的可能性之间做出相应的决定。如果把其他至少一位同样具有目的行为倾向的行为者对决定的期待列入对自己行为效果的计算范围之中，那么，目的行为模式也就相应地发展成为策略行为模式，而这种模式也常常伴随有功利主义的色彩。目的行为模式向行为者提供了一种“认知—意志的情结”，从而使得行为者一方面可以培养起对实际存在的事态的意见，并通过感知传达出来，另一方面则可以形成一定的意图，以便把理想的事态付诸实现。

第二种，规范调节行为，即一个群体受共同价值约束的行为，是指行为者并不是作为个体而独立存在的，而是作为社会群体中的一员，被要求遵守所在社会的既有规范。规范调节行为体现出社会系统对人的控制，所涉及的是行为主体与“社会世界”的关系。规范调节行为所涉及的不是孤立的行为者的行为（这些行为者在他的周围虽然有其他行为者，但在原则上还是处于孤立的地位），而是社会群体的成员，他们的行为具有共同的价值取向。在一定的社会群体语境中，一旦某种行为具备可以规范运用的前提，每个行为者都必须服从或遵守某个规范。规范是一个社会群体中共识的表现，每个社会群体也都必须具有一定的有效规范，而服从规范的核心意义在于满足一种普遍的行为期待。客观世界的意义可以用与实际存在的事态的关系来加以阐明，同样，社会世界的意义则可以用与现存规范的关系来予以阐明。因此，相对于目的—策略行为而言，规范调节行为不仅具有一种“认知情结”，而且还具有一种“动机情结”。这样一来，相应的价值在处理问题时对关联者具有相应的约束力，成员之间就可以相互期待，各自在一定情况下都把普遍适用的规范价值当作自己的行为指南。

第三种，戏剧行为，指行为主体在观众或社会面前有意识地表现自己主观性的行为，其目的是遮蔽直觉性的表达，隐藏内心的真实想法和感受，而向他人展现出特定的形象。在戏剧行为中，个体既不是孤立的行为者，也不是某个社会群体的成员，而是互动参与者，他们互相形成观众，各自在对方面前表现自己。戏剧行为所涉及的是行为主体与“主观世界”的关系。较之于目的策略行为和规范调节行为，戏剧行为的概念在社会科学文献中的地位并不突出，1956 年，戈夫曼（E. Goffman）在其关于“日常自我表现”的研究著作中第一次明确地把戏剧行为的概念引入社会科学领域。戏剧行为涉及的既不是孤立的行为者，也不是某个社会群体的成员，而是互动参与者，他们形成彼此的观众，并在各自对方面前表现自己。行为者自己给了他的观众一个具体的形象和印象，为此，他把自己的主体性多少遮蔽起来一些，从而实现自身的某种目的。在社会交往过程中，任何一个行为者都可以控制他人进入自己的观点、思想、立场、情感等领域，因为只有他本人才有特殊的渠道进入自己的上述领域。在戏剧行为中，参与者利用了这种状况，通过控制主体性的相互渗透而对他们的互动加以左右。因此，自我表现的核心概念不是直觉的表达行为，而是面对观众对自身的经验表达加以修饰的行为。

在相应的社会互动过程中，参与者构成了透明的公众并且互相展示，展示的目的在于行为者在观众面前用一定的方式把自己表现出来，并希望在一定意义上能得到观众的关注和接受。当然，人为控制并制造错误印象绝不能简单地理解为策略行为。戏剧行为始终离不开观众，观众误以为他要展示些什么，并没有发现其中的策略特征；即便是策略性的自我表现也可以看作是一种具有主观真实性要求的表达。只有当公众单纯地还根据效果标准对它加以判断的时候，它才不会再被说成是戏剧行为。于是，就出现了一种策略性的互动，在这种互动过程中，参与者在概念上使客观世界变得五彩缤纷，以至于其中不仅有目的理性的行为者，而且也有善于表达的表现对手。

第四种，交往行为，是主体间通过符号的作用来进行的协调互动行为，它以语言为媒介，通过对话的方式达到主体之间的相互理解，所涉及的是行为主体与三种世界共同的交互关系。交往行为所涉及的是至少两个具有言语和行为能力的主体之间的互动，行为者通过行为语境寻求沟通，以便在相互谅解的基础上把他们的行为计划和行为协调起来。任何一种交往行为都发生在文化前理解的背景上，交往行为的参与者可以通过协商对语境加以明确，因此，对新语境所展开的每一次协商交往，同时也明确了关于生活世界的表现内容。在现实的交往互动中，对方语境的明确与自身语境的明确总是存在一定距离的，而解释的任务在于把他者的语境解释包容到自己的语境解释当中，以便在修正的基础上用"世界"对"我们的生活世界"背景下的"他者的"生活世界和"自我的"生活世界加以确定，从而尽可能地使相互不同的语境解释达成一致。当然这并不意味着任何一种解释在常规情况下都必定会带来十分肯定或明确的结论。在交往互动过程中充满了疑问不清，需要反复加以修正，参与者所依靠的前提是不明确的，因而值得提出疑问，他们不断地尝试着一个又一个偶然获得的共同性。

在哈贝马斯看来，通过交往行为不仅与客观世界建立起了联系，而且也与社会世界、主观世界建立起了联系。因此，相比于其他三种行为来说，交往行为全面把握了社会行为中的各种方式和角色，比其他行为在本质上更具有合理性与普遍性。人们的行为需要合理化与理性化，以具备理性结构，这就需要人们在生活中实现主体间的双向交流，达到人际之间的相互理解，从而协调个体的行为。以哈贝马斯的交往行为理论作为博士生导学关系质性研究的分析框架，具有一定程度的契合性。

3. 历史研究结果分析

博士生教育源于欧洲中世纪大学的高级学位教育，类似于手工业或其他行会中的艺徒教育，具有明显师徒制的特点。关系的确往往意味着身份与内容的统一，关系的内容随先定的身份形式而来。中国古代私学中的师生关系，也更强调"克己复礼""忠恕之道""仁义礼智""师道尊严"的人伦关系。因此，博士生导学关系的逻辑起点在于关系的身份形式上，是一种伴随教育活动及社会交往而存在的先赋性关系，这种先赋性关系也泛化于社会生活的各个方面。在教育活动中老师犹如学生的长辈，师生以长幼、远近、亲疏的身份差距决定双方交往的法则。而随着社会的发展，人际交往中的内容开始影响交往的法则，无论交往双方有何种先赋性关系，都要依赖交往内容进行判断，[①] 博士生导学关系也不

① 杨宜音:《试析人际关系及其分类——兼与黄光国先生商榷》,《社会学研究》1995 年第 5 期。

再是一种简单的先赋性的身份关系，而逐渐获得了制度属性。学术资本主义的兴起、导师与博士生的群体特征、博士生教育的特点以及现行学术评价机制，[①] 共同决定了博士生导学关系的经济属性，即协作属性。而现代社会则用一些更加明确的概念，如“互动”“交流”“社会交换”“人际冲突”“人格”“自我”“角色”等来表达导学关系的内涵，[②] 这些概念则更加体现了博士生导学关系的情感属性。

4. 影响因素差异性分析

通过对博士生导学关系的量化研究可以得出，客观因素对博士生导学关系的影响很小，师生互动过程中的动态因素对博士生导学关系有显著性影响，而起根本作用的是导师与博士生互动行为背后稳定的心理特征。导师与博士生的身份条件决定着导师作为指导者和博士生作为学习者的角色形象和角色地位；教育制度则保证着师生双方权利和义务的实现，确保师生双方在交往互动中的行为准则；契约协作作为导师与博士生之间的心理约定，能够有效满足彼此精神和物质的需求；师生双方在沟通过程中的情感联结则推动导学关系及师生双方的进步与成长。因此，导师与博士生的身份条件，教育过程中的制度和原则，师生双方的商谈与协作，以及师生互动的情感联结，都是影响导学关系的重要条件。只有通过以上诸要素的共同作用，才能确保博士生导学关系的稳定和发展。

导师与博士生的人格、气质、态度、价值观念等因素形成了自身与他人交往时稳定的心理活动和心理状态，从而建立起与他人交往时稳定的人际关系。博士生教育过程中，导师和博士生都会受到来自家庭、社会、学校等外界环境因素的干扰，形成特定的指导方法和学习手段，这些因素深刻地影响着导师与博士生间的关系。关于导学关系的建构和发展，我们会从外在的环境因素入手，从制度、评价、奖惩、监控等方面试图对导学关系加以改善，却忽视了交往关系中人作为主体的价值和地位。不可否认这些措施是必要的，但更为重要的是对导学关系及关系主

---

① 陈恒敏：《“老师”抑或“老板”：论导师、研究生关系的经济性》，《学位与研究生教育》2018 年第 4 期。

② 翟学伟：《中国人际关系的特质：本土的概念及其模式》，《社会学研究》1993 年第 4 期。

体的关照，否则难以达到令人满意的效果。若想真正建构起和谐的导学关系，必须对这些外在的影响因素加以“悬置”，在摒除外界条件干扰的基础上直面导学关系本身，直面教育主体本身，以达到对导学关系的“本质还原”。

对博士生导学关系影响因素的实证分析，终究也是在实践层面探究外界因素对导学关系的影响，并不涉及制约导学关系选择的主体——博士生和导师。虽然主体方面的客观因素（例如性别、年龄、身份等）不会对导学关系造成太大的影响，但是教育主体内部稳定的观念、态度和人格特征等都是决定师生交往行为的核心要素，自然也深刻影响着导学关系的类型。博士生教育是一种不应过分规定和定义的实践活动，师生双方都不应该被既定的规则所限制。导学关系是“前概念的”“先赋性的”，应当看到教育主体的根本特质对导学关系的影响。博士生指导过程体现着师生双方的理想信念和德行成长，导学互动过程中也蕴含着师生双方的道德品质和生命情态。唯有回到最初的、最原始的师生互动状态，才能获得师生双方最本源的联系，一睹导学关系的本真面目。

导师与博士生交往的首要目的即掌握先进的知识、技能与方法，也是因为如此，导师才能称其为导师，学生才能称其为学生。在一定程度上来讲，导学关系就是在身份关系中孕育出来的、生长起来的，而身份关系的产生源自各自的本体需要。而博士生教育制度的不断完善和发展，在一定程度上促进了博士生教育的发展，维护了博士生导学关系的平稳运行。制度关系规定着博士生和导师各自的权利与义务，规范着博士生和导师交往互动时的言行举止，虽然在一定程度上避免了问题事件的发生，但同时也压抑了导师与博士生的交往空间，使导学互动被严格限制在一定的规范框架之内，也会阻碍导学关系的健康发展。协作关系很好地解决了这一制度困境，在导师与博士生相互协商的基础上，达成共识形成共享的愿景，并朝着符合双方共同利益的目标迈进。但同样，协作关系也有着自身的局限性，博士生和导师可能会因达成的协定而恪守约定，最终变成为完成约定的表演者，从而使导学关系失去其本真色彩。而情感关系则有效整合了以上三种关系的优势，并弥补了其固有的缺陷，使导师与博士生在完成既定目标，达成既定任务的同时，也实现了自身的专业发展与成长，为完成个人人格的同一性（社会化）发挥了重要作用，从而建立起源自内心的、和谐融洽的导学关系。需要注意的是，交往行为并非博士生导学关系中应唯一存在的或唯一正确的行为，也并非导师与博士生能做到的最好的行为模式，它只是有效地解决了在当下发展阶段中博士生导学关系所面临的困境和阻碍，为博士生导学关系拓宽了一定的成长空间。

二　“相安的疏离”——博士生导学关系的现实困境

整体而言，中国博士生导学关系现状良好，大部分处于领导型、友善型、理解型等导学关系类型之中，但这也并不代表导师与博士生之间并无问题存在。以理性形式进展的导学关系对教育主体的决断能力及交往素质提出了更高的要求，产生了导师与博士生难以适应过于理性的导学关系而遇到瓶颈和阻碍。理性化的交往模式渗透到导师与博士生的交往过程中时，导师与博士生双方就离开了传统的自然明白的构想模式，在自己的头脑中进行着各种理性的思考并做出决定。而导师与博士生一旦构成某种心理默契，就不会被轻易推翻，看似非常稳定的导学关系在内部隐含着多重矛盾，并且导学关系自身也存在着内部矛盾与障碍。在导学关系面临的现实困境当中，主体因素、制度因素、协作因素、情感因素等影响了导师与博士生之间的交往，致使博士生导学关系无法还原交往的原本意图和面貌。

（一）主体困境：导师与博士生角色的客体化

现代社会的发展是与工具理性密不可分的，对博士生教育和导学关系的冲击也是深层次的、根本性的。尽管现代博士生教育需要目的工具的合理性表现，但其过分的扩张与膨胀也压榨了导师与博士生的交往空间与生存空间，诱发了师生专业成长的困境和师生角色的客体化危机。技术的进步和满足构成了社会发展的目标，也成为普遍控制社会各个方面的工具，最终成为衡量一切的标准和尺度，致使现代博士生教育失去了最初的、本真的目的。随着工具理性的膨胀以及科学技术的兴盛，导师和博士生也逐渐陷入一种无休止的目标达成与评价满足之中，在日益高涨的目的理性的引领与推动下，完成科研任务、达成评价标准成为了导师与博士生交往互动的终极目标，忽视作为人的根本价值与意义，同时失去了自身的精神家园。导师与博士生角色的客体化困境在于把目标、手段作为师生互动与交往的依据，注重的是结果与目标的有效性和满足性，即能否有效地实现和达到既定的目标与成就，以满足自身的需求，而并不关乎导学关系之于作为“人”的博士生和导师存在与发展的终极价值。

> 我们专业另外一个同学，他的研究方向就是他导师给他指定的，其实他从一开始就明白这个方向，根本没有做下去的可能，但老师为了拿专利就一直让他做这个方向，但我们实验室根本不具备这样的条件，所以这个方向从一开始就是错的，但是为了毕业都没有办法，只能硬着头皮做下去，最后也不知道做出了个什么。并且给他导师写专利，从第一个字到最后一个字都是他写的，最后申请的专利没有他的名字，专利上的名字有他导师的导师，导师的同学，导师的媳妇，有其他导师，就是没有他的名字，然后他到现在也没有毕业。（B4）

导师与博士生角色客体化的倾向对师生交往世界的遮蔽与异化，与当前人们价值观念的变化有着直接关系，主要表现为各类目标实现对导师与博士生主体角色的遮蔽。从对受访者（B4）的交谈中可以看出，一方面，博士生将导师视为实现自身目标、完成毕业条件的绝对手段，把科学研究看作是自己获取物质利益、步入上层社会的必备条件，把一些荣誉性的东西（评优、评奖、评先）视为学之要旨；绝大部分博士生读博的目的是寻求一份稳定的高校工作，为了发表论文，通过毕业答辩而伪造数据，刻意逢迎，而忽视了自身所应具备的基本的科研素养与科研能力；另一方面，这种目的驱动在导师身上也得到了不同程度的体现，导师也会将博士生当作实现自己目的和满足自己欲望的手段，有的教师为了工作的“卓有成效”，将主要精力投入撰写科研论文和进行课题研究等科研工作上，而指导学生变成了导师可以随便应付的差事；更有甚者，部分导师不安于开展教育教学和科研指导等本职工作，而是热衷于走穴讲座、下海经商、企业指导等活动。这种心理导致师生均会从完成任务的角度来看待博士生教育，导学关系也由此成为单纯计算和获取目标的工具，从而抹杀了导学交往的内在价值和意义。这些可从以下的访谈材料（B5）中，得到验证。

国外回来的尤其是年轻的老师，他们本身基础又比较好，所以可能会好一点。尤其是国内的老板，一般都是有些头衔的，或者就是忙于行政的、拉项目的、做课题的，根本没时间管学生。他拉的那个项目只是基于自己的研究范围，但是你具体要做什么，然后他也不管了，他只注重于收结果、出数据，我都没有时间去深入挖掘，我还要想着怎么去弄一些数据去汇报……到后来的时候我有点想法了，看的文献多了，这个时候你就会想去验证一下，其实这个时候开始已经晚了，所以就延期了。所以就是到最后的时候，他前面什么时候都不管你，但是他发文章的时候就使劲看着你，他说什么时候就是什么时候……其实我现在想想，那个东西现在是有路可寻的，但是我不想做那些纯粹的数据收集，我觉得没什么意义，最开始我为什么不着急出文章，到现在我也不着急出文章，我只是想做一些真正有用的东西出来再写文章，整个博士期间我也只发了一篇文章，因为那篇文章还是我们领域比较厉害的，所以也可以毕业嘛……虽然我们也有小组汇报，但是在汇报的时候导师就不想听你的想法、背景、思路那些，就只看数据，如果没有数据，你每天都会被批，那你说这样的沟通有什么意义？这样的沟通根本就毫无意义嘛，你数据不好看就被批，他就只看结果，只重视这个，其他啥都不看。……还有就是他自己根本没有这个积累，你去请教他，他自己也不知道，他自己很多都不懂的，因为他们毕业的时候，那时候的要求跟现在可不一样，他做的时候都是很简单的，现在根本就跟不上啊，我们这个专业发展很快的。他又想做行政工作，又要出去开会，又要拉项目，有想法的时候就是回来炫耀个新词，但是也不看文献，时代的发展导致他跟不上。他自己不懂，但是他又不承认，他也没有时间去学习，他每天都是自己的问题，他从来都不认清自己……反正总结起来就是这个博士期间弯路走得太多，导师就没有一丁点引导，然后从他哪里没有学到任何有用的东西……（B5）

在调研过程中发现，如果导师与博士生在现实交往过程中对科学研究的目的达成一致认可的默契，那么无论是博士生还是导师都会认为自身的导学关系是十分和谐且牢不可破的。此时的普通调研再也无法窥探这一类师生人群的真正关系形态，而使调研结果失去了对本真面目的把握。导师与博士生就工具——目的的合理性达成一致，盲目追寻热点、另辟蹊径，每天忙于论文的发表、课题的申报、奖项的申请，甚至出现一稿多投，重复申报课题，一文多次获奖等情况，而不考虑其研究本身的意义和价值。导学关系中的科研活动与学术指导，其根本目的是使博士生掌握一定的科研技巧、科研规范与科研道德，为人类知识领域的开拓和发展贡献积极的力量，而不是巧立名目、巧取豪夺，为了名利去进行科学研究，这样只会使自己离学术初心渐行渐远。正如北京大学教授钱理群所讲的那样，我们的一些大学，正在培养一些“精致的利己主义者”，他们高智商，世俗，老到，善于表演，懂得配合，更善于利用体制达到自己的目的。这种人一旦掌握权力，比一般的贪官污吏危害更大。① 例如，对（B17）的访谈中，便印证了这一观点。

我们一个师兄毕业后就留了下来，他就和我导师相处得很好，当时科研成果也很丰富，发文章能力也很强，但是我现在觉得不是发文章就算是能力强了，他的文章强也不代表真的是能力强。他就是凑一些数据，如果我不懂这个东西，我作为一个外行的时候，就看他发的文章就会觉得他怎么样。但是就比如说他现在做的研究（对象）跟我不一样，但我就知道，我现在是研究（对象）的多样化，多样化是（对象）的一个共性，但是他不了解（对象），他之所以想发文章，都是想着把（对象）当作一个刺激因子，然后来看结果怎么样。但我不一样，我是专门研究这个的，至少在我这个领域，我是一眼能看得出来，因为不管他发的是什么好的期刊，不好的期刊，我都能分辨出来，不会因为他发的期刊我就觉得他厉害。虽然他也发了好期刊，这我觉得没啥，人家做的数据是好的，关键是他

① 王小青：《我们真的是“精致的利己主义者”吗?》，《北京教育》（高教版）2018 年第3期。

的那个东西是违背了技术的，别人的一个根本原理他就跨不过去，他就不懂那个地方，他就会凑一些数据，但是那个数据根本就站不住脚。你若是让外行人去搞可能不明白，但恰好我是这个领域的，我可以看得很客观、很理性……我觉得师生相处不仅仅是科研，但是怎么说呢，虽然在科研成果上，他发了好文章，那他当时跟导师在这个地方利益就是一致的，留下了的到目前为止也就这一个师兄。(B17)

不可否认的是，目标原则是一种理性的原则，也是一种社会行为模式，导师与博士生角色的客体化也有其积极的一面：博士生和导师能够充分利用现有的教育资源，获得教育投入回报的最大化，从而实现更高效的教育产出。但导师与博士生角色的客体化不但架空了师生的全面进步与发展，异化了科研指导与学术探索过程，而且也催生了超负荷的科研与绩效评价，引发了博士生毕业和导师专业发展的焦虑。可以说，师生角色的客体化倾向使导师与博士生的交往活动失去教育的价值，丢失教育的关怀，遮蔽了教育主体的心灵，放逐了教育的本真，导师与博士生完满而富有意义的生活世界也在目标和功效的寻求中不断被放逐。

（二）制度困境：导师与博士生交往互动的僵化

当下博士生导学关系面临的问题均是相互缠绕，彼此依存的，对导学关系现状的不满既有师生方面的问题，也有学校教育制度方面的原因。例如导学互动的有效性，既与导师与博士生的教育观念、性格特征、交往积极性有关，也与博士生教育制度与导师工作制度有关。从博士生招生、入学、课程学习、中期考核、论文答辩、学位授予等工作，以及对博士生导师的管理、考核、奖惩等工作可以看出，当下的博士生教育制度主要针对导师与博士生的管理工作，而如何促进导师对博士的指导及师生双方的交流却无有效的规章制度。博士生教育制度应当成为促进博士生导学关系及博士生培养质量的有利条件，而非制约导学关系及人才培养的桎梏。师生疲于应付学校的日常管理事务与管理程序，无法全身心投入专业学习、科学研究与学术指导，最终使博士生导学关系流于形式。例如以下受访者（B1）的一个案例。

我们导师现在是系主任，所以我们系排课那种琐事都是他的，在行政上就比较忙。其实我们院很多导师都非常勤奋，学理工类的导师可能就是比较死板吧！没有那么灵活，很多老师都是每天在自己的办公室待到晚上10点多才回家。然后对学生的要求就比较苛刻，这种苛刻其实也并不体现在某一个具体的学术观点上。只是那些，好比说他某一天来了办公室没有看见你，就问哎你为什么没在办公室？……所以就是说不会主动去找你，基本上你有问题先去找他……但是他其实挺经常找我的，因为要帮他交一些材料啊，报账啊，签字啊，打印啊这些小活。(B1)

在调研过程中发现，许多博士生表示对导学关系产生影响最大的就是师生沟通的问题，主要表现在两个方面：一是沟通机会少，沟通时间过短。一部分学生表示在一个学期中与导师单独见面的机会太少，即使有时间见面，沟通的时间也非常短，师生交往并不能达到令学生满意的结果。二是沟通的有效性不足。有不少受访者表示，导师与博士生之间的交流基本是围绕科研或学术问题，沟通内容与形式过于单一。而一旦博士生在科研或学术中遇到问题且无法解决的情况，导师往往难以给予有效的帮助，大部分时间还是靠学生自己的努力去解决。导师与学生沟通时间过短造成师生交往的分离，导学双方沟通内容与形式过于单一造成沟通有效性不足，深刻地影响着导师与博士生的关系，制约着博士生培养的质量。

制度化的导学关系会加剧导师权威的绝对化，一方面，博士生在导师面前只表现出一个受教育者应有的谦卑姿态，把导师视为可望而不可即的“高人”“圣人”,[①] 虽然会对导师表现出充分的敬仰，但却不会产生应有的交往动机和表达欲望。导学关系的制度化在维护、巩固上下有别的师生身份关系的同时，从源头上阻断了导师与博士生之间的对话、交流与沟通，从而丧失了导学关系和谐发展的可能性。另一方面，博士生在表面上循规蹈矩，实际上可能会对导师产生敷衍、搪塞的态度，产

① 翟莉：《师生关系视野下的教师权威主义文化探析》，《湖南师范大学教育科学学报》2007年第6期。

生虚假交往或者不健全交往的现象。这种被动履行学生角色、接受知识道德教育的形式，使导学关系因缺乏感情的投入和知识的对流而变得越来越肤浅化、冷漠化。这些可以从与受访者（B19）的交流中得以印证。

> 我们师门的小组例会在硕士的时候还挺固定的，基本上一个月一次吧，然后读博之后就是导师有说让我们组织例会，就是说他不一定会参加，可能之前有一学期的时候，我们是每周一次例会，就是我跟师兄来主持的。然后现在的话可能就一学期一次了，或者一学期两次的样子。所以也就不很固定……因为我们可能就是很久一次吧，感觉更多地像是一个总结性的东西，就是你跟他说一下你最近在干什么，但是就像你有一些疑问什么的，你在那个会议上提出来也是来不及解答的嘛，就不能及时沟通。因为那个时间有限，你不可能照顾到每一个学生。所以有问题你得主动去找他，约时间，如果你不找他，他也不会说是主动地找你……像我们这边的年轻导师就管得挺严的，我们这边还有教育博士，他们导师要求每个月要写两三万字的总结什么的。就感觉这些年轻一点的导师都是任务驱动模式的，这种驱动来自于科研压力或者职称晋升的压力。（B19）

博士生导学关系相关的制度建设滞后主要体现在科层化的教育组织结构对博士生导学关系的制约，以及博士生教育制度设计偏差两个方面。导师与博士生的工作场所和学习环境均在大学、研究院或研究所等单位，这些单位的组织结构大多是一种直线职能型的科层化组织，它与官僚管理机制十分类似，各种职能部门的负责人分别对上级领导负责，实行科层化管理。[①] 在这样的组织体系中会严格区分组织等级，强调组织制度；尊重组织体系的合法权益；注重组织管理效率，弘扬理性精神；并试图确保学术管理组织的高效运作、较高的权力服从程度、组织目标的保真度。科层化的组织结构导致了导师与博士生之间领导与控制关系的形成，

---

① 张俭民：《迷失与重建：大学师生关系探讨》，华中师范大学出版社 2018 年版，第 59 页。

教师与学生极少享有管理学术事务的民主权利，校长与教师、教师与学生之间都表现出强烈的“命令—服从”色彩，师生作为教育主体的功能与作用无法得以彰显和发挥，从而难以在导师与博士生之间建立起平等、民主的交往关系。例如以下一位受访者（B14）的案例：

我们这边是导师每招一个博士生，导师就要交一定数量的培养经费给学校的，这笔钱还是不少的，然后再由学校把这笔钱按月分给这些博士生，就相当于我们每个月其实加上国家补助的话，还是有不错的收入的，在全国来说都算是一个比较高的水平了。理工科的导师可能还会在这个基础上有所增加，所以收入是相当可观的。然后就是这样一个制度实行以来，其实遭到了很多人文社科老师的不满，像其他一些理工类和财管类的学院，他们都很有钱，所以这些学院下导师都不会出这笔钱，而是由学院替他们交。但我们人文社科你要这么多钱，它还是要来自于你的国家社科基金，就相当于你自己起码要拿几十万的课题经费，你才有钱招博士生。然后这样就出现了一些情况，就当它是免费的时候，你可能不会对它有什么意见，你觉得性价比还好；但当它一旦收费了，你花高价钱把他买回来了，你的期望就不止一点了，就会说我帮你花了这么多钱，你就怎样怎样。我自己也明白，这不是他个人问题，因为我们学院包括其他的一些人文学院的老师，他们对这样的制度都会有过一些抱怨。这样的制度下来就完全把我们之间的关系归结为一种经济关系了，经济关系太突出了。就感觉是我花我自己的钱，你替我办事理所当然。（B14）

在博士生教育制度设计层面，高校往往会更多地考虑教师教书、科研等职责的履行情况，而相对忽视了对其育人职责履行情况的考核。这一问题在近几年来受到国家和人民的广泛关注，并在各个层面发布了有关导师“立德树人”职责的规章制度，相信在不久的将来，这一问题会得到极大改善。但是就目前情况而言，处于一线的教师与学生仍旧以科研任务和学业任务为重，相关规章制度只是为师生的德行考核画定了红线，出现违背师德师风行为的则取消评优、评先和招生资格，并没有对优秀师德师风、学德学风行为的鼓励、敦促和奖赏，从而导致立德树人工作并未完全落到实处，导学关系并未得到有效改善。同时，高校导师与博士生的管理制度与评价制度使师生双方所关注的重点均在于自身专业的发展与科研能力的提升，往往被科研项目、教学成果等因素所拖累，这种实用性的价值引导势必造成师生之间主动交往意识的淡薄，导师与博士生交往的频次和质量在各自心目中也无十分重要的地位，进一步导致导学互动精神的式微。

（三）协作困境：博士生导学关系的雇佣化

导师与博士生之间的协作问题一直是影响导学关系和谐发展的主要因素之一，这一点在自然科学研究方面更为显著。自然科学的研究往往周期长、任务重、体量大，并且需要一个完整的团队经过数月甚至几年的时间才能攻克某一难关，导师与博士生均承担着巨大的科研压力，因而导师在获得一个得力的助手之后，通常希望其能在科研团队待更长的时间。科研任务的加大往往会伴随着不正当使用学生现象的出现，例如对博士生实行严格的打卡签到制度，让学生夜以继日地做实验，占用学生的正常假期时间，甚至不愿意让学生过早毕业等。并且导师还会让博士生负责一些科研任务之外的日常个人事务，这种个人事务伴会有多种多样的表现形式，例如在调研过程中发现有带学生出席饭局，让学生帮导师接送孩子，处理一些行政事务，负责企业、培训、讲座等一系列营利性活动相关事宜。也有的导师因行政与管理事务繁忙、课题过多而无暇顾及博士生，而将学生委托给其他老师指导，俨然不顾博士生的科研过程、只追求结果，在关键节点上签名即可，致使导师与博士生形同“最熟悉的陌生人”。

> 我反感的不是说科研相关的这种琐事，就是有很多事务性的琐事，就比如说签个字啊，打印个东西啊什么的，我觉得其实这种东西就没有必要让一个快要毕业的博士生去干了。这种事情也不多，但是找到你的时候就会觉得很烦，并且是在你大小论文都没有出来的前提下，这个时候就更不耐烦了。如果说我论文已经发表了，大论文也差不多了，那我也不会说啥，就因为我最主要的活还没干完呢，就让我干其他的，那这样大家多少都会有一些意见，是

吧?……另外就是我感觉很多事情我都没有拒绝的权利,可能我到了一个阶段,我就只想做跟我毕业相关的事情,其他事情我都不想做,你让我做的时候我又不想做,我又不得不做,我就会觉得我没有拒绝的权利。(B7)

博士生培养机制改革后,要求导师从科研经费中拨付津贴资助博士生,博士生参与科研的表现与所获得的资助结合起来,科研课题成为联结导学关系的重要纽带。在某些以研究为主要任务的学科中,许多导师利用自己的专业特长和人脉资源寻找与市场的结合点,在承接某些研究所或企业的项目后,以项目负责人的身份召集博士生参与研究,而博士生作为导师廉价雇佣的人员,从事学术含量并不高的应用性横向课题或技术创新的下游工作,自身的科研能力和学术理论水平并没有得到过多的提高。导师从自我利益出发,花费大量的时间与精力投入研究所或公司的项目,把所带的博士生变成自己的廉价劳动力,利用博士生的时间、精力和构思来完成自己的课题与项目,论文或成果的署名权由导师安排,极少赋予博士生相应的劳动回报,导学关系就在利益的驱使下异化为雇佣关系。

他的学生已经有延期的了,就是去年延期的情况下也没有拿到学位证……真的是太坑了,前两年我们跟着另一个导师,去做什么课题,就是跟学校外面的公司有3D打印的合作,结果搞了一年也没有搞出什么名堂……其实这个项目根本不可能做出来,因为它偏向于工程,我们根本没有那个强项,当时我们五个跟着这个老师做的,然后有两个学生已经退出去了……我的大论文也是如此,他给我定的题目也是偏向于工程,但是我们现在都没有那个条件,根本不可能做出来。我要是继续按照这个方向做,根本不可能毕业。我跟自己原本的导师商量,结果导师现在出国了,我跟导师说按照这个方向做不下去,他的意思是我还按照这个方向做,但是根本不可能做出来啊。(B25)

在博士生角色差异方面,博士生由于自身专业基础薄弱、意志力不强、自控能力较差、学术研究水平低下以及沟通能力不足等原因，导致自己不能与导师进行充分有效的沟通，不能正常完成规定的学习或科研任务，并产生强烈的压抑感、无力感、自卑感、愧疚感，从而回避导师，不愿主动与导师见面，进而导致导学关系的进一步僵化。导师与博士生的角色认知决定了彼此建构导学关系的类型，博士生不仅需要考虑科研任务的问题，更需要考虑学位和就业的问题，随着时间的推移，博士生的科研劳动付出与回报之间越来越不成比例，对导师的科研要求会逐渐产生厌倦，甚至不满情绪，若在此基础上又出现师生之间沟通不畅的情况，就会直接引发导学关系矛盾的产生。

因为导师项目多，但是人手不够，就会拿着那些项目的钱去雇学生，只有毕业论文挂原来导师的名，然后所有的科研成果都是我们实验室的。有一个学生还是挺优秀的，被导师花钱雇了过来干活，是我们出的钱，然后让他在这里面做，他做得也很好，挺出色，也发了很多文章，你要说这个师兄，那要比留校的师兄好多了……但是时间长了也看不惯我导师的言行，最后等毕业的时候来找我们导师签名，不知怎么地两个人矛盾就爆发了，互相指责天底下怎么会有这样的老师（学生）？（B16）

我不知道你有没有接触过这种关系，就是像老板和打工人一样的那种，就是我们这里，学术指导的话基本上是没有的，就是靠你自学成才。而且他还有很多杂活啊，就比如那些取快递啊、打扫卫生啊、报账啊、跑腿啊、然后就是很多那种对他无用的材料，他有一些社会性职务嘛，跟职务相关的就会有一些行政事务，我们就是从一年级、二年级、三年级这样工作量是依次递减的，到四年级了基本上就放过你了。自己的学术还是要靠自己的，你自己能写就写，能发就发，你要是不行他也不管你这些，就是感觉自己纯粹就是来打工的人……他在外面有那种行政性的事务，然后他又不放心让别人做，他觉得自己掏钱去请人家，他也觉得很亏的，划不来，然后就是我们在做。我之前就有一个同学，他就是这样子，他就尽心尽力地给导师做外面的事情，就是因为他对导师抱有一些不切实际的期望吧，因为他导师说过要带他发文章。结果这个老师一直没有带

他发，然后一直拖，拖到第三年什么也没有。(B23)

诚然，在市场经济极度发展的今天，协作关系不可避免地浸入博士生导学关系，在西方国家，师生之间的这种协作关系则尤为显著，甚至整个博士生教育的过程即导师与学生达成共同认可的约定并履行约定的过程。这种博士生帮助导师完成科研项目，导师帮助博士生获取学位，并付以相应报酬的交往与互动成为约定俗成的标准，往往只是师生之间的口头约定或心理契约，由于西方国家有良好的契约传统和契约精神，这种协作关系往往得以很好地履行。但是在没有协作传统的中国，发生协作关系的双方往往需要充分的约定与保障措施才会展开合作，师生之间因天然的地位势差和淡薄的协作意识而往往难以开展有效的契约商讨，或者即使存在约定行为，也因缺乏充分的约束与保障而难以实现共同的心理契约。由此造成的后果便是博士生虽然完成了一定的科研或劳动付出，却未获得相应的劳动回报，致使导师与博士生的协作平衡关系被打破，从而引发博士生对导学关系的不满。

(四) 情感困境：博士生导学关系的抽象化

作为社会交往特殊形式的博士生导学关系，在博士生教育中具有重要的意义与价值，在导师与博士生间的交往过程中，教师与学生不仅仅是教育者与受教育者，还是学习者、成长者和现实生活者。对于导师而言，学校不仅仅是工作的地方，还是学习和生活的地方，教师在其中不断地超越、创造和实现自我价值；对于博士生而言，学校不仅仅是科学研究、知识探索的地方，同时也是生活的场所，他们在其中不断获得完善、不断发挥聪明才智、进取精神和创造能力，获得为未来生活做准备的思想、判断、情感和价值观念等。然而，作为博士生导学关系重要组成部分的导学情感关系，在具体的交往实践中却出现了很多问题，使博士生导学关系丧失了真实交往的意蕴而悖离了其应有的深层意义。抽象化的博士生导学关系使导师与博士生都不再作为自由而全面发展的人进行全面的、平等的交往，而是作为片面的、被动的人进行扭曲的、异化的交往。导学交往只剩下抽象、片面的符号互动，而失去了主体间交往所应包含的总体性的、生活性的内涵与意义。

应该是在我博一的时候吧，我之前可能就是硕士期间也会有那种情绪绷不住的时候吧，可能有时候没有在导师面前表现出来，但当时就是他在跟前嘛，因为那两天事情比较多，然后他来办公室了，他又交代了一件事，然后我一下子没绷住就哭了……他就说你跟我4年了没见过你这样啊，然后我就不说话，他就问说是因为我吗？我摇摇头，他又问是因为感情的事吗？我也摇头，然后他说是家里出什么事了吗？我还是摇头。后来他就说你是不是不想跟我说呀，我就点了点头，他说那好那我就先走，你要是不想跟我说的话你自己消化一下，然后就先走了……其实我感觉他已经做了老师该做的一切，感觉这样已经很不错了。（B7）

从对受访者（B7）的访谈中不难看出，以目的—工具合理性的逻辑为出发点，博士生和导师互相将对方作为实现自身目的的跳板和助推器，在这个过程中虽然伴随有导师与博士生间关于各种科研活动、教学活动的信息沟通与交流反馈（提问、请教、咨询等），但这种形式的沟通交流并没有触及双方的灵魂深处，并没有实现两个平等主体之间的心灵与智慧的共享，达成的知识缺乏情感与价值的功利性知识的叠加。在科研指导和学术探索活动中，导师与博士生仅在知识的层面进行着双方的单向度传递，而作为人的多重价值和意义（诸如情感、理想、价值观等）则完全被抽空，只剩下由制度和理性分割成固定模块的固定化手段支撑着羸弱的躯壳。博士生和导师均作为独白者的身份履行一种为完成彼此工作任务而建立的单向度的导学关系，师生之间也无法真正领悟对方具有理想性的理念世界和情感世界。

就在我延期的时候，学校就没有地方住了，然后他也不关心我怎么找到住的地方，然后你的个人问题全是你一个人解决。其实我现在觉得倒也没什么，这也是我自己分内的事，他不关心我，我也不苛责他什么。因为他项目多嘛，所以他带的学生也多，他是我们学院里面招的人数最多的，大概硕士博士加在一起有40多个，那一年毕业的博士就有6个……平常过节大家都会在群里给老师发祝福，我也不靠前，我也不靠后，就在中间默默地发一句。然后平常该放

> 的假他也不给放，假期也很少，就比如说暑假一周的休息时间也没有，那个时候你在学校就好像被这个世界隔离了，你都感觉不到学校的存在，白天晚上都在实验室里。你就好像被一个孤岛给困住了，本来做科研已经很孤独了，然后你就要独自解决生活中的问题，反正那段时间我感觉就像钻一个黑胡同似的。(B24)

雅斯贝尔斯曾说过，“教育是人的灵魂的教育，而非理智知识和认知的堆积。谁要是把自己单纯地局限在学习和认识上，即使他的学习能力非常强，他的灵魂也是匮乏而不健全的”①。而在现实大多数的交往实践中，“主体—客体”的认知模式将博士生导学关系简化为一种知识授受、科研指导的关系，导学交往的内容仅仅局限于“科学的世界”，而忘却了作为根本的“生活的世界”。以科研成果为目的的交往互动占据着导学关系的绝对空间，情感性的交往则不断被边缘化而逐渐远离双方的生活世界。将博士生和导师视为知识的载体而进行的交往活动，失去了在学术指导活动中人格精神的相遇、对话与共鸣，作为整体性的人的自觉理解与沟通不复存在，导学关系也因此失去了教育意义，只是作为教学科研任务的必要条件而存在。

> 我觉得当时相处最大的问题就是他只关心我们的研究，只关心工作，不关心我们个人，因为我们毕竟都是把学校生活看成很重要的一部分，就是觉得可能师生之间有点疏远，看到他有点畏惧，有点委屈。(B8)

导师与博士生的交往是在理解和对话的环境中进行的，对话带来的真正的面对面的相遇，每一个教育主体都把对方看作为活生生的、具体的“你”，走入“你”的世界，从而使交往获得丰富的、完整人性的

---

① ［德］卡尔·雅斯贝尔斯:《什么是教育》，邹进译，生活·读书·新知三联书店 1991 年版，第 4 页。

"我"与"你"的直接相遇。① 然而现实的导师指导和导学互动却阻碍着这种相遇，从而使博士生导学关系表现出一种抽象化的特点。博士生导学关系一旦缺乏了导师与博士生生活世界的关注和对人生意义的追求，就很难使交往主体进入知情意行的整体性投入和人格精神完整性际遇的交往状态。科学世界对教育系统的独霸导致知识逐渐远离了现实生活的土壤，使导师与博士生忘却了自身的生活世界，这种教育模式下的导学关系在仅仅维持生命力的状况中可能会萎缩而无法看见超域之境。

三 博士生导学关系的困境解析

可以看出，博士生导学关系的理性建构为导师与博士生提供了一个独立的、自我满足的行为规则系统，提高了导师与博士生交往的实质与效率，也有助于导师与博士生之间形式平等的实现。从工具理性的角度看待博士生导学关系，交往理性似乎总是非理性的，因为导学关系所考虑的交往价值总是一种无条件的、纯粹的真与善；而导学关系中的工具理性只关注于导师与博士生交往的直接影响与结果，仅仅从纯粹的形式上计算、权衡交往行为的方式与结果。工具理性至上带来的直接影响是交往理性与交往价值的逐渐丧失，这不仅造成了博士生导学关系中过于彰显的主体理性，而且禁锢了导师与博士生作为人的全面发展和个性解放，使得工具理性再也无法适应导师与博士生的价值诉求和终极关怀。具体而言，引起博士生导学关系困境的原因有以下几个方面：

（一）主体层面：实现"人"的目的与手段、工具的倒置

博士生导学关系中主体性的缺失并不是导师或者博士生一方主体性的缺失，而是博士生和导师相对于认知对象的整体主体性的缺失，这里的认知对象是包括培养目标、教育任务、科研内容等在内的教育主体作用对象的综合体。博士生教育应把"人"作为导师发展与博士生成长的最终目的，然而在导学关系理性化的进程中，为实现"人"这一目的而存在的手段或工具却独立出来成为目的。教育目标和教育任务由人创造却不依赖于人，它成为某种通过异于教育主体的自律性来控制主体的东

---

① 张俭民:《迷失与重建：大学师生关系探讨》，华中师范大学出版社 2018 年版，第 44 页。

西，最终产生近代理性主义所特有的反噬现象。在这种现象的影响下，教育教学、科研指导、导学互动等都不再是一种自发的、自主的活动，而成为约束自身、限制自身的工具，成为统治与压迫自身的手段。这使博士生教育产生了一种奇怪的现象，目的—工具合理性使人的本质不再与自身的意志和意识相关联，培养目标逐渐由与教育主体的共生转变为对导师与博士生的制约。教育主体与目标任务的倒置还直接造成了博士生导学关系的异化，逐渐形成了单纯为实现教育目标和任务而进行的客体式交往。

目的—工具合理性可以充分地调动导师与博士生的内在占有欲，并通过利益机制激发出强大的创造科研成果的热情，博士生教育和导师队伍建设也由此取得了长足的进步与发展，但是教育主体被控制与束缚的命运仍然没有改变。这既不是由服从决定也不是由科研难度决定的，而是由导师与博士生作为一种单纯的工具，教育主体沦为物的状况而决定的。[①] 目的理性一旦作为一种价值观念、一种行为标准在导师与博士生交往的过程中得到确立，就会出现对博士生教育各个领域的扩张和强化态势。目的理性逐渐泛化为一种导师与博士生交往过程中的行为标准和价值观念，直接导致了以追求利益为目标的个人主义倾向，加剧了导师与博士生在具体交往过程中的物化、客体化、工具化状态，使和谐导学关系越发难以企及。这不仅使教育主体与科学研究、与知识探求的关系变成了工具关系，更加抛弃导师与博士生内在的人学向度，抛弃人自身所拥有的价值允诺和责任承担，使人彻底沦为自己的工具。这点可从与受访者（B9）的交谈中得知一二。

> 我的导师就是一名工作狂，给人的感觉就是整天都在搞学术，没日没夜地搞课题，申请项目，也非常有钱，但是总感觉不是一个活生生的人。他对我们要求也都非常严格，对于实验结果也要求得比较急，我经常都会梦见被导师催着要实验结果，然后我们每天都需要待在实验室里，就这样周一到周日，那时候就感觉自己跟外面

---

① ［美］赫伯特·马尔库塞：《单向度的人》，刘继译，上海译文出版社 2006 年版，第 28 页。

不是一个世界。我们就是这种任务导向，目标驱动，也谈不上好，也说不上坏，也能发文章，也能毕业，但总感觉少了点什么。(B9)

在理性世界尚未分化的古典哲学中，甚至包括黑格尔“理性”概念在内的观念中，理性发展的终极意义都是对人无限的自由与价值的实现与追求。造成理性分裂的原因即来自人们对目的的理解和看法：若将某一外在事物视为另一事物的目的或工具，且这种目的或工具并不与人类自身的意义与价值相连，那么事物与事物之间也失去了内在的联系而只互相作为工具而对立。但若将事物的意义与人的内在目的相连，并通过自身的内化作用将外在的物质转化为建造和维持整体存在所需要的东西，[①] 人与事物、人与世界的连接便建立起来了，工具、目的与价值也具有了内在的统一的有机关联。韦伯将黑格尔的“理性”概念改造成“合理性”概念，并赋予合理性概念以人际交往与社会建构之意义，从而把狭义上被看作是人的思考能力的理性拓展到人的行动、交往、历史、现实等领域，成为人的行动及社会所具有的特性。[②] 众所周知，韦伯区分了目的理性行为、价值理性行为、情感行为以及传统行为。[③] 目的理性行为是根据目的、手段和附带的后果来作为主体行为的取向，同时把各种可能的目的、手段与结果作出合乎理性的权衡与判断；也就是行为者对自己行为的手段、结果等进行仔细的计算与预测，做出合乎“用力最少”原则即效率原则的权衡，用尽量少的消耗来取得尽量多的成果的一种行为。而价值理性行为则关注的是道德责任的履行与道德良心的召唤，不计成败得失和功用效益，以道德命令或人生理想为取舍标准。这种类型学所立足的是可以指引起主体行为的目的范畴：诸如功利目的、价值目的或者情感目的。这样，传统行为也就成了一个无法进一步加以明确的范畴。

近代西方哲学将人与世界区分为主体与客体，主体又被规定为意识，因此，主体与客体，或者人与世界的基本关系是认识。但认识对象首先

---

① 章忠民：《黑格尔“目的理性”的确定及其意义》，《福建师范大学学报》(哲社版) 1999 年第 2 期。

② 傅永军：《韦伯合理性理论评议》，《文史哲》2002 年第 5 期。

③ [德] 马克斯·韦伯：《经济与社会：上卷》，林荣远译，商务印书馆 1997 年版，第 56 页。

是作为认识的事物出现的，即作为有实用意义的东西或工具出现，而并非像传统哲学认为的那样，是作为客观认识对象或自然对象出现。[①] 但对理性的过分追求使得实现“人”的目的与实现“人”的手段、工具相倒置，使导学关系面临着一系列的问题。近代以来，博士生导学关系建构与发展的实质是目的—工具合理性不断增长的过程，这一过程并没有如人们所愿实现导师与博士生作为人的存在的自由意义和个性解放，相反却带来了自由的牢笼与枷锁，造成了导师与博士生之间交往意义的丧失。以工具、手段合理性为基础的形式主义师生观奠基于割裂了理性内容的主体哲学之上，导致了博士生教育中实现“人”的目的与实现“人”的手段、工具之间的矛盾冲突和高度紧张。

实现“人”的手段和工具指向“实然”状态的现存事实，关心既定目标的实现形式和系统工具，注重交往实践的手段、条件、形式、程序等；而实现“人”的目的则指向应然状态的期望预设，关心活动目标的价值诉求和实质内容，注重交往实践的目的、理想、内容、本质等。如果我们把价值理解为事物对主体需要的满足关系，把价值与价值意识区别开来，那么价值不仅仅是客观的，而且是一种普遍存在的关系。[②] 导学关系中目的—工具合理性毋庸置疑地包含着某种价值判断，其区别在于所引入的价值判断是一种直接相关的价值判断，还是一种终极意义的价值判断。只有将导师与博士生的交往活动所蕴含的事实判断与价值判断进行统一与融合，才能真正实现对人生理想的追求和生命意义的终极关怀，博士生导学关系才能达到认识与实践的完美境界。[③] 同样，导师与博士生并不是在孤立状态中遇到彼此的，而是在一种关系或者一种环境中产生交集的。虽然导师与博士生首先是在与他人无涉的情况下存在，但只有在与对方共在的基础上才有个人，导师与博士生的共在本身就是对交往理性导学关系最好的表达。换句话说，导学关系的存在揭示出导师与博士生的内部结构，教师是学生的教师，学生是教师的学生，师生主

---

① 张汝伦:《现代西方哲学十五讲》，北京大学出版社 2003 年版，第 231—232 页。

② 谢鹏程:《论法律的工具合理性与价值合理性：以法律移植为例》，《法律科学》（西北政法学院学报）1996 年第 6 期。

③ 王彩云、郑超:《价值理性和工具理性及其方法论意义：基于马克斯·韦伯的理性二分法》，《济南大学学报》（社会科学版）2014 年第 2 期。

体的存在方式就是伴随着导学关系与对方一起的存在。

（二）制度层面：教育制度与教育实践之间的远离

制度规范是教育主体对已有的教育实践进行总结、提炼、提升的成果，其中必然有主体对交往实践的主观认识或者主观评价，凝聚着导师与博士生交往的智慧，有着理论自身的发展逻辑性。导师与博士生的交往实践活动则内在于教育实践主体的意识及行为之中，是教育主体在一定条件下有计划、有目的的活动，它具有主体性、探索性的特征与品质。虽然教育制度与教育实践都属于导师与博士生认识的理念，都作为具有普遍性的主观概念，但是制度规范行为往往倾向于被动地接受客观世界，而不考虑改变事物的现状；而交往实践行为则能通过主体的能动作用对客观事物加以改造，以达到自身的要求与目的。制度规范是导师与博士生认识真理的冲力，是认识活动的本身，是求真求知的思维活动，具有扬弃主观的特性；而交往实践是导师与博士生实现善的冲力，是求善的意志实践过程，具有扬弃客观的特性。导师与博士生的交往实践是包含了众多不同活动的集合，这些活动聚集在共同的目标下，体现着特定的价值追求。

> 我们这个专业可能跟其他实验类的还不一样，我们导师所承接的项目都是那种实用性很强的项目，都是需要一个团队的力量，经过3年到5年的努力，也不一定能看到结果的那种。但是我们的毕业要求也和其他专业一样，需要发一定数量的文章。就比如说我们需要长期进行海洋作业，就是在海上进行仪器实验，一出海就是几个月。不说这时间长短，也不说实验结果能否出来，最可怕的是，努力了几个月后，发现实验仪器丢了，找不到了，被海水冲走了。这你能有什么办法？能找谁说理去？没办法就只能重新来过，所以我们延期基本都是常事，没有不延期的……大家都是摸索，都是第一次，说实话也谈不上指导不指导的，面对未知的事物，大家都没有经验。我感觉像我们这种研究领域，一个团队能做成功一项实验，发表一篇论文，那整个团队就都能毕业了。但是现在制度就是这样，没办法，导师也知道，也没办法，就这样呗。（B13）

从访谈中（B13）我们不难看出，在导师与博士生交往的过程中，制度的合理性和实践的合理性之间需要有一定的张力，必然存在一定的“距离”，但这种“距离”必须是合理的、适当的；二者之间的距离一旦超出合理的范围，必然会出现不和谐，甚至是断裂的现象。[①] 从博士生导学关系的形成和发展来看，制度关系占主导地位有一定的客观原因及合理解释，因为包括整个教育系统在内的人类系统，在近代以来都深受理性主义的支配。[②] 导学关系也不可能在形成之初就建立一条有别于理性主义的致知道路，制度合理性的思维方式促进了博士生教育体系的建立、形成和发展，使人们过分关注于导学关系的理论体系建构方面，而忽视了作为生活和实践的导学关系的价值与意义。同时，过分强调导学关系的理论客观性，片面追求科学的理论体系，往往会忽视导师与博士生交往实践的人文性；片面追求导师与博士生交往的理论普遍性，以交往实践活动的“立法”为旨归，就会限制其对导师与博士生交往活动的解释能力。如果在具体的交往情境中给予制度规范的优先地位，则意味着制度规范对教育主体交往实践活动的统治和约束，作为完整理性存在的博士生和导师将会完全受到教育管理制度与法则的支配，从而失去其应有的尊严、价值与自由。

> 感觉读博期间是各种的阴差阳错，因为我本不是研究这个方向的，导师也不是研究这个方向的，等于还是有很大的跨度的，很多地方我也不太懂，导师也不太懂……其实有时候我跟你说实话，我现在就有一种很强烈的自卑感，我也不敢跟别人交流啊。就是我现在也没有拿得出手的东西嘛，你论文论文没有进展，课业课业没有进展，跟人家出去说那谁谁的博士生，你看现在都博几了，你要是博一博二没有文章，这可以理解，你这都到博五了还是一篇文章都没有，就是这种感觉，我从来都没有过这种挫败感。可能导师现在他也意识不到我这种心理。（B11）

---

① 李亚平：《教育理论与教育实践的断裂及对接》，《上海教育科研》2009 年第 4 期。

② 郭晓明：《论教学论的实践转向》，《南京师大学报》（社会科学版）2002 年第 2 期。

在主客体二分的制度合理性框架中，博士生导学关系仅考虑了认识主体和客观化的认识对象之间的关系，思维活动可以独立于语言文字而存在，迫使认识主体处于孤立状态之中；而在主体交往的实践合理性框架中，交往行为取代了导师与博士生那种先于语言文字的、孤立的思维活动，而使认识主体处于交互的状态之中。导师与博士生在实际交往的情境中所面临的问题往往都非常复杂，制度规范的扩张使导师与博士生之间的互动与交往越来越简单化、概括化，造成导学关系越来越脱离教育实践，并远离导师与博士生的个人生活。忽视制度规范与交往实践的统一，把在同一交往过程中形成的、紧密联系且互相支撑的关系属性的两个方面割裂成两个独立系统，断绝了其与整体及与整体中其他部分的联系。这样被剥离后再生硬组合的导学关系也失去了对导师与博士生自我成长与发展的指引与调控作用。例如以下一位访谈者（B12）的案例。

A：导师平时是如何指导你论文的呢？

B：你作为一个博士生毕业，论文什么东西不都是自己完成的吗？这跟导师有什么关系？我们老师都没有看啊。

A：就是说不会在毕业论文中遇到一些问题吗？

B：毕业论文不都是自己写吗？这跟导师有什么关系？

A：那导师的指导体现在哪里呢？

B：你需要花钱呀，我们做实验不是需要花钱吗？有的项目就上万啊什么的，他会看一下，会让你做或者不让你做。

A：那你们遇到困难都是怎么解决的？

B：自己去查，自己去解决呀，我们就是完全靠自己，你自己动手做的实验你自己最知道啊，老师不可能知道你犯了什么错误。他肯定不知道，任何一个老师都不可能知道你犯了什么错误。

A：你会对导师有什么期望吗？

B：为什么要对导师有期望呢？我们都是放养的，导师都不会手把手教的。我们导师一直强调的就是你已经是个博士生了，那如果说你还需要老师知道，那就是说可能你还不能够独立作为一个科研人员，不可能独立完成课题……老师在行政上面做院长，然后也不常来实验室。（B12）

制度规范的发展充分完善了导师与博士生的“制度式”关系，在很大程度上降低了导师和博士生的自我意识，成为博士生教育及导师队伍管理的有效手段。这种方式并非像先前的规矩和暴力来约束导师与博士生的言行，而是通过各种规章制度、激励措施和管理手段来解决眼前的教育及管理问题，使博士生导学关系产生对制度规范的依赖。在这种依赖环境下，博士生教育及导学关系并没有获得更多的促进和发展，相反在教育与科研中处处受到了制度的规约和限制。教育主体由此而渐渐丧失了对精神与自我的探寻而异化为单向度的人，导学关系也受教育制度的影响而异化为单向度的导学关系。制度规范制约下的教育主体都丧失了具有创造性社会批判的功能，只剩下维护与肯定当前秩序的这样一个向度。失去了对制度规范的质疑和批判，就失去了前进和发展的动力，对导学关系的肯定也不再有任何的价值与意义，此种情形下的导学关系也就是一个病态的、不健康的导学关系。

在以制度合理性为表达的导学关系中，教育制度作为导师与博士生科研、指导、交往、生活的秩序安排，本应涵盖着导师与博士生交往的价值与意义，但制度的形式理性化却使得制度本身的正当性再也无法适应人的价值诉求和终极关怀。[①] 制度规范的发展使合理的、彻底的组织化本身又产生理性化专制，最终又如同铁笼一般将导师与博士生死死限定。制度化的博士生导学关系强化了导师的主导地位，使导师与博士生之间缺乏有效的互动，博士生科学研究的主动性和创造性受到一定程度的限制，且与导师之间无必然的依存关系。另外，制度化的博士生教育使导师和学生的具体关系片面化、抽象化，对博士生的科研指导也在一种程序化、机械化的流程中进行。将技术与工具理念应用于博士生导学关系的建设之中，以科学的名义刻板地解决导师与博士生在互动交往中产生的问题，使教育主体逐渐丧失了内心世界丰富的精神生活，只显现出注重形式的、表面的、单向度的人性。[②]

（三）协作层面：言语与沟通场域的缺失

导师与博士生间的言语与沟通环境是联系师生交往互动的纽带，是

① 王明文：《目的理性行为、形式合理性和形式法治：马克斯·韦伯法律思想解读》，《前沿》2011 年第 19 期。

② 何菊玲：《教师教育范式研究》，教育科学出版社 2009 年版，第 66—67 页。

建构和谐导学关系的有效场域，只有在对客观事物的象征意义获得一致性理解的基础上，导师与博士生之间才有可能建构起有效的言语与沟通环境。言语和语言是有区别的，语言是导师与博士生为了某种表达形式而建立的符号系统；言语则是指对语言的使用，是讲话者使用符号以及由他而产生的符号的连接，作为一个工具以告知他的听者关于他的信念和意向的过程，是主体有目的地表达思想、行使主权的特定现象。导学互动中的言语包含导师与博士生的态度、情感、意志、品行等在内的对信息的表达、解释、倾听和理解的过程。导师与博士生在交往过程中所选取和运用的言语符号是生动的、形象的、富有创造性的，并能够对这些言语符号不断地进行调整、修改和处理。在导师与博士生的交往过程中，言语与沟通场域的缺失也会引发一些问题与矛盾，例如以下一位受访者（B26）的案例：

其实他的事情并不是很多，或者说你认真做的话，其实一下子就能做完了，但是他每次叫你干活的时候你就会很难受，就是一种情绪的成本在影响你，你要想着给他做事情就很烦，你就很难受，就会觉得哎呀他怎么又来了？然后他整天这样子压榨你，学术也不给什么帮助，你想要什么东西都是去跟他等价交换一样。他一旦有什么事情，就会让你立马给我整理好，不能有什么借口推脱。我刚入学的时候大家都告诉我说你要做好心理准备，不要指望他什么，他都会给你说帮你发论文啊，帮你找工作啊，推荐你去哪里深造啊，这种画大饼，但是这种大饼从来都没有见到过。然后一直的声音就是不要对他有什么期待，不要相信他给你营造的假象。（B26）

理想言语情境下的博士生导学关系显示的是导师与博士生双方期待着的、相互沟通和理解的可能，即交往双方愿意放弃权力、制度、利益等各种内外的强制力来协调主体间的行为，愿意通过平等的对话和沟通来处理导师与博士生间各种类型的矛盾和冲突。因此，导师与博士生真实有效的互动既要满足言语与沟通场域的生成空间，又要满足这一空间在实际交往过程中被兑现，否则导师与博士生的交往行为就不是相互理解的行为，而是相互误解的行为。在一个完整的解释与理解的过程中，言语与沟通场域为理解活动的进行提供了一个基础条件，而理解的任务就是基于这一场域在时间距离所形成的不同视域中进行具体的融合，解释就是在这一融合过程中表达效果历史意义的具体途径。解释并不是将解释者主观臆想的意义强加于被解释者的视域之上，而是把自身对事物理解的完整性期待与筹划展现出来，把各种可能性呈现在解释中。因此理解和解释在言语与沟通场域中并未消失，而正是成就了其自身；同时，交往的发生也是效果历史影响下的理解和解释的综合作用，这就构成了理解、解释与应用之间相继发生的循环往复的运动。

> 跟导师的沟通也算是一言难尽吧，如果实验结果不好的话肯定会挨吵啊，因为你毕竟浪费了那么多东西，有时候你那个实验结果是你自己做的，你心里面是很清楚下一步应该怎么办的，老师有时候只是提到一些宏观的、理论性的建议，而操作性可能并不是那么强。所以更多的时候要相信自己，感觉按照自己的方法来可能会更好一些，但是如果没做出来好的结果，实验材料就浪费了，这个时候导师如果不给，只能自己想办法了……一般情况下自己的想法导师是不太会支持的，因为做这些东西都是要花钱的，反正老师不太喜欢有创新性的那些学生，但是他也不会有过多的干预。你要是做出来还挺好，那大家都开心呀。你要是做不出来，那就只能挨吵了……总之你想要干什么，就一定要跟导师讲清楚，有理有据，不然老师肯定有误解你的时候，你跟他说清楚你是怎么想的，你为什么这么干，然后准备怎么干，但就怕老师会有误解，这个时候场面就有点尴尬了……相对来说，我们老板对我们的支持力度算好的了。(B10)

导师与博士生交往世界的客观事物本身不存在意义，而是由主体基于对事物的理解而赋予的。个人对自身指定了各种不同的对象并赋予它们意义，判断它们对自身行动的适应性并根据此种判断作出决定，这就是以言语与沟通场域为基础的解释或行动所赋予的意义。在任何一种既定的社会情境或者社会活动所涉及的任何一个个体的经验内部，构成这种社会情境或者社会活动的各种态度和反应的复合体或者基质所具有的内涵，就相当于一个观念的全部内容；或者说这无论如何是它在这个既定个体的经验内部发生或者存在的唯一基础。[①] 言语与沟通场域的意义产生于主体所使用的语言符号和这种语言符号与其他主体随后的行为之间的关系领域，并且存在于这个领域之中。主体指出其正在进行的活动所针对事物的意义是一种内化的社会过程，是主体与自身的互动，这种互动与各种心理成分的相互影响不同。事实上，事物或者对象的意义并非是它们所内在固有的属性或者特征，任何一种既定意义的位置，都像我们所说的那样产生于师生交往互动过程之中。各种事物代表那些具有意义的事物或者对象的意义，它们是经验的既定部分，并且在经验的其他部分直接呈现出来的情境中指出、标示或者表现这些部分。必须看到的是，导学关系的交往合理性是一个不断发展变化的过程，意义也是在这个过程中通过一个互动、指导、修正不断发挥作用的。

实现和谐博士生导学关系的有效前提是导师与博士生言语与沟通场域的有效性与合理性，即要求导学关系的实际前提具有真实性，互动行为及其规范语境具有正确性，主体经验的表达具有真诚性。言语与沟通场域可以作为一种媒介，导师与博士生通过言语与沟通场域可以实现行为的协调一致，并在互相理解的基础上实现自身的目标。但是目的—工具合理性影响下的导学关系使其忽视了这一媒介的重要作用，在看似和谐的导学关系中，博士生或导师可以通过展现交往过程中的合理性行为而进行欺骗或自我欺骗，尽管交往主体在客观上的表达是十分真诚的，但在主观上还是言不由衷的（可能他自己也没有意识到）：教育主体要么以自我为中心相互切入，始终计较彼此的利益与得失；要么根据文化传统和教育制度在交往层面就教育目的、价值、规范等达成妥协。导师与博士生在交往过程中忘记了相对化的自我与他者，只将映入眼帘的自我与他者视为绝对，看起来很正常的交往实际上内含障碍，并且交往者自身也存在障碍，有一种看不透的、疑似交往的可能性，从而使导师与博士生都掩盖自己的真实诉求和愿景，为导学关系的破裂埋下隐患。例如以下两个案例：

① ［美］乔治·米德：《心灵、自我与社会》，霍桂桓译，华夏出版社 1999 年版，第 76—77 页。

我同学有时候有事要给导师请个假，导师也不批，前两天他把他改好的论文发给导师，结果那个导师打开以后还没看，就劈头盖脸一顿骂，说他不注重细节，就是格式错行了。但是呢在他自己的电脑上打开说好好的，他都截图过去给他导师看，这个老师就不信，要换成是我早退了。(B6)

其实我可能从二年级下学期开始起，就再没写过小论文，包括现在投的也是之前写的嘛，你跟他说你的想法，他会来跟你聊，但是你那个论文发给他之后，他改得不是很仔细，或者他会告诉你说这个文章还是需要随后抽时间当面聊一下，改一下，但是后来之后这个事情就会不了了之了……其实我感觉我导师也都不了解我，他每次说起我，说我跟着他这么多年，他还是觉得我是一个性格很内向的人，可能这也跟年龄有关系。(B22)

导师与博士生任何一种交往实践过程都发生在对彼此文化背景与视域的前理解的背景上，交往双方可以通过沟通协商对语境加以明确，从而造就一种导师与博士生交往的合理秩序。依靠这种协商的秩序，博士生和导师可以对彼此不同行为语境中的不同因素进行规整，并把它们与前理解中的实际行为语境结合起来。但是一个特殊的问题在于：博士生和导师双方对言语与沟通场域的明确与自身场域的明确是有一定距离的，因为导师与博士生在彼此协商、合作与解释的过程中，没有任何一方能够以自己的视域垄断这一沟通场域。如果导师与博士生不把对方的语境解释包容到自身的语境解释当中，那么就不可能在修正的基础上对“他者的”言语场域和“自我的”言语场域进行有效融合，从而使彼此难以在不同的语境解释中达成一致，造就一种无意义的、虚假的交往。

(四) 情感层面：教育系统与生活世界的分离

随着工具理性对教育系统的不断侵蚀，人们普遍地感觉到教育主体的生命、生活已经被物质异化，从而造成导师与博士生交往意义和生存意义的流失。工具和技术的统治不仅是指在教育主体的工作和生活中受生产工具或技术的支配，更严重的是整个教育系统完全受合理化、普遍化、功能化等技术思维的操控。导师与博士生对于教育系统和导学关系的厌倦和不满正变得越来越普遍，虽然取得了一些令人惊讶的教育成就和持续不断的进步，但实际上导师与博士生并不幸福。导师与博士生被无穷无尽的问题所困扰，在这困扰之中也没有一种普遍的信任感和安全感，很难看出任何统一的意义或目的。①

近代社会形态的发展使经济与国家这一子系统从生活世界中独立并分化出来，带来原有阶级关系的重新组合。毋庸置疑，在经济系统或国家系统中，即便不使用语言这一媒介，也能通过货币或权力等控制手段来规范或调节行为。这一变化减轻了花费在交往时间与交往精力上的负担，减少了沟通交往过程中无法调节的危险。社会的发展和资本的扩张使系统不再简单停留于原有的物质再生产领域，而是越境到文化在生产领域，造成对生活世界的入侵。系统的理性化造成人们交往程序的规范化、结构化，使人们的生活世界越来越具有技术理性的倾向，其隐患也终会显现。当社会物质再生产中的不平衡危险波及生活世界，人与人之间的交往会被系统理性所侵犯，人们不再有坚强的人格与自我同一性，由此造成生活世界的“内在殖民化”。

与社会体系一样，博士生教育包括“生活世界”和“系统”两个方面。其中生活世界是由师生互动、媒体、家庭生活等构成，而教育系统则是由教育经济与管理组织构成。博士生导学关系源于实践，源于导师与博士生真实的生活世界，对于教育主体而言，科学研究并不是对智力的操练，而是对现实问题的分析与思考，并且这种分析与思考应该与导师与博士生的生活世界密切相关。因此，在某种意义上讲，博士生导学关系就是一种特殊的生活方式，是在导师与博士生双方互相影响下的个人生活的开展过程。但是在工具理性的影响下，稳固的系统秩序不仅支配着教育教学和科学研究，甚至弥漫到导师与博士生个人的生活、文化及感情等方面。系统的复杂性和普遍性同化了教师与学生的生活世界，试图摆脱这一系统所进行的个人努力及想法本身完全被系统所预测，并被纳入系统之中，个体的抵抗也失去了意义。

博士生教育作为一个体系，是由负责理论知识再生产的“系统”和负责个人发展的生活世界这两个“次体系”组成的。博士生导学关系的

---

① ［德］鲁道夫·奥伊肯：《生活的意义与价值》，万以译，上海译文出版社 1997 年版，第 1—2 页。

整合与发展是朝着两个方面进行的,其一是系统整合,这种整合着眼于教育结果,它根据一个自我控制、调节的系统模式来表象导学关系;其二是社会性整合,这种整合着眼于教育主体成长与进步的过程,它是从交往行动出发,并将导学关系建构为生活世界。系统和生活世界既相互联系又相互区别的双重发展,推动着博士生导学关系的完善及教育主体的成长。当工具合理性和系统合理性渗入博士生和导师的个人生活时,导师与博士生之间必不可少的交往行动就受到其他媒介的侵占,从而导致教育主体的生活世界与系统相分化。在博士生教育体系中,“系统”和“生活世界”的脱节突出表现为由于制度、管理以及奖惩措施,使教育体系与导学关系变得越来越复杂,那种在不同交往主体和团体间产生不协调的危险也在增大,导师与博士生被消解了在原有教育环境中的情感、特性、价值与多样性,变成了庞大系统体系中的一个部分,从而使自身变成抽象的数字、符号或原子。相应地,导师与博士生的交往也逐渐沦为抽象符号与符号之间的信息传递与接受。[①] 抽象化的导学关系遮蔽了导师与博士生作为交往者之间情感的丰富性、真诚性表达,阻隔了交往主体之间的相互理解,[②] 从而造成生活世界的殖民化以及教育主体自由的丧失。例如以下一位受访者(B6)的案例:

我对象那完全就是受虐型的,就是说因为他的大老板很忙,没时间管他,就小老板管他,小老板又因为想赶紧评职称,所以就是一直给你高压,压榨你。比如说学院要求发一般的C刊就可以毕业,但是他就不,他就会要求你发权威。我对象当时因为一篇论文终审给拒稿了,他就给那个编辑打电话,这个编辑还是通过大导师认识的,说他就差这一篇文章就能毕业,他爸爸得癌症了。就哭着给那个编辑打电话说再给他一次修改的机会,然后那个编辑也认识大老板,就给大老板打电话了解一下情况,就给他了一次修改计划。然后大老板又给他推荐了评审专家,3个专家给他审了稿,最终小论文

① 衣俊卿、孙占奎:《交往与异化:关于现代交往的负面研究》,《哲学研究》1994年第5期。

② 吴全华:《现代教育交往的缺失、阻隔与重建》,《教育研究》2002年第9期。

才勉强通过……当时他毕业的时候，本来他送外审的结果已经回来了，两个A一个B，结果要去照顾他爸爸，他爸爸得癌症住院了。然后照顾了两个星期回来以后，他的小老板把论文里面的数据，就是由他做的实验数据就全部给了硕士生，他当时就受不了了，他都要跳楼了，他站在楼顶上哭着给大老板打电话，说他妈怎么含辛茹苦把他们家里3个弟兄养大的……然后大老板也不会因为一个学生跟小老板关系闹僵，所以就是跟他说你再重新做一个方向吧，所以他就延了一年，在第四年答辩的那一天，他爸爸刚好去世，他都没回家……毕业后有半年的时间吧，他都会做噩梦，他就特别怕他的小老板给他打电话或者联系他，所以他毕业后就跟那个小老板不联系，跟大老板接触得也少，就前一阵去开会才遇到，毕竟接触得少，现在他也有了工作，就是比较客气那种。(B6)

导师与博士生交往的合理性是在交往行为中逐渐确立的，交往行为也并不是孤立存在的，而是发生于生活世界之中的，它离不开与之相对应的生活世界背景。生活世界为交往行为的产生以及交往理性观的确立提供了背景信念与资源，表现为自我理解力或不可动摇的信念的储蓄库。生活世界在很大程度上支配着导师与博士生的科学研究与交往互动，它为教育主体的认知活动提供了最终的解释性框架及知识信念。导师与博士生的成长既来自科学研究及指导学习过程中对理论知识的理解和掌握，也来自生活世界中经验的积累和领悟。在导师与博士生互动的各个方面，都存在着理论价值与实践意义的并行，甚至实践意义的存在范围在某种程度上来讲要比理论价值更大、更广。博士生导学关系因注重教育系统的科学世界而远离教育主体的生活世界。科研世界和生活世界是现代教育的两个精神家园，其中，生活世界是人们最根本的生长家园，是进行教育教学活动的根源和基础。工具理性颠倒了博士生教育中科研世界与生活世界的关系，使博士生导学关系远离了教育主体的现实生活，失去了原有的生活意义和生命价值。

从导师与博士生现实生存的角度来看，教育与生活世界解体的伤害在于割裂教育主体原本具有的身体和思想、自我和世界的一体性，因此我们必须用交往合理性的概念来掌握导学关系，必须从系统的秩序中走出来，到纯粹的、活生生的生活世界中去，以获得对导师与博士生生存境遇的直接解答。无论是从历史出发还是从逻辑出发，我们不得不承认当下时代的人们必须生活在物质的世界中，必须同物质相伴；也必须放弃那种截然否定物质实在性、一味追求精神的生活观念。因此摆脱导学关系物化的关键不在于向传统的精神性生存回归，而在于发现一种新的方式，或者建构一种新的生存：既不脱离物质，又能超越物质、使生活更具意义。[①] 交往理性导学关系就是在这样的逻辑下发现和建构的，交往理性导学关系不脱离教育主体，始终与教育主体相连，并且让生活拥有值得去经历的意义。

① 张文初：《追寻最后的一道青烟——〈存在与时间〉前38节的思想》，广东人民出版社2011年版，第52页。

第四章

审视：博士生导学关系的理性规约及其转向

20 世纪 60 年代末以来，经济增长与社会发展带来了系统的冗余和臃肿，西方理性主义不再适用的思想慢慢延展开来。科学技术的进步使社会支配自然界的权力得到前所未有的提高，但也是以理论教养的不断衰退为代价的。人类伟大的思想，如真理、自由、正义及人道主义等精神越来越成为非现实的东西，成为空洞的口号。哈贝马斯认为如果不及时处理，就无法应对近代社会派生出来的病理现象——“生活世界的殖民化”。为了解并改变这一现象，需要弄清楚究竟什么是支撑西方传统的“实质”。关于交往行为理论的构想，哈贝马斯已酝酿多年，并且有关这一理论的预告作品也在很多年前就出现了，但交往理性这一概念是经过“充分的怀疑”才被创造出来的。哈贝马斯表明其要创立一种道德因素、意识形态、主观因素等共同推动时代发展的理论体系，1977 年着手准备《交往行为理论》艺术，到 1981 年正式出版。在哈贝马斯看来，工具的乃至系统的理性并非近代社会理性发展的全部，作为生活世界的近代成果，交往理性也被培育起来。

第一节　交往行为与交往理性

一　西方近代理性主义

西方理性主义作为一种特殊的理性主义形式，深深带有西方文化的特点。从科学家的理论愿景来看，文明的进步表现为可以按照自然规律加以解释的现象，理性表现为一种按照规律运行的认识过程。从参与者的实践愿景来看，文明的进步表现为一种传播知识的实践，理性在此表现为一种借助意志和意识推动的交往过程。只有当人们把人类的精神理想地构思为一种权力，这种权力按照一种特有的逻辑由自己的推动力向前发展时，理性的认识过程和交往过程才会顺利地联系在一起。

（一）“理性”的建立与发展

理性是人类依据所掌握的知识和法则进行各种活动的意志和能力。西方发展史在一定程度上就是一部理性发展史。古希腊的哲学世界中就已经出现了理性的概念，它要求人们超越感性，将思维作为认知的对象，对自身认知活动进行再认知。苏格拉底提出“知识即美德”的观点，将知识作为评判道德的标准，同时他主张人们应该从精神上探求世界的本源。柏拉图认为“理念”是万物生长的原因。亚里士多德认为，人是理性动物，人的德性源于理性功能的卓越展示。近代的文艺复兴与启蒙运动逐渐打破了封建神学思想的桎梏，使人的尊严和价值得以实现。培根认为“知识就是力量”，科学技术为人类提供了谋取生存以及利益的工具，并主张运用这一工具去征服自然，实现人的目的和价值。笛卡尔提出“我思故我在”的观点，强调心灵具有独特性，它并不是依赖于物质和感官而存在的。自然科学的发展体现了近代哲学思想所蕴含的理性精神，并为其提供了丰富的现实佐证材料，加强了理性的地位和权威；近代哲学思想则通过对其成果的理性分析和总结，反过来指导着自然科学的发展。由此，作为一种认识世界的思维模式，理性深刻地影响着社会生产生活的方方面面，成为指导人们实践活动的主流思想。

“合理性”（rationality）一词有各种各样的含义。合理性概念不仅仅涉及对所描述知识的运用，那些有论据的推断和有效的行为，均是合理性的标志。在社会交往中，我们不仅把那种能提出一种论断并通过相当明确的阐述论证这种论断的行为称为合理的，而且把那种能遵循一种认可的规范并按照规范为自身行为进行解释和辩护的行为也称为合理的。规范的行为与合理的表达，与命题具有正确性和效率性的要求一样，提供了理性的中心前提，进而可以得到论证或受到批判。一个富有理性的个体，不仅要具有恰当的判断能力与合理的目的行为，具有道德审判力和可信赖的实践力，具有敏锐的评价力和美学表达力，而且应具有针对自己的主观性进行反思性行为的能力，具有对认知、道德和实践方面不合理内容的自我约束能力。总之，理性可以理解为具有语言能力和行为能力的主体的一种素质，体现在主体总是具有充分论据的行为方式中。

（二）韦伯的近代理性主义论

意识和行为的合理性一直是社会学研讨的基本命题之一，社会学描绘了社会下属体系所具有的基本职能，研究生活世界中互相联系的日常实践，因此不能摒弃行为理论和理性化的基本问题。作为现代社会形成和发展的原理被制定出来以后，社会学就已经发现了社会合理化的论题，这一论题早在18世纪就由历史哲学提了出来，并在19世纪被社会理论加以接受和改变。马克思·韦伯（Max Weber）是在这一进程中唯一一位试图摆脱历史哲学思维前提和演变的基本假设，并把西方社会的现代化理解为一种历史合理化进程的社会学家。他运用了一种概括性的经验研究理性的过程，但不对这种合理化过程加以经验的解释，也正因为如此不使合理性的方面在社会学习过程中消失。[①] 对于韦伯而言，理性是统治西方国家人民以及他们全部生活原理的“命运性”的东西，因此如何解释理性的诸多现象就成为引导他整个思想体系的问题。

理性主义意味着意义联系的体系化，是文化人的一种内部必要的结果。理性主义不仅是将社会作为一种意义丰富世界的解释与理解，而且也是对社会实践及生活所采取的态度与行为。总体来说，西方理性主义的现象可以包括社会方面的合理化、文化方面的合理化、个人方面的合理化。资本主义企业构成了资本主义经济的组织核心，合理的国家机构构成了国家的政治基础，市民小家庭构成了社会交往的基本单元，这三个因素通过交互作用共同构成了社会方面的合理化。现代科学与技术，自主的艺术与文学，普遍的法律和道德三种不同的价值领域共同构成了文化方面的合理化。而行动处理和价值方向方法论的生活指导，与文化相对应的生活方式构成了个人方面的合理化。

---

① ［德］尤尔根·哈贝马斯：《交往行为理论·第二卷——论功能主义理性批判》，洪佩郁、蔺菁译，重庆出版社1994年版，第193—196页。

二 交往行为与生活世界

哈贝马斯充分懂得理性具有将一切社会事物变成“可计算”的东西并企图进行控制的无情的一面，但他并不认为近代理性的发展就是一无是处的。哈贝马斯的社会理论追求的是另一种形式的理性，即对话的、交往的理性，并以此完善和实现社会中由于各种原因而趋于偏颇的合理性。哈贝马斯是在分析交往行为和生活世界的基础上建构起交往理性这一概念，并赋予交往理性以弥合理性、对抗工具理性和反形而上学理性的使命的。因此在分析交往理性之前，有必要对哈贝马斯的交往行为和生活世界加以解读。

（一）交往行为

一般来说，社会学的行为理论并没有详细说明社会行为与主体世界之间的联系，但卡尔·波普尔（Karl Popper）的“三个世界”的理论却给行为理论带来了新的可能。波普尔认为，世界就是所发生状态的总体，而所发生的状态，可以用真实论断的形式确定下来。波普尔以这种关于世界的普遍观点为出发点，通过事态中所存在的形式划分出了第一世界、第二世界与第三世界。他在1967年所作的关于“无认识主体的认识论”的报告中提出了一个惊人的建议：“我们可以划分以下三个世界或宇宙：第一个世界是关于物理对象或物理状态的世界（客观世界）；第二个世界是关于意识状态或精神状态的世界（主观世界）；第三个世界是客观思想内容，即人类精神产品的世界（社会世界）。”① 波普尔的三个世界理论揭示了社会学行为概念中的本体论前提，行为主体所从属的世界取决于行为本身所具有的合理性。在社会科学理论中大多数是隐含地运用行为概念的，主要可归结为以下四种基本行为。

第一种是目的行为（Teleologisches Handeln），又称工具性行为，以技术的规范为导向，立足于经验知识合理地选择行动，所涉及的是行为主体与“客观世界”的关系。第二种是规范调节行为（Normenreguliertes Handeln），即一个群体受共同价值约束的行为，它指向“社会世界”，体

---

① ［英］卡尔·波普尔：《客观知识——一个进化论的研究》，舒炜光等译，上海译文出版社1987年版，第119—123页。

现社会系统对人的控制，所涉及的是行为主体与社会世界的关系。第三种是戏剧行为（Dramaturgisches Handeln），指行为主体在观众或社会面前有意识地表现自己主观性的行为，互动参与者互相形成观众，各自在对方面前表现自己，所涉及的是行为主体与“主观世界”的关系。第四种是交往行为（Kommunikatives Handeln），是主体间通过符号的作用来进行的协调互动行为，它以语言为媒介，通过对话的方式达到主体之间的相互理解，所涉及的是行为主体与三种世界共同的交互关系。在哈贝马斯看来，交往行动比其他行动在本质上更具有合理性。相比于其他三种行为来说，交往行为对于世界更具有普遍性。人们的行为需要合理化与理性化，以具备理性结构，这就需要人们在生活中实现主体间的双向交流，达到人与人之间的相互理解，从而协调个体的行为。

交往行为主要在文化再生产与社会整合的生活领域发挥作用，而物质在生产与系统整合的子系统领域则委托给控制媒介进行行为调整。交往行为旨在提出适当要求的基础上谋求对方的认可，并根据理解达成协议，它在三个方面对社会生活发挥着不可或缺的作用。首先，交往行为因其能使行为主体经过沟通达到互相理解，所以具备继承和更新文化的功能。其次，交往行为依靠语言这一媒介来调整主体之间的互动行为，继而创立了人与人之间的社会联结关系。最后，交往行为使行为主体在社会环境中成长，为完成个人人格的同一性与社会化发挥了重要的作用。依靠语言调整行为是交往行为的职能之一，但需要注意的是，它不是语言行为本身，而是行为的一种。交往行为不是把人类社会行为的基准与自然进行交涉，在使用各种符号交往的共同体中，它试图超越“语言学的转换”而进行“交往论的转换”。

（二）生活世界

生活世界（Lebenswelt）是哈贝马斯从胡塞尔（Husserl）及舒茨（Alfred Schutz）的现象学中引进的概念，他把生活世界看成是给予整个人类经验、对人类形成有不可替代作用的“共振板”。生活世界作为社会理论的基本概念，不管它是完全按照胡塞尔或舒茨在过程中所设置的名称，还是按照生活形式、文化、语言共同体等名称，其结构始终是复杂的。事实上，不同世界关系中的交往表达总是同时表现出来的。生活世界作为交往行为的一种补充概念，也与客观世界、主观世界、社会世界有着紧密的联系。在生活世界里，交往主体把三种世界的关系体系作为解释的范围，并以此制定行为方式的共同准则。生活世界的象征性结构，是通过有效知识的连续化、集团联合的稳定化和具有责任能力的行动者的形成途径再生产而来的。文化、社会和个人作为生活世界的结构因素，与文化再生产、社会统一和社会化的这些过程相适应。①

根据哈贝马斯的看法，生活世界是指靠日常语言进行交往及由此而进行行为调整的社会领域，它与靠货币、权力等控制媒介进行行为调整的子系统领域相对立。生活世界是社会各个子系统的基础，是明确表现的资源，如果试图将它自身作为知觉对象，那么其自身的明确性会很快消失。也就是说，生活世界不应该作为主体性以及批判的对象。在生活世界的概念中，有形式语言学的特性，也有社会学的特性。前者是作为基于历史变化的复数的“生活形式”之上的结构基础来理解的；后者是指叙述“可能的诸生活世界”这一复数形态。② 生活世界给予人们背景知识，成为人们行为的出发点，但它无法告知其自身和实行主题化。社会集团的构成人员一般只共有唯一的生活世界，其“普遍结构”俨然存在，它是贯穿历史性变化的众多生活方式的结构基础。即使在不同国家或地区，或者不同国籍与文化的人们相互为邻地生活在一起，人们日常交往的基本结构还是一个，那就是生活世界。

随着近代社会形态的发展，经济与国家这一子系统从生活世界中独立并分化出来，带来原有阶级关系的重新组合。毋庸置疑，在经济系统或国家系统中，即便不使用语言这一媒介，也能通过货币或权力等控制手段来规范或调节行为。这一变化减轻了花费在交往时间与交往精力上的负担，减少了沟通交往过程中无法调节的危险。随着社会的发展和资本的扩张，系统不再简单停留于原有的物质再生产领域，而是越境到文化再生产领域，造成对生活世界的入侵。系统的理性化造成人们交往程序的规范化、结构化，使人们的生活世界越来越具有技术理性的倾向，

① ［德］尤尔根·哈贝马斯:《交往行动理论·第二卷——论功能主义理性批判》，洪佩郁等译，重庆出版社 1994 年版，第 189 页。

② ［日］中冈成文:《哈贝马斯：交往行为》，王屏译，河北教育出版社 2001 年版，第 234 页。

其隐患也终会显现。当社会物质再生产中的不平衡危险波及生活世界，人与人之间的交往会被系统理性所侵犯，人们不再有坚强的人格与自我同一性，由此造成生活世界的“内在殖民化”。

三 工具理性与交往理性

在人们陷入对科学技术的狂热追求和崇拜时，德国著名社会学家、哲学家马克思·韦伯就敏锐地洞察到科学技术对人造成的深刻影响。他将理性分为工具理性（Instrumental Rationality）和价值理性（Value Rationality)，二者为人的理性的不可分割的重要方面。工具理性主要考虑的是实现目的的可能性及其结果以及为达到目的所采取的手段或工具。工具行为是一种目的行为，其背后是受到了工具理性的支配，这是一种主体性思维方式的体现，工具理性的思维结构是传统的“主体—客体”模式，以主客二元对立为前提。而交往行为则是受交往理性的支配，是以“主体—主体”之间互为主体的关系为基础，它用以处理和解决主体之间如何沟通才能够达到彼此更好理解的状态。因此，如何构建出一套法则，能够让主体之间的交往更加开放与自由，主体之间可以更好地敞开心扉以建立共识，是交往理性关注的重点。

（一）工具理性及其阻碍

工具理性又称为技术理性（Technical Rationality)，是指“可以用来理性计算的各种形式的工具，用来检测在社会中人们自身的行为及后果是否合理的过程”[①]。也就是说，工具理性是指“目的—手段”的合理性，通过对个别事物的情况和其他人的举止的期待，并利用这种期待作为条件或者作为手段，以其实现自己合乎理性所争取和考虑的作为成果的目的。韦伯进一步解释说，“谁若根据目的手段和附带后果来作为他的行为的去向，而且同时既把手段与目的，也把手段与附带后果，以及最后把各种可能的目的相比较，作出合乎理性的权衡，这就是目的合乎理性的行为”[②]。由此，我们可以看出工具理性主张发挥技术工具作为手段的意义和价值，通过各种技术和工具的运用实现对外部世界的利用和改

---

① ［德］马克思·韦伯:《经济与社会》（下卷），林荣远译，商务印书馆1997年版，第65页。

② 何菊玲:《教师教育范式研究》，教育科学出版社2009年版，第63页。

造，以满足人们对物质和财富的需求。在人类文明进程中，工具理性强调明确的行动目标、精细的行动步骤等之于最终结果的影响作用，逐渐成为人们掌握知识、追求真理最有效的手段，也慢慢渗透到人们的生活世界，成为当今社会一种占据统治地位的思维方式。

科学技术的进步不仅使人类的生活质量与生活水平得到了极大的改善与提高，也深刻影响着人类社会的其他方面。正如马克思所言，“在改造自然界的过程中，人类所引起的变化不仅仅是自然界本身，也改变了人类自身”。工具和技术在带给人们便利生活条件的同时，也给我们带来了一系列的问题。工具理性使人们产生了支配和控制自然的念头，人们利用科学技术无介质地掠夺自然以满足自身的欲求，使得生态危机层出不穷，进而反噬人们正常的生活环境和生存状况。不仅如此，工具理性的兴盛使得人们对于科学技术的依赖不断增加，进而淡化了人们对于精神文化的探寻与追求，人类的社会生活逐渐沦为被科技操纵的奴隶。更为甚者，工具理性逐渐使科学技术由改造人类生活转变为控制人类生活，物欲得到极大满足的同时也造成了精神世界的极大匮乏，人们的思维从属于技术与工具，其主体地位面临着前所未有的危机。

现代西方社会国家行政干预倾向的不断加剧，国家与社会经济的关系也不再是上层建筑与经济基础的关系，社会的异化也不再表现为经济上的贫困。[①] 经济制度和行政制度逐渐侵入人类赖以生存的生活世界，发达的社会文化体系压抑了人的本能欲望，禁锢了人们的思想。这就造成了社会主体之间的隔阂与矛盾，人与人之间的对话不再简单地属于信息的沟通与交流，而更多的是为自己的主张或行为进行辩解，使交往行动规范变得越来越不合理，越来越歪曲。为此必须消除社会关系中的各种危机与冲突，实现整个社会的和谐与一致。哈贝马斯认为交往不应受经济制度或行政制度的干预，而应使交往者生活在一个美好的、没有任何强制的生活世界中，并以语言为媒介，通过对话与沟通达到人与人之间的理解与一致。

---

① ［德］尤尔根·哈贝马斯:《交往行动理论·第一卷——行动的合理性和社会合理化》，洪佩郁、蔺菁译，重庆出版社1994年版，第2页。

(二) 交往理性及其转向

针对近代社会出现的各种问题，哈贝马斯看到了科学技术已经开始发挥意识形态的功能，但他并不像第一代法兰克福学派的理论家那样对启蒙理性持全面否定的态度。哈贝马斯认为之前的批判理论家，例如霍克海默（Max Horkheimer)、阿多诺（Theodor Wiesengrund Adorno）等人并没有扎实的理论根基，仅仅把理性简单等同于工具理性，在批判工具理性的同时忽略了对理性本身的研究，这就使他们的批判缺乏规范的、理性的基础。而建立这种扎实的、规范的理论根基就体现在要对理性进行整体而全面的研究之上。如果只是片面强调工具理性，并认为理性蜕变到最后彻底沦为工具理性，进而站在工具理性的角度去审视这个世界时，那么人们眼中的现代社会就必然是极其灰暗的。哈贝马斯主张系统的理性化只是近代社会发展的一个方面，与其平行的“生活世界”的理性化也不失为近代社会的伟大成就，必须将其从系统理性中拯救出来。

哈贝马斯认为，人文社会科学的研究除了符合自身发展的逻辑，即理论理性的真理外，还必须置于道德实践标准和审美标准的关照下，即人文社会科学的研究不能局限于狭义的理论理性的真理观，应当注重道德实践观、审美判断和理论理性的统一。[①] 交往理性是隐含在人们日常生活结构之中的、与参与者共享的理性。传统的工具主义理性侧重以个体为中心，过分关注事物之间的因果构成与逻辑关系，强调目标的达成和任务的高效完成。工具理性至上带来的直接影响是个体的主体理性过于彰显，而群体的交往理性与交往价值逐渐丧失。与工具理性不同的是，交往理性注重多重维度的理性交往，突出的是群体作为主体所应保持的整体和谐，通过主体间的交流，尤其是精神层面的对话与沟通，将人与人之间的关系视为多主体间、平等互动的关系共同体，强调具有主体性的人在实践中的多向度交流，使不同个体之间通过平等对话、协商讨论、理解沟通而达成共识，维护群体内部共享的话语伦理。[②]

社会、文化和个性不是僵死的、一成不变的东西，而是与社会统一、

---

① 余灵灵:《现代十大思想家 哈贝马斯传》，河北人民出版社 1998 年版，第 141 页。

② 王燕华:《从工具理性走向交往理性——研究生“导学关系”探析》，《研究生教育研究》2018 年第 1 期。

文化再生产和社会化的过程相适应的。而在其中，交往行动在生活世界起着关键的作用，在社会维度上，交往行为在协调的基础上形成规范，以满足社会整合和群体团结的需要；在文化的维度上，通过交往行为不断的传播、更新有关文化的认知；在个性维度上，互动交往过程个体形成自我意识，明确自己的需求，也理解他人的需要。哈贝马斯勾画了一个更为充实的生活世界的概念，它体现了文化的再生产、社会的整合和社会化。如果这些基本的机能和功能运转正常的情况下，生活世界是和谐的。由此可见，生活世界作为一个一直存在的交往场域，是人们进行交往、达成相互理解与信任的基础，是产生共鸣并指导行为的前提。生活世界的单个维度所发挥的功能，决定了发生于生活世界之中的交往行为担负着文化传承、社会资源的再集中、个体社会化这些功能。而交往行为在履行这些功能的过程中，又通过社会再生产、文化重新整合和个人社会化将生活世界再生产出来。因此，生活世界又是交往行为的结果，生活世界由于具有交往行为的理性结构而充满了释放的潜能。

第二节　工具理性导学关系的危机

无论是在学术交流过程中还是在日常生活中，博士生导学关系看上去要比实际情况更加稳固。制度化的交往模式如此地渗透到导师与博士生的交往过程中时，师生双方就离开了传统的自然明白的构想模式，在自己的头脑中进行着各种理性的思考并做出决定。而协议作为师生交往的一种形态，使心理默契构成师生交往的产物，因此导学双方一旦构成某种心理默契，一般不会被轻易推翻。看似非常稳定的导学关系在内部隐含着多重矛盾，并且导师与博士生自身也存在着内部障碍。在导学关系面临的现实困境当中，身份因素、制度因素、经济因素等歪曲了导师与博士生之间的交往，致使师生无法重新确认交往的原本意图和面貌。同时，以理性形式进展的导学关系对教育主体的决断能力及交往素质提出了更高的要求，产生了师生双方难以适应过于理性的导学关系而异化的倾向。

一　制度理性与单向度的博士生导学关系

在对当代西方社会的批判过程中，法兰克福学派的代表人物之一，美籍犹太裔哲学家和社会学家赫伯特·马尔库塞（Herbert Marcuse）提出了“单向度”这一概念。所谓“单向度”的意思是只有一个向度，是相对于双向度而言的。双向度既包含肯定的一面又包含否定的一面；而单向度则只有肯定性，没有否定性、批判性。马尔库塞认为，由于科学技术的迅猛发展，技术统治已取代了政治统治，阶级间的对抗或矛盾已经或正在消失，取而代之的是阶级间的整合与同化。工具理性影响下的人们也将和谐的导学关系寄希望于管理手段与技术，而自觉维护当下的博士生教育体系与管理制度。同时，技术与工具的进步也使教育制度运行变得单一化，借助制度理性的力量来管理导师、博士生及其之间的关系，本来是需要被驳斥的事物在这样不正常的制度体系里反而转化成了备受追捧的圣物。一些对当下管理秩序有质疑或者反对的能量都被消磨或转变立场而顺从投降，转而成为一种没有一丝抗议的标准化运作。

制度理性的发展充分完善了“制度式”导学关系，在很大程度上降低了导师和博士生的自我意识，成为博士生教育及导师队伍管理的有效手段。这种方式并非像先前的规矩和暴力来约束师生的言行，而是通过各种规章制度、激励措施和管理手段来解决眼前的教育及管理问题，使博士生导学关系产生对制度理性的依赖。在这种依赖环境下，博士生教育及导学关系并没有获得更多的促进和发展，相反在教育与科研中处处受到了制度的规约和限制。教育主体由此而渐渐丧失了对精神与自我的探寻而异化为单向度的人，导学关系也受教育制度的影响而异化为单向度的导学关系。处于制度理性下的教育主体都丧失了具有创造性社会批判的功能，只剩下维护与肯定当前秩序的这样一个向度。失去了对制度理性的质疑和批判，就失去了前进和发展的动力，对导学关系的肯定也不再有任何的价值与意义，此种情形下的导学关系也就是一个病态的、不健康的导学关系。

博士生教育应把“人”作为导师与学生交往的最终目的，然而在导学关系理性化的进程中，为实现“人”这一目的而存在的手段或工具却独立出来成为目的，进而产生近代理性主义所特有的反噬现象。也就是说博士生导学关系中过于“理性”的发展，使合理的、彻底的组织化本身又产生理性化专制，最终又如同铁笼一般将导师与博士生死死限定。制度理性下的博士生导学关系强化了导师的主导地位，使导师与博士生之间缺乏有效的互动，博士生科学研究的主动性和创造性受到一定程度的限制，且与导师之间无必然的依存关系。另外，制度化的博士生教育使导师和学生的具体关系片面化、抽象化，对博士生的科研指导也在一种程序化、机械化的流程中进行。将技术与工具理念应用于博士生导学关系的建设之中，以科学的名义刻板地解决导师与博士生在互动交往中产生的问题，使教育主体逐渐丧失了内心世界丰富的精神生活，只显现出注重形式的、表面的、单向度的人性。①

二 经济理性与博士生导学关系的异化

在科学技术的高歌猛进之下，人们借助工具与技术的力量改变自然达到自己的目的，巨大的物质财富的产生正是科技力量的彰显，这种彰显使得工具理性魅力四射，致使人们对其盲目崇拜。对于物质的无限贪婪和盲目追求，使人们无暇顾及精神层面的追寻，使理性异化为一枝独秀的工具理性。最早对社会的异化进行论述的人是马克思，在《1884 年经济学哲学手稿》中，马克思就已经对异化思想作出了详细的阐述。通过对经济结构形式的分析，马克思揭示了人类本质的对象化的历史过程中的矛盾，并对这种矛盾的解决的可能性作出了规定。② 在马克思看来，“商品作为一种潜在的交往规则形式制约着整个社会的交往形式，商品形式……将生产者同劳动的社会关系反应成存在于生产者之外的物与物的社会关系。由于这种转换，劳动产品成为商品，成为可感觉而又超越感觉的物或社会的物……这只是人们自己的一定的社会关系，但它在人们面前采取了物与物的关系的虚幻形式”。

导师与博士生的科研劳动一方面与生产力创造者的劳动世界相连；另一方面又与导学关系的经济职能相关。科研劳动的商品化现象是有经济意义的行为，经济理性的强化使科学研究从师生交往世界中分离出去，

---

① 何菊玲:《教师教育范式研究》，教育科学出版社 2009 年版，第 66—67 页。

② 刘刚:《哈贝马斯与现代哲学的基本问题》，人民出版社 2008 年版，第 88 页。

从而与交换价值（经济回报）这一媒介联系到一起。但是在工具理性与经济理性的影响下，导师与博士生的科研劳动本身产生了异化，教育主体与科研的关系产生了失真与悖离而不再紧密相连。导师与博士生将科研关系托付给经济理性，使物质回报过程涉入师生的交往世界，从而造成经济理性对导学关系的侵犯。科研劳动本是由教育主体发起的行为，但是现在却不属于教育主体本身，科研劳动逐渐由与教育主体的共生转变为对导师与博士生的压迫。对于教育主体而言，科学研究不再是一种自发的、自主的活动，而成为约束自身、限制自身的工具，成为统治与压迫自身的手段。

尽管博士生导学关系在经济理性的影响下发展了“协作式”的导学关系，并从中获得许多便利，但是教育主体被控制与束缚的命运仍然没有改变。这既不是由服从决定也不是由科研难度决定的，而是由导师与博士生作为一种单纯的工具，教育主体沦为物的状况而决定的。[①] 在异化的导学关系与科研世界中，教育主体自己的科研劳动作为某种客观的存在，由人创造却不依赖于人，它成为某种通过异于教育主体的自律性来控制主体的东西，与教育主体相对立。这使博士生导学关系产生了一种奇怪的现象，科学研究成为控制导师与博士生的重要力量。不仅如此，科学研究使人的本质不再与自身的意志和意识相关联，异化了的科研劳动还直接造成了教育主体各种社会关系的异化。这不再是一件简单的经济事件，而是教育主体的异化与生命的贬值，是导师与博士生在现实世界的歪曲与丧失。[②]

三　导师与博士生生活世界的解体

与社会体系一样，博士生教育包括“生活世界”和“系统”两个方面。其中生活世界是由师生互动、媒体、家庭生活等构成，而系统则是由教育经济与管理组织构成。博士生导学关系源于实践，源于导师与博士生真实的生活世界，对于教育主体而言，科学研究并不是对智力的操

---

① ［美］赫伯特·马尔库塞：《单向度的人》，刘继译，上海译文出版社 2006 年版，第 28 页。

② 徐崇温：《用马克思主义评析西方思潮》，重庆出版社 1990 年版，第 51 页。

练，而是对现实问题的分析与思考，并且这种分析与思考应该与导师与博士生的生活世界密切相关。因此，在某种意义上讲，博士生导学关系就是一种特殊的生活方式，是在师生双方互相影响下的个人生活的开展过程。但是在工具理性的影响下，稳固的系统秩序不仅支配着教育教学和科学研究，甚至弥漫到导师与博士生个人的生活、文化及感情等方面。系统的复杂性和普遍性同化了教师与学生的生活世界，试图摆脱这一系统所进行的个人努力及想法本身完全被系统所预测，并被纳入系统之中，个体的抵抗也失去了意义。

博士生教育作为一个体系，是由负责理论知识再生产的“系统”和负责个人发展的生活世界这两个“次体系”组成的。博士生导学关系的整合与发展是朝着两个方面进行的，其一是系统整合，这种整合着眼于教育结果，它根据一个自我控制、调节的系统模式来表象导学关系；其二是社会性整合，这种整合着眼于教育主体成长与进步的过程，它是从交往行动出发，并将导学关系建构为生活世界。系统和生活世界既相互联系又相互区别的双重发展，推动着博士生导学关系的完善及教育主体的成长。当工具理性和系统理性渗入博士生和导师的个人生活时，师生之间必不可少的交往行动就受到其他媒介的侵占，从而导致教育主体的生活世界与系统相分化。在博士生教育体系中，“系统”和“生活世界”的脱节突出表现为由于制度、管理以及奖惩措施，使教育体系与导学关系变得越来越复杂，那种在不同交往主体和团体间产生不协调的危险也在增大，从而造成生活世界的殖民化以及教育主体自由的丧失。

师生交往的合理性是在交往行为中逐渐确立的，交往行为也并不是孤立存在的，而是发生于生活世界之中的，它离不开与之相对应的生活世界背景。生活世界为交往行为的产生以及交往理性观的确立提供了背景信念与资源，表现为自我理解力或不可动摇的信念的储蓄库。生活世界在很大程度上支配着导师与博士生的科学研究与交往互动，它为教育主体的认知活动提供了最终的解释性框架及知识信念。导师与博士生的成长既来自于科学研究及指导学习过程中对理论知识的理解和掌握，也来自于生活世界中经验的积累和领悟。在导师与博士生互动的各个方面，都存在着理论价值与实践意义的并行，甚至实践意义的存在范围在某种程度上来讲要比理论价值更大、更广。博士生导学关系因注重教育系统的科学世界而远离教育主体的生活世界。科研世界和生活世界是现代教育的两个精神家园，其中，生活世界是人们最根本的生长家园，是进行教育教学活动的根源和基础。工具理性颠倒了博士生教育中科研世界与生活世界的关系，使博士生导学关系远离了教育主体的现实生活，失去了原有的生活意义和生命价值。

第三节　交往理性导学关系的转向

近代西方哲学将人与世界区分为主体与客体，主体又被规定为意识，因此，主体与客体，或者人与世界的基本关系是认识。但认识对象首先是对我们是作为认识的事物出现的，即作为有实用意义的东西或工具出现，而并非像传统哲学认为的那样，是作为客观认识对象或自然对象出现。[①] 同样，导师与博士生并不是在孤立状态中遇到彼此的，而是在一种关系或者一种环境中产生交集的。虽然师生首先是在与他人无涉的情况下存在，但只有在与对方共在的基础上才有个人，导师与博士生的共在本身就是对交往理性导学关系最好的表达。换句话说，导学关系的存在属于师生的内部结构，教师是学生的教师，学生是教师的学生，师生主体的存在方式就是伴随着导学关系与对方一起的存在。具体而言，交往理性导学关系具有以下的属性与价值。

一　交往理性导学关系的本质属性

（一）交往理性导学关系的对话性

对于试图达成交往理性的导学关系而言，具有普遍性的对话意义是必不可少的，师生有必要将这些行动转化为具有共享意义的语言符号。语言运作的领域是人类智力在其中通过经验的意义化过程而出现和发展的，在导师与博士生交往的任何一种场景中，师生都可以通过各种姿态实现特定行为的调节。只要姿态包含某种特定的想法，并且在对方那里也导致这种想法，它就变成了师生交往的“语言”，从而成为一种有意味的符号（a significant symbol），并且表示某种意义。博士生或导师也许是

---

① 张汝伦：《现代西方哲学十五讲》，北京大学出版社 2003 年版，第 231—232 页。

在对方并未意识到的情况下解读自身的行为举止所具有的意义，师生之间以这种方式建立的沟通可能是非常完善的。对话的机制使导师与博士生之间的互动过程得以顺利进行，使交往过程中所包含的不同有机个体对对方的行为作出适当的反应成为可能。

就有意识的导师与博士生的对话，或者就利用这种对话进行沟通的过程而言，参与对话的每个主体之所以都意识到了符号的意义，恰恰是因为这种意义在其内部经验结构中的显现。对话的意义源自于语言符号的能指和所指两个方面，能指是各种语言或符号所能表达的内容或意义，而所指是语言符号在具体环境下所代表的内容。共同的观念与看法能够促使导师与博士生交往情境的顺畅，达到对话共享的意义。如果导师与博士生试图进行对话与沟通，那么这种语言符号就必须对沟通所涉及的全部个体都意味同样的东西；如果导师或博士生以不同的方式对一种行动做出反应，那么这种行动对彼此来说就意味着不同的东西。师生之间时常以所谓的理性方式进行与各种主客体相关的活动，尽管主客体的意义没有在交往主体的经验中直接呈现，导师与博士生也能够进行交流与互动。

在导学关系中，导师对学生的关注程度直接影响学生的情绪态度及行为方式，良好的关怀互动传递机制会使博士生自然而然地产生归属感，从而使自身易于接受导师发出的各种互动信息。师生交往中的语言符号作为一种姿态，不是任意的，它承载着自我的某一行动，并分有该动作所具有的任何普遍性之间的内在关联。[①] 相比于生活世界中的人际关系，导师与博士生的关系往往更具备对话性，师生双方会在一定原则或规范的约束下，经过充分的协商与沟通朝着共同的诉求与愿景而努力。因此在独立且成熟的导学关系环境中，对话与交流的矛盾问题被无限缩小，全面而深入对话与交流对于交往理性导学关系的形成不仅更为充分，而且更为必要。同样，在导师与博士生的交往环境中，师生应当遵守实质的规范，在彼此对话、讨论的基础上寻找共同意见的可能。

① 王振林、王松岩:《米德的“符号互动论”解义》,《吉林大学社会科学学报》2014 年第 5 期。

（二）交往理性导学关系的理解性

交往理性导学关系的理解性是建立在导师与博士生间的对话性基础之上的，在对话交流中，师生双方相继扮演发言者、倾听者和在场者的交往角色，分别就意义的解释、意义的传递、意义的领会进行互动与交往。交往理性下的释义行为将不同的参与主体进行联结，理解过程以意见一致为目标，这种一致依赖于合力推动的对意见内容的同意。交往行动的主体面临着这样一种任务，即为了导师与博士生的行动状况去寻找一种共同的规定，并且在特定的解释范围内，通过论题和行动计划达成理解。如果导学关系中的一方作出了某种论断、叙述或者说明，那么他就是试图与对方领会在认可一种真实性要求基础上的意见一致。教育主体自己构筑自己的状态，对有关事物的解释与说明离不开对自身实际存在的理解。导学互动过程中所进行的分析并非在什么特别的层次上进行，而是在日常的师生交流中完成理解的。如果有什么想的确分析的导学关系的对象，那么在分析之前对导学关系的理解还应处于漠然状态，而且只能如此。

达到理解的目标即导向某种认同，师生之间的认同归于相互理解、共享知识、彼此信任、相互依存。认同以对可领会性、真实性、真诚性、正确性这些相应的有效性要求的认可为基础。师生交往过程中的每次理解活动都是基于教育主体所属的“传统”乃至“传承”的先行规定，而师生不自觉地从这种先行规定中接受对彼此关系的基本理解。换句话说，导师和博士生均是在“先入为主”地看待对方及其构成的导学关系。理解一词的涵义是非常丰富的，狭义地来讲理解是表示两个主体以同样的方式理解一个语言学表达。广义地来讲理解是表示在与彼此认可的规范性背景相关的话语的正确性上，两个主体之间存在着某种协调；此外理解还表示两个交往过程的参与者能对世界上的某种东西达成理解，并且彼此能使自己的意向为对方所理解。因此，所谓理解，与其说是教育主体的自身活动，不如说是参加包括自身在内的“交往性活动”。

在导师与博士生交往互动的情况下，解释就表现为行为合理化的机制，交往行为以解释和理解共融的方式进行，以构成师生之间融洽的交往关系与合作关系。理解过程是为了取得以博士生或导师内部承认运用要求为基础的意见一致，这种意见一致要求具有一种对表达内容赞同的条件。虽然对意见一致可以在客观上进行强迫，但是，凡是有意地通过外部影响或运用暴力手段所形成的意见一致，在主观上都不能算作是意见一致。理解是有语言能力的行动能力的主体内部统一的过程，意见的一致也是以共同信任为基础的。在理解的职能方面，交往理性导学关系的理解性服务于科学研究和理论知识的传承与更新；在师生互动与合作方面，交往理性导学关系的理解性服务于导师与博士生交往关系的建立和统一；在个体社会化方面，交往理性导学关系的理解性服务于导师与博士生个体同一性的形成。可以把交往理性归结为一种通过交往达到的、意见一致的论证条件，通过理解，可以进行知识的再生产、导学关系的统一和个体的社会化。

（三）交往理性导学关系的意义生成性

交往理性导学关系的意义生成性是指，导师与博士生交往世界的客观事物本身不存在意义，而是由主体基于对事物的理解而赋予的。个人对自身指定了各种不同的对象并赋予它们意义，判断它们对自身行动的适应性并根据此种判断作出决定，这就是以对话为基础的解释或行动所赋予的意义。在任何一种既定的社会情境或者社会活动所涉及的任何一个个体的经验内部，构成这种社会情境或者社会活动的各种态度和反应的复合体或者基质所具有的内涵，就相当于一个观念的全部内容；或者说这无论如何是它在这个既定个体的经验内部发生或者存在的唯一基础。[①] 导师与博士生的行动主要是根据对客观事物的意义而确定的，为了突出那些据说导致行为发生的因素而无视人们针对其进行活动的事物所具有的意义，是对意义在行为形成过程中所起的作用的严重忽视。

导师与博士生在交往互动过程中，根据自身对事物意义的理解而采取相应的行动。意义是由一个人赋予事物（这种事物对于他来说具有意义）的一种心理添加物（Psychical accretion），这种心理添加物被当作对这个人的精神（Psyche）、心灵或者心理组织之诸构成成分的一种表达。事实上，事物或者对象的意义并非是它们所内在固有的属性或者特征，任何一种既定意义的位置，都像我们所说的那样产生于师生交往互动过

① ［美］乔治·米德：《心灵、自我与社会》，霍桂桓译，华夏出版社 1999 年版，第 76—77 页。

程之中。各种事物代表那些具有意义的事物或者对象的意义，它们是经验的既定部分，并且在经验的其他部分直接呈现出来的情境中指出、标示或者表现这些部分。换句话说，作为一种事物的既定的促进，和其中的一个早期阶段的交往活动之后诸阶段之间的关系，构成了意义在其中生产和存在的领域。

导师与博士生对事物意义的理解不是固定的，而是可以通过自我解释过程得到修正。意义包含着交往主体对事物的标识，或者由它所引发的交往活动之结果的指涉，而另一主体通过这种指涉所做出的调整性反应，就是这种事物的意义。互动的意义产生于主体所使用的事物和这种事物标识与其他主体随后的行为之间的关系领域，并且存在于这个领域之中。主体指出其正在进行的活动所针对事物的意义是一种内化的社会过程，是主体与自身的互动，这种互动与各种心理成分的相互影响不同。导师与博士生根据他被置于其中的情境和他的行动方向选择、审度、搁置、重组、转化各种意义。必须看到的是，导学关系的交往合理性是一个不断发展变化的过程，意义也是在这个过程中通过一个互动、指导、修正不断发挥作用的。

二　交往理性导学关系的价值意蕴

（一）交往世界中主体的自我呈现

对交往理性导学关系的意义追问只能依靠处于导学关系中的导师与博士生，虽然对师生可能并无对导学关系产生丰富的概念性理解，但这并不妨碍师生对导学关系意义与价值的领会。就纯主体性的过程与状态来看，任何在世生存的可能性都是不可替代的，导学关系是属于导师与博士生，由导师与博士生承担并进行的，也不能由他人代替。博士生导学关系是师生主体自我呈现的方式，无论对导学关系进行何种论述或研究，关于此对象所要讨论的一切都必须以直接展示和直接指示的方式加以描述。传统工具理性导学关系中的自我，无论是表现为理性或者情感，还是本能或者欲望，都没能够显示出导师与博士生交往的本真性，呈现出的自我也并非是真实的自我、真正的自我。导学关系的本质在于它在任何情况下都是作为导师与博士生主体自我呈现的存在，教育主体总是在互动交往过程中不断地对导学关系进行着消解与重构，因此导师与博士生的本真存在既不能以工具理性来完全定义，也不能以非工具理性简单刻画，而是要通过交往理性对行为合理化的补充与完善，达到对导学关系和主体价值的充分理解与体验。

博士生导学关系是一种现实的存在，而这并不仅仅是置于教育制度系统科研系统中的存在。从交往理性导学关系存在的状态来看，导学关系只能在师生交往互动的过程中伴随着主体意义的获得而显现。主体自身意义的获得需要通过采集主体信息、定义交往环境入手，通过对主体与环境的熟知与把握，可使导师与博士生明晰各自的诉求与期望，并唤起期望的回应选择恰当的行动。导学关系是交往世界中主体的自我呈现肯定了教育主体与交往世界的一体性与亲缘性，导师与博士生不仅仅存在于导学关系之中，更享受着导学关系的保护与包容。当导师与博士生置身于导学关系中时，师生的行动均会影响此刻对导学关系的定义，教育主体会按照既定的方式进行自我呈现，以给对方造成某种印象并使其做出符合预期的特定回应。如果把导师与博士生的交往角色定义为导学关系中对于特定身份之上的权利与义务的约定，那么导学关系中的主体意义与价值都可以由交往过程中彼此的互相影响而体现。

（二）超越“主体—客体”关系的当下性事态

世界是由事实构成的，事物是事实的凝聚，所有事物最终的意义都在其相应的事实样态上。[①] 对于交往理性导学关系来说同样如此：导学关系的事实才是本体，事物只是表面现象。比如，最终无所谓“价值”，价值是由价值化的事实构成的；无所谓“世界”，世界是由世界化的事实构成的；[②] 无所谓“导学关系”，导学关系是由关系化的师生交往事实构成的。博士生导学关系并非人们通常所理解的那种以实体性形式存在的实体，它既不是作为客体的实体，也不是作为主体的实体。这一方面意味着，对导学关系的研究与追问都应该从事实的层面去领会，而不应该把导学关系看作是相关和不相关的物的集合。交往理性导学关系是师生

---

① ［奥］路德维希·维特根斯坦：《逻辑哲学论》，郭英译，商务印书馆1985年版，第22页。

② 张文初：《追寻最后的一道青烟——〈存在与时间〉前38节的思想》，广东人民出版社2011年版，第32页。

“此刻”“当下”交往行为的融合，它不是在师生意识到导学关系构成因素之后的人为的融合，而是一种前认知的、前理解的融合。人们在理性的思考中可以离析导学关系的内容，但却不能用理性的方式去建构或组合理想的导学关系。当下性事态是在特定的时间情境中发生的，因其具有巨大的完备性与饱满性而去掉了一般性、平庸性，成为了不可替代的状态。

就其作为师生交往的现象而言，当下性事态意味着师生某一刻的交往事件，它既不代替过去，也不指引未来。导学关系的构成要素与事态并不能取代被构成的整体，因此将博士生导学关系划分为不同的类型是武断的、有失偏颇的。交往理性导学关系并非特指某一实体，因此对导学关系的追问就意味着必须放弃传统的实体性思维。作为导师与博士生交往形式的基本存在，导学关系不是主体实体的种和类，但却关涉每一位主体实体，须在更高处寻求导学关系存在的“普遍性”。工具理性使我们遗忘了存在着的导学关系，日常世俗的生活遮蔽的导学关系的本真，师生交往活动成了无根的漂浮。师生的交往活动指向外在客体，超越意识自身，这意味着主客体事实上是不可分离的。交往理性导学关系的存在和存在结构超越主体实体，超越与主体有关的可以拥有的可能性特征，导学关系先于主客体。在导师与博士生交往的实践过程中，放弃对主客体等实体的追逐，生活在具体当下的导学关系之中，也就是进入了更为高级的交往境界，对主体—客体关系的超越也可以说是对惯常性的思维和生活习惯的颠覆。

（三）消解主体生存意义与异化矛盾的主要手段

随着工具理性对教育系统的不断侵蚀，人们普遍地感觉到教育主体的生命、生活已经被物质异化，从而造成师生交往意义和生存意义的流失。工具和技术的统治不仅是指在教育主体的工作和生活中受生产工具或技术的支配，更严重的是整个教育系统完全受合理化、普遍化、功能化等技术思维的操控。师生对于教育系统和导学关系的厌倦和不满正变得越来越普遍，虽然取得了一些令人惊讶的教育成就和持续不断的进步，但实际上导师与博士生并不幸福。师生被无穷无尽的问题所困扰，在这困扰之中也没有一种普遍的信任感和安全感，很难看出任何统一的意义或目的。① 交往理性导学关系对于导师与博士生的交往与生存规定渗透了对于物化难题的解答，其在非存在者层面定位自身体现了对物化灾难的拯救。导学关系是导师与博士生之间的关系，交往理性保证了导师与博士生生存的自然性，保证了“超越”的可领会性。理解交往理性对博士生导学关系物化灾难的消解，一个重要的方面是理解和承认对交往理性的生存化解读，也就是从主体的生存角度来思考交往理性，并以此为导学关系服务。

交往理性强调认识对象与认识活动的本质区别，要求通过范畴分析的方式来获得对于现实导学关系的理解，重视对导师与博士生交往世界的各种层次的复杂区分。从师生现实生存的角度来看，物化的伤害在于割裂教育主体原本具有的身体和思想、自我和世界的一体性，因此我们必须用交往合理性的概念来掌握导学关系，必须从系统的秩序中走出来，到纯粹的、活生生的生活世界中去，以获得对导师与博士生生存境遇的直接解答。无论是从历史出发还是从逻辑出发，我们不得不承认当下时代的人们必须生活在物质的世界中，必须同物质相伴；也必须放弃那种截然否定物质实在性、一味追求精神的生活观念。因此摆脱导学关系物化的关键不在于向传统的精神性生存回归，而在于发现一种新的方式，或者建构一种新的生存：既不脱离物质，又能超越物质、使生活更具意义。② 交往理性导学关系就是在这样的逻辑下发现和建构的，交往理性导学关系不脱离教育主体，始终与教育主体相连，并且让生活拥有值得去经历的意义。

---

① ［德］鲁道夫·奥伊肯：《生活的意义与价值》，万以译，上海译文出版社 1997 年版，第 1—2 页。

② 张文初：《追寻最后的一道青烟——〈存在与时间〉前 38 节的思想》，广东人民出版社 2011 年版，第 52 页。

第五章

存在：交往理性导学关系的规范基础

工具理性所带来的影响不是一般性或暂时性的影响，而是根本性、全面性的影响。面对导学关系的内卷化困境，需要找到确定的、普遍的、可靠的东西来重新给导学关系奠定基础。博士生导学关系的建构也并不只是一些概念或原理的操作，而是要探索导学关系本身的现象与问题，要回到理论之前的实践状态。这种实践状态不是导师与博士生纯粹的认识经验，而是师生交往互动的经验，是师生现实生活的经验，是师生日常实践的经验。因此，在试图建构交往理性导学关系之前，需要厘清存在着的博士生导学关系的规范基础。

第一节　交往理性导学关系中师生的能力与素养

现象的科学等于说以这样的方法来把握它的对象——关于这些对象所要讨论的一切都必须以直接展示和直接指示的方式加以描述。[①] 面对科学主义或工具理性的态度且存而不论，回到那个最开始的主客体交融的环境中，从导师与博士生的存在中把握导学关系。虽然导师与博士生并非博士生导学关系的全部，但导师与博士生的存在却是建构交往理性导学关系的先决条件，我们可以以思考和关注导师与博士生的存在方式思考和关注导学关系。交往理性导学关系也需要以教育主体为中心，探寻

① ［德］马丁·海德格尔：《存在与时间》，陈嘉映、王庆节译，生活·读书·新知三联书店2006年版，第41页。

存在着的师生的角色与身份，廓清导学关系对导师与博士生有效互动与交往的根本性规定，以建立导学双方对彼此的规定性认同。

一 导师的能力与素养

导师若想提高自身的工作水平，构建和谐的导学关系，就必须明确博士生教育对导师能力与素养的规范，理解博士生对导师的期盼。只有厘清导学关系内外部对导师的要求，他们才能够更好地发挥必要的技巧来指导博士生做研究的技能，并保持有益的“契约”鼓励博士生学术角色的发展。如有必要，导师还能很好地调整博士生的这些期盼，使其更适应于各自具体的情况。导学关系进入新时代以来，国家特别重视研究生教育质量和导师队伍建设水平的提高，前后召开了全国教育大会、全国研究生教育会议等重大教育会议，陆续出台了《关于加强博士生导师岗位管理的若干意见》《研究生导师指导行为准则》等有关导师职责的重要文件，都是为导师的指导行为与素养划定基本底线，以进一步明确导师职责，完善导师管理制度，也是交往理性导学关系的建构前提。综合博士生教育及导学关系的社会要求和理论规范，认为交往理性导学关系中导师的能力与素养主要体现在以下几个方面：

（一）学术道德与职业素养

学术道德与职业素养是导师与博士生进行学术活动应遵守的基本准则，它贯穿科学研究活动的始终，体现师生的学术素养、科研态度和道德修养，是导师与博士生建立交往关系面临的首要问题。“师也者，教之以事而喻诸德者也。”师德师范关系到拔尖创新人才的培养，博士生导师只有树立正确的价值观念、严谨的治学态度以及高尚的科研道德，并在修身立德方面具备知行合一的师德风范和人格魅力，方能成为学生及他人的楷模，使博士生心悦诚服以尊师重道。一个好的博士生导师首先应该具备敬业精神，坚持用正确的培养方法，勇于创新、开拓进取，以高尚的情操感召博士生，以和谐的交往环境熏陶博士生，以满腔的热忱关心博士生。[①] 其次应该具备诚信精神，在指导博士生做学问、做研究的过

① 罗英姿、李占华：《论培养创新型研究生的导师素质》，《中国高教研究》2006 年第 11 期。

程中讲实话、讲真话，为学生树立诚实、守信、务实的榜样，不断完善和提高自己的科学素养和学术道德，真正做到“学高为师，身正为范”。

中国的历史文化遗产中蕴含着丰富的德性思维光辉。“其身正，不令而行；其身不正，虽令不从。”欲化人则先正己，正己即立德。古代文人历来把“修己”当作修身养性的基本功，通过“内修”达到德性圆满与人格完善，再去实现“外修”，即“治国平天下”的最高理想。克实而论，师德的实化性正是传统师德得以数千年来生生不息的根本保障所在，而对传统师德理论之现实价值的发掘和应用也自当以此为根柢。[①] 师德的养成是博士生导师个人修养和学术品质的锤炼，它能够使导师在学术研究上守住“本真”，去除浮躁。如果导师并不能立志成为一个有德之人，那么其研究能力越强，对博士生以及社会的危害就越大。博士生在校期间，导师是他们最尊敬、最信赖的人，导师的学识每时每刻都对博士生起着潜移默化的作用。博士生导师要在科研实践中树立良好的学术道德规范，发挥在学术精神和工作作风等方面的历史使命。

导师的职业道德是社会与国家对博士生导师指导行为与学术素养的基本概括与要求，博士生导学关系处于不同的发展阶段，面临的交往问题和内外部矛盾也会有所变化。随着社会主义现代化进程的不断加快，传统师德文化以及伦理规范受到工具理性及功利主义的不断侵蚀，致使部分导师丧失对主流价值观念的接受与认同。在特定的时代背景下，博士生导师因背负着“传道”的使命而演化为一种符号化的工具性主体。[②] 也有少数导师因利益导向而违背学术道德，这不仅使导师与博士生之间纯洁的关系遭到破坏，甚至导致了对博士生导师队伍的信任危机。因此，博士生导师必须认清楚自身的行为底线与边界，以“大先生”“筑梦人”“系扣人”“引路人”为角色定位，以“三个牢固树立”“四个标准”“四个引路人”“四个相统一”作为合格导师的基本标准，[③] 尊重学生，严慈相济，张弛有度，不断促进博士生导学关系的健康

---

① 杜钢、朱旭东：《中国传统教师文化的基本特质与当代价值》，《当代教育科学》2019 年第 9 期。

② 邓达、田龙菊：《传统师道的现代转换：历史生存论视角》，《中国教育学刊》2012 年第 6 期。

③ 戚如强：《习近平师德观述论》，《社会主义研究》2018 年第 3 期。

化、纯粹化。

(二)学术指导的能力、责任与意愿

导师对博士生的指导是指通过师生间的互动与交往使博士生掌握专业知识及基本理论，对研究对象和内容进行深入的探索研究，进而培养和激发博士生探索、发现、解释事物或社会现象之间的因果关系。导师不仅要鼓励博士生勇于探索未知的世界，更应教会博士生必要的思维方式，让博士逐渐建立自己的思维图景。以上种种都是博士生导师所应具备的基本能力与素养，听起来也像是不言而喻的事实，但实际上，得不到指导的感觉在博士生中却相当普遍。现阶段中国高校博士生导师都承担了大量的教学、科研、学术指导和行政工作，加之高校规模的扩张使导师指导学生的人数快速增长，造成在学生指导工作中投入的时间和精力不足。博士生因此和导师之间缺乏沟通，或者仅存于形式上的沟通，缺乏深入的实质性的探讨，很多科研工作完全依靠个人探索。不仅如此，很多导师也是本着获得充足的科研劳动力而招收博士生的，博士生按照导师规定的要求按部就班地进行研究或实验，在方法训练、科研创新等方面收获很少，这就使导师的指导工作偏离了“人才培养”的根本任务。

笔者在访谈过程中遇到了这样一个案例，这是一位来自教育学学科的张博士（化名），她已经获得博士学位一年多了，但仍旧为仅从导师那里得到的有限帮助而愤慨。

> 导师总是无规律地安排见面时间，并确实曾有过六个月以上都未见面。在评论我所提交的博士论文时，导师从来不与我讨论整个研究工作，致使我的研究工作铺得太开而不深入。……很显然，我本人能做的工作是有限的，但我确实做了许多努力去尝试囊括整个论题。毫无意外，在提交论文进入预答辩环节时，考官们都说我企图做得太多，论文中没有一部分是合适的。……但是我的导师却不曾提过这种建议，但是在预答辩环节以后他却生硬地说这是应该做的事情。……导师根本没有认真考虑过我的研究工作，所以没能适当地加以指导。……导师应该为我们有规律的会面负责，也早就应该注意与我对研究内容进行详细的讨论，更重要的是，导师应该通过修改整个论文的初稿来指导我的研究。如果系统地做了这些，那

么后面论文研究不够深入的情况就不会发生。(B27)

为规范导师对博士生的指导行为，教育部于 2020 年 10 月颁布了《研究生导师指导行为准则》，提出“正确履行指导职责、尽心尽力投入指导、严把学位论文质量”等准则，划定了博士生导师指导行为的基本底线。导师的责任感要体现在博士生培养过程中的方方面面，并且真正落到实处。[①] 首先，导师应根据博士生的特点有计划、有针对地使其参与科研工作，逐步培养博士生分析问题和解决问题的能力，不断提高博士生独立从事科学研究的能力。其次，导师应让博士生参与课题的立项申请、研究设计、搜集资料、数据分析与整理、科研报告撰写等过程，以更好地规范博士生的科研活动，培养良好的科研精神和学术道德。最后，导师应为博士生创设浓厚的学术氛围与交流机会，使博士生及时掌握本研究领域的前沿主题，开阔视野、启发思维，提高其专业水平及表达能力，激发其强烈的求知欲望和探索精神。

(三) 心理帮助与精神性支持

毋庸置疑的是，随着博士生阅历的增长和社会经验的增加，其个人认知能力和创造适应能力获得了相应的成长，相对于硕士研究生而言，博士生的情绪态度更加稳定，对所遇问题的思考和理解也更深入、更理性。但是，随着科研任务难度的提高和就业生活压力的增大，相当一部分博士生存在着学业适应、自我认知、人际交往、学术道德、社会责任等不容忽视的“短板”和“硬伤”。令人遗憾的是，在现有的博士生培养及师生相处过程中，导师往往忽视了这些决定博士生成长发展的根本性问题。仅一味地强调博士生科研水平的提高，从而导致部分博士生发展不充分、不平衡的状态，影响导学关系的健康发展和师生的共同成长。

我经常会与导师在走廊里碰见，或在电梯碰见，或一起走过校园，但我们只能停留在一些见面问候打招呼的表面交流上，难以进一步深谈……有时候导师也许是忙着去参加会议，或者是忙着去讲

---

① 孟庆玲、乔军:《浅谈研究生导师应具备的基本素质》,《教育探索》2009 年第 3 期。

课，这时候我再提出自己的困惑就显得很不恰当……要从导师那里得到心理帮助很难……从他那里我也得不到什么帮助、信息或鼓励。我知道他是我的导师，也不想怠慢他，但目前来看，我还是要尽量自己努力。(B21)

在对博士生的访谈过程中，有不止一位访谈对象表示与导师的非正式交流难以深入，但正式交流场合往往讨论的又是关于科研进展或学术论文的话题，因此往往难以获得有效的心理帮助和精神支持。绝大多数导师都会认为自己乐意在博士生需要的时候与他们见面，这是事实，但许多导师并不是他们自己想象的那样容易接近，并且许多博士生也难以通过面谈的方式就一些可能会被认为是琐细的问题来询问导师。而当导师由于其他工作而忽略了与博士生的临时性沟通后，许多学生往往就再也不可能鼓起勇气去要求心理帮助与精神性支持。这也就意味着，当博士生被某个细小问题所困扰时，他只好浪费时间而等待与导师的下一次正式会面。这样的结果是，博士生在很长一段时间内的科研工作都不会有所进展，自身的压抑感会不断增加，进而更加担心打扰繁忙、重要的学术人物；而在另一方面，这同样会逐渐引起导师的疑惑，对博士生的动机与行动产生怀疑。

博士生导师的情感素质是影响师生交往关系的重要因素之一，提高导师的情感素质，首先要求导师要有一个健康的心理和平和的心态。导师在博士生面前表现出的亲和态度和真挚情感，能够增加学生对导师的亲近感与信任度，拉近师生之间的心理距离，以进一步发挥导师在建构良好导学关系中的作用。导师应尊重博士生的主体独立及内心想法，就博士生的生活、就业、家庭等问题进行沟通，学会在与博士生的交谈过程中倾听学生的观点和想法，使学生感受到导师给予的个人关怀。坦诚和平易近人的态度对于处在巨大科研压力和学业压力之中的博士生来说尤为重要，因此导师应让博士生感受到他对学生的关注，告诉他们出现问题可以随时与导师进行交谈。在导师与博士生的正式和非正式交流中，导师均应注意多了解博士生的生活状态和情绪变化，有意识帮助他们解决生活、心理或情感上的问题和困难，教会博士生如何为人处世，使导学关系在交流中变得更加和谐。

二　博士生的能力与素养

博士研究生的目标应是在某一学科领域里获得一定的认可，成为训练有素的专业研究者。这种专业研究者必须熟知专业领域的研究热点与前沿，正确评价同行研究的价值贡献和不足；同时应具备敏锐的眼光发现研究问题之所在，掌握当前研究所应运用的适当技术，有能力在专业活动场所有效交流自身的研究成果。相比于博士研究生，硕士研究生通常是作为学习掌握研究的基础知识、获得新技术的博士初级阶段，其研究工作的广度、深度、独创性、创新性等都有一定的局限性，但这并不能代表研究生教育对博士生能力与素养的要求。为了能够达到交往理性导学关系对师生主体的准入条件，保持师生之间最基本的学术交流与对话，博士生也必须具备一定的学习、探索、综合、评价等能力素养，并能对相应的研究问题进行规范而又深入的调查研究。

（一）科学研究的独立性与准备性

随着博士生教育的发展，越来越多的硕士毕业生进入了博士生队伍的行列。然而，受传统教育观念和制度的影响，硕士生大多仍处于“象牙塔”之中，缺乏一定的独立研究能力。进入博士学习阶段后，这些学生仍旧希望导师能在课程学习、科学研究、论文写作等多方面关心自己，甚至包括生活与情感的细枝末节。这种心理上的不成熟和科研能力的缺乏，造成的后果便是事无巨细地向导师汇报自己的学习、科研、生活状况，若有问题得不到及时解决，便会埋怨导师对自己的关心程度不够，甚至产生抵触心理。从调查问卷和访谈之中，明显能够感觉到导师与博士生在指导方式、导师投入、学生专业能力等方面认同的差异。这一方面体现出导师专业队伍建设有待提高，另一方面说明现在的博士生存在较强的依赖性和被动性，什么事情都希望导师能给予一对一的、明确的指导，这对于任何一位导师来说都是难以接受的。

> 对博士生的要求显然是很高的，就像你所发现的那样，不仅仅是需要掌握知识，更重要的是研究的方法与技巧……知道什么与怎样知道、如何知道之间存在着巨大的差别。让别人来告诉你这一个可以研究的领域、这是一种实用的技术、要把文章写清楚等等，显然是不够

的。你必须有能力去发现新的研究问题，去掌握所需要的技术并适当地运用它们，还要能够令人信服地交流你的发现。……有些学生能够独立思考，有些学生却经常追着老师后面问，甚至随口的一句话都会拿来为他所用……唯一不好的地方就是过于服从，缺乏独创的思想，导致无论我说什么他都机械照办的现象。(导师—3)

作为博士生来说，不能一味抱怨导师做得不够好，要求导师单方面的宽容体谅、博学多识、善解人意等。博士生有义务做好导学关系中“生”的角色，具备起码的博士生专业素养，既能够端正科研态度，有能力独立进行科研探索；又能够严格要求自己，具备自我反思与成长的能力。博士生要从硕士研究生阶段的导师引领转化到独立探索上来，应当本着自主、认真、刻苦的态度来对待科学研究，多参加社会实践与学术交流以提高自己的综合实践能力。换言之，无论是做老师的课题，还是进行自己的毕业设计，抑或是建立良好的导学关系，系统地掌握相关的科研技能，培养完善独立分析、发现问题、解决问题的能力都是至关重要的。

当然，具备科学研究的独立性与准备性也需要有一定技巧，正像其他任何技巧一样，这也必须有人指导，并从实践中学习。研究的基本能力与素养不是其他专业人员能轻易解说清楚的，虽然有许多东西可以在自觉或不自觉的过程中从科研训练中获得。不过，探索和实践这一孪生因素的必然存在，是学习所有能力与素养的基础，这也是为什么攻读博士学位需要有较长时间的原因。科学领域是不断成长的，新的研究成果到了明年就可能成为了过时的话题。所以博士生应该掌握的、最终的、具有决定意义的技巧是能够根据最新的科研进展来重新审视自己研究工作的反思能力，以及能够与研究领域共同成长的能力。

(二) 与导师交往的主动性

导师与博士生均是导学关系中的主体，这一点是毋庸置疑的。但作为学习者而言，对学术问题的研究与把握、与导师的沟通与交流等都是博士生自身知识经验的积累和建构，需要主体进行积极的自我管理。需明白导师与博士生的交往不是导师将科研目标、科研方法、科研结果等强加给自身的过程，而是博士生通过不断发掘科研实践中蕴含的知识，主动与导师交流以获取建设性的意见与建议的过程。因此博士生必须保持与导师主动且密切的联系，无论是通过电话、短信、电子邮件，或者是面对面的沟通与交流，要主动让导师了解自身的实际情况，知道自己目前的科研状态及进展。

> 如果你不为自己的研究工作而主动约导师的话，那么还有谁能够这样呢？你还怎么能引起导师的注意？如果想让导学关系更加紧密，沟通更加顺畅，就应该及时让导师指导你在做什么。……即使目前的工作没有任何进展，我想与导师的沟通仍旧是必要的……不要怕跟导师说，要让导师得到你的消息，无论是正面的还是负面的都可以。因为让导师了解你的进程一定是有利的：如果没有进展，导师会想办法看问题出在哪里；如果有进展，导师会帮助总结经验，再上一个新的台阶。……这种主动与导师沟通交往的学生也往往能够得到老师的喜欢，不仅可以在科研上得到更多指导，对学生自己来说也是一种锻炼；不仅仅是一种科学研究的能力，也是一种与人沟通的能力，一种人际交往的能力。(导师—8)

应当明白的是，博士生在不太长的时间内就能对自己的研究领域了解得比导师还要多，博士学位就意味着属于自身研究课题方面的专家，这是正常现象。虽然导师是相近领域内的专家，但其研究专长在博士生开展的课题里就显得不够深入细致。如同其他相对延续时间较长的关系一样，博士生导学关系也会随着时间的推移而产生变化。导学关系是一个长时间的、多变且复杂的、富有情感的经历，在博士生生涯过程中，导师往往期待博士生能够主动提供新信息、新论证、新观点。如果博士生能够积极主动地与导师交流，表达自己的观点与想法，就能提高导师对学生的赏识，师生之间的相处也确实能令人感到愉快。

博士生同样有责任与导师始终保持沟通与交流的顺畅，展现出自己充满活力、富于创造的一面，积极主动地与导师建立起一种尽可能是共享性的伙伴关系，这会使师生之间更容易地谈论那些并非与研究直接相关的话题。如果博士生很明智地处理好了与导师之间的沟通，那么导师与学生之间的关系就会由导师的指挥引导转变成为博士生自己的主动控制。而要从导师那里取得信息和获得批准的状况，也会逐渐变成导师与博士生共同讨论新观点、发展新思维的局面。此时的导师更像是博士生的科研道路上的一面镜子，成为能够提出不同观点并加以论证的专业学者。这样导师就变成了“科研伙伴”，而不仅仅是指导者的角色，导学关系也不会像之前那样充满问题和矛盾，这也是以交往理性为取向的导学关系的中心目标。

(三) 系统与生活中的自信心、抗压力与耐挫性

如同交往理性导学关系是同时在博士生和导师的系统世界与生活世界同时进行的一样，博士生也要始终保持在系统世界与生活世界中的交往行为合理化。无论是物质再生产，还是文化、社会、人格再生产，个体都需积极追寻真实的生活意义；对于走向交往理性的博士生而言，需要保持一定的自信心、抗压力与耐挫性，以获得导师的身份认同，进而实现师生双方平等交流的状态。在社会科学与人文学科领域的博士生会发现他们观察到的世界不同于产生研究的真问题，尤其是那些从小就被传统教育灌输思想的学生，往往很难适应社会问题的复杂性。这种情况对于自然科学的博士生而言亦是如此，博士生着手进行研究时，就会发现面临很多新情况，研究并不能产生希望得到的结果。在进入研究阶段不久后，很容易由于看不到问题、过程或初步结果就变得焦躁不安、失去信心。①

本科和研究生阶段之所以选择那些实验让学生做，完全是因为它们能产生预期的结果，没想到研究生和本科的研究如此不同……当实验达不到预期效果时往往会很受打击，不知道哪个地方出错了，也得不出任何结果……首先我必须做一段 RNA，但总是不成功，我用了 3 个月的时间才做成功。我们这个研究方向的特点就是经常什么都做不成功，你唯一的办法就是咬紧牙关接着做下去。我刚发现做什么都不成功时真的是很震惊、失望、害怕……这可能是你生命中美好的三年时间，很可能就白费了。……但是第一次出了结果之

① ［英］萨拉·德拉蒙特:《给研究生导师的建议》，彭万华译，北京大学出版社 2009 年版，第 73—74 页。

后真的很激动，以后再出结果大概都不会像第一次这么激动，真的很高兴。慢慢就习惯实验不成功的状况了。(B20)

另外通过对博士生的调查也发现，包括社交层面和学术层面在内的孤独感与挫败感，是经常提到的一个问题，尤其是对于那些社会科学和人文学科的学生、非全日制的学生、远离家人和朋友的学生，他们的孤独感和挫败感会特别强，但是这种学术上的孤独感和挫败感却没有必要造成情感上和社交上的孤独感和挫败感。一个研究项目一旦开始进行，博士生就必须在学术上对它负责，必须成为该研究方向的引领者。学会应对系统与生活世界中的不确定性也是博士生阶段应必备的一个重要能力，博士生必须学会理性面对失败与挫折。要把它看作是科研训练的基本组成部分，认识到这不是个人问题，而是每个博士生都会遇到相同的困难。应对不确定性的能力是衡量博士生的一个重要标准，虽然最初的失败会让人意志消沉，但同时也是博士生自我学习和成长的过程。一旦接受了系统与生活中的各种不确定性，博士生就可以在科研和生活中从容应对；而当获得理想的研究结果时，之前的担心、不确定和失望的情绪就会消失，取而代之的是一种越来越强的信念。

第二节　交往理性导学关系的制度与环境

正如前文所说，博士生导学关系不仅仅是师生之间的身份联结，更是制度联结。如果说存在着的角色和身份是交往理性导学关系的先决条件，制约着导学关系中主体的生成和交往；那么存在着的制度与环境就是交往理性导学关系的生成场域，保证着主体间良好关系的确立和发展。博士生教育的制度与环境不仅是教育体系完善程度的有效反映，更是师生共同成长与进步的直接保障。来自包括政府、大学、家庭等社会各界的力量，甚至包括来自学科、教师、学生等在内的微观动力，日益汇聚成为一种合力，在推动博士生教育体系不断完善、导学关系不断发展的道路上发挥着积极的作用。具体而言，对交往理性导学关系影响较大的是博士生教育的制度与环境和导师专业发展的制度与环境。

一 博士生教育的制度与环境

在博士生教育产生、发展至今的历史进程中，博士生教育制度与环境的建立与完善，主要是沿着两种途径展开的。其一是以欧洲大陆国家为代表建立完善的博士生教育体系，它主要是在政府的推动下逐步完成的，例如在确定博士生入学标准、学习方式、修业年限、学位授予标准等诸方面都有较高的权威；其二是以英美两国为代表建立的博士生教育体系，主要依靠学术团体和学校联合共同主导建设博士生教育诸多方面的制度与规定，而政府只在政策引导和财政支持上助力博士生教育的发展。不论是何种形式建立和发展起来的博士生教育制度与环境，都涵盖了政府、学校与个人的积极努力与建设，其中对博士生导学关系影响较大的有课程与学业、科研指导与训练和学位论文的创作。虽然目前与之相关的政策文件中对课程、科研、学位论文等均有涉及，但多是大而宽泛的宏观条款，并未有具体详细的政策落实，因此博士生教育的制度建设依旧任重而道远。

（一）基于主体的课程与学业

博士生教育的课程与学业是依据博士生的培养目标而有计划、有组织地编制与实施的教学内容。因博士生在掌握知识的广度和深度、科学研究与工作的能力等方面的特殊要求，其课程设置与教学方式与硕士生、本科生有着较大的差异，必须遵循博士生的身心特点及发展规律。博士生通过完成一定的课程与学业，可以掌握本专业领域坚实宽广的理论基础和系统深入的专业知识，并能及时了解学科发展的趋势与前沿，是博士生的主要培养形式之一，也是保证博士生教育质量的必要手段。科学合理的课程设置与学业安排要求教师全面深入地分析人才培养目标、专业知识结构、学科发展动态等博士生教育课程的基本问题。[①] 由此建立的课程与学业体系才能为博士生知识结构的形成奠定基础，才能为博士生导学关系的和谐发展提供支持与保障。

就目前来看，中国博士生课程与学业制度建设尚未完善，仍然有很长的路要走。交往理性导学关系要求博士生课程与学业的设置要注意博

---

① 薛天祥:《研究生教育学》，广西师范大学出版社 2001 年版，第 202 页。

士生教育的特殊性，注意教学与科研相渗透，注意合作研究与独立探索相结合，注意理论与实践相联系的原则。然而传统的博士生课程与学业试图在博士生教育领域建立起如同典型的自然科学一样的知识体系，忘却了课程与学业的事实对象是具有复杂行为与心理活动的人。博士生的课程与学业与本科生、硕士生的课程毫无差异，甚至很多时候是与硕士生一起上课；且受制于科学主义的影响，课程完全依附于理论而不对理论进行反思与批判，一味追求课程的客观性与标准性，使课程与学业脱离了人的意义和主体之间的交流过程（Intersubjective Exchange），而成为控制导师与博士生的工具。不仅如此，课程实施维持了现行博士生教育与管理体系，对引导人的学校行为的信仰体系的起源和后果视而不见，知识不是一种可探寻、可分析、可切磋的东西，转而变成了一种被管理和被掌握的工具。①

课程与学业的存在是“具体存在的教育主体”的“活生生的经验”（Lived Experience），是师生具体的生活与存在体验，因而博士生课程主要的是教育主体的自我知识（Self-knowledge），是一种社会的反思性实践（Praxis），而并非外在于师生的理论知识。交往理性导学关系论充分肯定教育主体的存在价值，认为导师与博士生在本质上是知识与技术的创造者，而非知识与技术的接受者。导师与博士生的交往世界不应该是一种自然的世界，而属于一种建构的世界，课程的实施就是师生之间不断沟通交流，最终达到行动与反思的统一。交往理性下的课程与学业强调教育主体对自我履历（Autobiography）进行概念重塑，进而不断提高意识水平，到达对工具理性导学关系的解放。解放意味着“从外在于个体的存在中获得独立”，是一种自主的而不是放任的状态，是对自由与责任的有机整合与统一。因此，在制定博士生课程与学业制度时，应把课程作为一种“存在”来解读其蕴涵的意义，充分考虑博士生的学习规律与学科发展动态，兼顾知识的广度与深度，满足师生充分沟通与交往的需求。

（二）详细的科研指导与训练

科学研究是现代博士生教育发展壮大的基础，是师生交流与互动的重要手段，同时也是社会创新的重要源泉。科学研究在本质上属于一种

① 张华：《课程与教学论》，上海教育出版社2000年版，第25—27页。

创造活动，是在全面了解和掌握前人积累的知识和经验的基础上发现新知识、探索新技术的活动，是确保博士生迈入学科前沿的主要手段。对博士生进行科研指导与训练是高等教育规律的本质体现，因而现代博士生的培养必须通过科研指导与训练才能实现。虽然我们已经认识到科学研究对师生成长及创新成果的重大意义，各个培养单位也会对博士生阶段的科研成果做出一定的要求，但就导师对博士生具体的科研指导的方法、手段、原则等，尚未上升到具体的制度或政策层面来。不同地区、不同层次高校中的导师对博士生科研指导与训练也会有巨大的差别：博士生教育可以与导师的科研任务和科研活动很少联系，甚至没有联系；反过来导师的科研任务也可以不在大学进行，而在研究中心或者工厂的实验室进行。

现代的博士生教育在学校发展、科技创新、师生成长的方面越来越面临一团复杂的交叉的压力和相反的趋势：学校的发展按照系统思维进行着与科技创新和师生成长不相一致的运作模式，科技创新要求为社会文化创造新知识的内在动机，致使教育主体的成长与发展无人问津而成为最无助的呐喊。学校发展、科技创新、师生成长之间的相互关系发生在大学教育最高层次的计划安排之上，这三个方面有效联结的必要条件，隐藏在学术世界错综复杂的关系之中而难以发现。制度的缺陷无疑致使导师对博士生的指导出现了真空地带，导师仅凭个人经验对博士生进行科研指导与训练，并无一定的原则或章法可循，从而造成博士生科研素养参差不齐的状况，也使师生之间的关系产生微妙的变化。另外对于科学研究中导师与博士生的关系问题，博士生科研成果的权属问题，博士生科研的经济回报问题等，相关的教育制度或管理制度也鲜有明确涉及。

导学关系的和谐及博士生教育的成功很大程度上受工作环境及相关制度的影响。由于大学里相当部分的研究是由博士生承担的，院校显然有不容推卸的责任来保证为博士生提供一个良好的环境，使他们能够进行有效的师生互动，创造出优良的科研成果。学校在确定科研指导方针、制定规章制度、提供财务资源等方面有应尽的责任，院系在设立科研准则、条例和组织实施等方面也有具体的要求。科研指导相关制度的完善并不是不切实际的，而是对院校培养博士生责任与义务的希冀。若要确保博士生培养体系的良好运转，推动博士生教育的健康发展，就必须考虑教育主体成长与发展的诉求，在学校发展制度与科技创新制度之间找到一种平衡，从博士生教育的基本单位中设计出一个精心制作的框架，以提供详细的博士生学习、指导、科研计划，使师生之间的科研指导及科研训练能够回归理性，继而重构师生交往的价值与意义。

（三）具体的学位论文创作

学位论文是博士生在导师的指导与帮助下完成的、系统的、完整的学术研究工作，是对博士生进行科学研究或承担专门技术工作的全面训练，同时也是培养博士生创新能力，综合运用专业知识发现问题、分析问题、解决问题的主要环节。[①] 学位论文创作既反映了博士生的工作实践能力和科研技术水平，又体现了博士生在相应学科领域做出的创造性学术成果。在学位论文创作的有关制度方面，会对学位论文的全过程（例如开题报告、中期检查、论文评阅、预答辩、正式答辩等环节）做出具体规定，切实保证学位论文的质量。学位论文的创作关乎学位的授予，因此在建立博士生教育的同时，与之相关的规章制度就已经建立起来。但不难发现的是，在与学位论文创作有关的制度当中，更多的是对时间节点、考核形式、成果要求、质量标准、评审方式等做出的硬性规定与说明，突出的是对博士生学位论文创作质量与规范的管理与控制，对导师在这一过程中的责任并没有详细的说明。

由此可见，学位论文相关的规章制度关注的仍旧是博士生对学位论文的创作，并不是导师指导下对论文的规划与完善，这无疑还是割裂了导学关系主体，将导师与博士生置于主客体对立的境地。虽然博士生的学位论文是创作者具有独立从事科研工作的反映，但也离不开导师、导师组、评阅人、答辩委员等的帮助与指导。需明白学位论文并不是博士生自己的学位论文，而是在导师指导、师生互动下完成的学位论文，博士生和导师对学位论文的质量负有同样的责任。这不是在规章制度上的体现，而是交往理性导学关系的本真反映；也不单单是导师应尽的责任和义务，更是导师指导博士进行论文创作的权力和选择。只有当导师明白交往合理性和主体间性的教育理念，将博士生的学位论文视为己出，

---

① 王战军等：《研究生教育概论》，北京理工大学出版社 2019 年版，第 78—83 页。

才能真正地从学生的角度出发尽心尽力地指导，帮助其完善学位论文的撰写。

对工具理性的批判并不是要我们全面抛弃导师与博士生工具行为的合理性，博士生教育制度的制定与实施在一定程度上就是工具合理性的体现，甚至这些制度条例越细致，其工具合理性表现得就越明显。但实现导学关系的理性化，就是要在工具理性的道路上对不利的因素加以扬弃，最终整合导师与博士生工具行为与交往行为的合理化。在学位论文创作有关方面，不仅需要导师引导博士生选择合适的研究方向，设计规划合理的研究课题，撰写相应的文献综述；还需要导师指导博士生进行数据收集，为学生提供实用的写作建议，帮助博士生顺利通过评审和答辩等。虽然这些过程并不一定要导师亲力亲为，但有关制度的建设是为导师指导与师生互动的顺利进行提供有效保障。在具体的学位论文创作中，导师需根据不同博士生的科研特点与写作习惯，有针对性地采取不同的指导与沟通策略，最大程度地发挥博士生学位论文撰写的主动性和积极性，确保学位论文的质量和博士生科研素养的提升。

二 导师专业发展的制度与环境

尽管随着社会和自身发展的需要，博士生教育模式和导学关系多有变革，但并未改变导师在博士生培养中的地位和作用。相反，作为博士生导学关系中重要的主体因素，导师的学术水平和指导能力直接制约着博士生教育的质量。因此，严格遴选指导教师，加强导师队伍建设，对提高博士生培养质量，促进导学关系健康发展具有积极的意义。进入新时代以来，博士生导学关系进入了重构时期，改革意见的相继出台，明确了导师立德树人及“第一责任人”的职责，规定了博士生导师的基本素养与要求，使中国导师队伍建设有了明确的发展方向。而具体的导师专业发展制度与准则，则需要各个高校根据实际情况、因地制宜地规划出适合本校导师专业成长的道路与环境。

（一）导师招生资格的遴选

从1981年实施《中华人民共和国学位条例》以来，中国博士导师资格的审定主要由国务院学位委员会统一控制。直到1993年底，先后审核批准了五批博士生指导教师。随着学位制度的逐步完善与博士学位授予单位的逐渐成熟，由中央直接审定导师资格的方式已难以适应中国博士生教育发展的需要，导师在一定程度上演变为一种"名分"，产生了学校与个人片面追求荣誉的不良倾向。因此从1995年起，国务院学位委员会不再单独审批博士生导师，逐步实行由博士学位授予单位按照"坚持标准、严格要求、保证质量、按岗设需"的原则遴选博士生导师。[1] 新的办法有助于在一定程度上淡化对"博士生导师"原有的观念，也使中国博士生导师的数量得到了快速增长。

现阶段中国导师招生资格的现象与特点是，专业学科领域内具有博士生导师资格的教授数量，远远大于当年博士生招生计划人数。由此造成的结果，或是各个导师与学科点达成默契，轮流招收博士生；或是考虑科研项目与经费、近些年的奖励与荣誉等因素，再次遴选当年具有招生资格的导师。这种确定导师招生资格的遴选方式，不仅造成导师招生数量的差异和不平衡，引起导师招生资格的混乱和导师间的矛盾；而且使导师更加关注于课题、经费、荣誉、奖项等外在物质条件标准，而忽略了根本的指导能力与培养问题。有的导师每年招收两个或多个博士生，有限的精力使其无法悉心顾及每位博士生的学术指导与培养；而有的导师多年招不到一个博士生，空有指导学生的意愿与抱负却无法得到施展。

科学合理的导师招生资格遴选制度是提高博士生培养质量的重要措施，从根源上促进了博士生导师队伍的质量和水平，因此高校应严格按照国务院学位委员会制定的遴选标准，结合学校的实际情况制定招生资格遴选制度。首先，学校需建立并实施导师的动态招生资格，实事求是地确认导师的地位和作用，明确博士生导师是一个重要的教学工作岗位，而不是教授中一个固定的层次或荣誉称号。其次，学校应根据各个学科的实际需求，综合考虑学历结构、年龄结构、社会需求、专业特点等设置导师岗位，并建立差别化、弹性化、人性化的遴选标准。[2] 最后，导师招生资格的遴选标准应坚守宁缺毋滥的原则，在选拔中既要考察教师的学术能力，又要考察其指导水平，既要重视教学评价，又要重视师德

① 薛天祥：《研究生教育学》，广西师范大学出版社2001年版，第335—339页。

② 王战军等：《研究生教育概论》，北京理工大学出版社2019年版，第116页。

评价。

博士生导师队伍建设的目的是凝聚共识，使师生的共同成长与进步成为全体导师的共享观念，促进广大教师在心理上的认同与支持，并将自身的前途与博士生和高校的发展联系在一起，在导师的不断成长中实现高校、教师与学生三者共赢的局面。博士生导师招生资格遴选制度作为博士生导师管理最基本的制度和措施，是高校把握导师能力、素养、结构和管理的关键一环。完善的导师招生资格遴选制度需要有与之配套的科学评价体系，通过建立校内外同行专家评议制度、回避制度，采取定性评价与定量评价相结合的方式，保证评价的科学性和客观性。① 招生资格遴选制度赋予学校和教师更大的选择权力与发展空间，有利于加速人员的合理流动，实现人力资源的优化配置，从而最终形成开放、竞争的导师专业发展氛围。

（二）导师动态的考核与管理

博士生导师能否适应指导岗位的要求，能否建立起适合导学关系发展的空间，不仅仅通过导师招生资格的遴选来决定，还必须通过在实际指导岗位上的业绩来加以评价。为保证博士生培养质量及导学关系的和谐发展，应建立起动态的导师述职、考评、奖惩与管理制度，对现任的博士生导师指导情况进行审核。导师应定期向所在的学院学位评定委员会递交书面述职报告，详细说明履行导师职责情况。学位评定委员会根据导师的标准和条件对其指导水平进行评审。② 并运用嘉奖、记功、荣誉证书或称号、授予奖品、调整工资、改善生活与工作环境等精神或物质手段，对博士生指导工作中成绩显著的导师给予表扬和奖励；运用通报批评、警告、记过、撤职等惩罚方式，对指导工作中产生不利影响或重大问题的导师进行处罚；对已超过一定年龄、招不到博士生、无能力指导学生的导师取消其上岗资格。③ 建立动态的考核与管理制度，有助于奖优惩劣，保证导师在学术上不断创新，在科研事业上不断提高，在和谐

① 李焰等：《研究生团队导师制管理模式探讨》，《高教发展与评估》2018 年第 4 期。

② 薛天祥：《研究生教育学》，广西师范大学出版社 2001 年版，第 341 页。

③ 郭跃等：《基于科学发展观的研究生导师队伍建设与管理机制探析》，《学位与研究生教育》2010 年第 7 期。

导学关系上不断进取。

包括博士生导师在内的高校教师是中国专业技术人才队伍的重要组成部分，是新时代推动国家教育事业发展和高层次人才培养的重要力量。习近平总书记在全国教育大会上强调要解决教育领域的“五唯”问题——“扭转不科学的教育评价导向，坚决克服唯分数、唯升学、唯文凭、唯论文、唯帽子的顽瘴痼疾”。[①] 按照《中共中央办公厅国务院办公厅关于深化职称制度改革的意见》要求，为进一步完善教师评价机制，激励广大高校教师教书育人，落实立德树人根本任务，人力资源和社会保障部与教育部于2020年7月共同研究起草了《关于深化高等学校教师职称制度改革的指导意见（征求意见稿）》，要求健全制度体系，完善评价标准，创新评价机制等，标志着中国对包括博士生导师在内的高校教师动态考核与管理已经进入了新的阶段。

导师工作评价和考核是导师聘任、晋升和奖励的依据，是导师聘任制实施过程中重要的一环。对导师的考核与管理也要建立起一套适当的标准，必须切实改变过去重科研轻指导的倾向，既要考察导师过去的研究经验和现在的科研活动水平，又要考量导师过去指导博士生的经验及现在对指导博士生的投入程度。如果导师仅有优良的科研成绩而缺乏必要的成功指导经验的话，那么挑选出来的导师对指导过程和研究问题就要有充分的决心来投入更多的付出和努力。导师应该是一位热心与成功的研究者，不能因其获得了“博士生导师”的资格就放弃对科学研究和学术指导的追求。积极的研究者对为博士生提供需要掌握的当代专业知识和技能来说，也是十分必要的，因此必须建立动态的考评机制，防止教师在获得导师资格后因热衷于非学术研究的活动而荒废了科研及指导工作。

（三）导师指导小组建设

中国博士生教育及导学关系进入重构时期以来，对高校导师队伍建设尤为关注，前后出台了许多与之相关的政策文件，其中对导师的选拔、聘任、考核、奖惩、管理等均有涉及，但对于导师指导小组建设却未有

---

① 王定华：《新时代我国教育改革发展的新方向新要求——学习习近平总书记在全国教育大会上的重要讲话》，《教育研究》2018年第10期。

过多的提及，这是促使博士生教育现代化、促进交往理性导学关系不容忽视的一点。当今时代科学技术的突飞猛进，只靠一位导师的精力与时间已经很难指导出适应社会发展的高水平博士生。因此，发挥导师的主导作用，实行由导师负责的指导小组制是非常必要的。为了避免师承一人的诸多弊端，近年来各大学也越来越注意发挥导师指导小组在博士生培养中的作用，在博士生论文选题和研究规划等方面注意吸收其他教授的意见，或直接采用导师集体培养的办法。例如由导师组成的指导委员会，能够将本专业的师资力量有效集中起来形成专业与方向的交叉融合，使博士生选择不同方向的导师进行指导的需求得到满足，进而促进博士生培养质量的提高。[①]

建立起博士生导师指导小组制度，发挥导师群体在集体指导中的作用，这样对于导师和博士生而言都是有利的：一方面，指导小组既可以较好地发挥学术造诣高、学术声望好的老教授的作用，又能避免少数导师由于种种原因无法招收博士生的处境，更可以充分发挥那些年富力强、干劲十足的中青年学术骨干的作用。通过指导小组，导师们也有机会讨论各自对博士生每一阶段中学术指导工作的理解，使导师明确不同师生的需求与目标，把精力集中到全面提高工作水平上来。另一方面，通过对博士生教学和科研的集体培养，不但有利于博士生博采众长，改善知识结构，提高学术水平；更有利于博士生对导师指导能力的判断，从而提高导师的指导意识与指导水平，促进师生之间亲密关系的形成。只有当导师的学术指导工作受到了认真对待，导师与博士生均认同“导学共同体”的形式是促使双方成长的重要因素，导师就能通过交往的合理性为博士生提供各种支持，进而大大改善和提高博士生教育的有效性。

导师队伍的发展壮大主要在本校原有的教师队伍中直接培养而成，同样也有许多高校大胆引进学术水平高、科研作风好的教授，或者吸引国内外年轻有为的博士学者，补充壮大导师队伍。但也需要注意建立合理的人才晋升及流动机制，积极创造出人尽其才、和谐共生的制度与环

① 刘成竹、党永杰：《基于“标准、监管、评估、服务”的研究生导师队伍建设研究——以华中师范大学为例》，《学位与研究生教育》2017 年第 4 期。

境。要建立良好的博士生指导小组，首先，必须充分依靠和发挥学术带头人的作用，积极促进形成一支业务素质好、专业结构合理、团结协作的导师队伍。其次，应有计划地让青年导师承担重任，鼓励他们在一定的专业道路上开辟新的科研领域，在博士生指导过程中发挥自己的才干，甚至逐步成长为专业领域的学科带头人。最后，必须具备一套相应的自我激励和自我约束机制，以此促进导师指导小组的新老更替，提高导师队伍的整体素质及水平，创造和改善博士生的培养条件，确保博士生培养质量的提高。①

三 师门文化——导师与博士生间的心理契约

可以肯定的是，导学关系并非指单个学生和他们的单个导师之间的互动交往过程，导师组的指导以及科研组的协作都会对导学关系产生正面或负面的影响，我们也不能忽略导师指导与师生互动的一些更加宽泛和普遍的问题。在对博士生教育的制度与环境以及导师专业发展的制度与环境有过讨论之后，还应注意导师群体与学生群体交互作用所产生的约定或准则，这是导学关系发展演变的必备阶段。导师与博士生之间保持一定的心理契约，树立与培养博士生对集体的责任感与认同感，进而构筑相应的师门文化，才会使交往合理化以观念的形式沉浸于教育主体的头脑之中，最终促使和谐导学关系的有效达成。

（一）保持有益的心理契约

心理契约（psychological contract）这一概念最早是由美国心理学家克里斯·阿吉里斯（Chris Argyris），用来描述员工与雇主之间的关系，是员工由于雇主的承诺而对他们有权得到和应该得到的存在形式的信念。② 现如今，广义的心理契约多指交往双方基于书面、口头、约定等各种形式在内的承诺，对交换关系中彼此义务的主观理解与期望。师生交往的制度与环境是影响导学关系健康发展的双刃剑，一方面教育系统中秩序井然的结构及运行规律确保了师生双方进入交往领域的基本素养，保证了

---

① 薛天祥：《研究生教育学》，广西师范大学出版社 2001 年版，第 343—344 页。

② 魏峰、张文贤：《国外心理契约理论研究的新进展》，《外国经济与管理》2004 年第 2 期。

导学关系的生成与发展空间，在一定程度上能够促进师生的共同成长与进步；另一方面教育系统中自上而下的层级结构天然地使管理者占有对师生互动的主导权，师生的交往由主体的成长变成了系统发展的手段，从而中断了科研与生活的连接，扼杀了教育主体自我实现的要求。因此，在教育制度下寻找以师生为中心的领导，保持有益的心理契约，激发师生的责任心、主动性和创造精神，是师生交往行为合理化的重要途径。

有效的心理约定不仅可以使博士生感到导师对自己的态度与责任，保持博士生对于学术研究的期望与张力，起到有效的激励作用；而且还可以维持导师与博士生的良性沟通，表明导师与学生是处在一种伙伴关系之中，从而在师生之间产生强大的凝聚力。心理契约的主体是导师与博士生在导学关系中的心理状态，师生在确定导学关系之前的交往与认知是形成心理契约的基础，导师与博士生提出并大致了解对方关于科学研究与学术指导的要求与期望，暂时达成同意包括某种变动在内的折中方案。由于导师与博士生之间的心理契约具有不同于一般契约的特性，主要体现在师生之间的精神交往而非物质交换上，只有加强师生间的情感交流与人文关怀，不断肯定学生取得的进步与成就，及时发现并帮助学生在科研与生活上遇到的困难，才能增进师生之间的彼此信任，激发博士生的内在潜力与创造精神。①

在博士学业中师生间的沟通交往是契约清晰化的重要方式，导师与博士生可在互动过程中重新理解或建构彼此之间建立的有效约定。由于博士生学习背景、个性习惯的不同，其科研动机与成就需要在很多地方均存在差异，有关的教育制度也不可能穷尽每一种学习特点。而师生之间具体的、细致的心理契约则可以针对每位博士生的需求与期望制定个性化的内容，并且在师生交往的环境中随时做出修订与调整。② 当导学关系中的某一主题感觉到契约不公或产生新的期望时，便会做出单方面的行动以寻找新的平衡，在指导实践中充分重视并满足了博士生个性化的

① 裴劲松、张楠：《心理契约在研究生教育中的应用及管理策略》，《中国高教研究》2009年第4期。

② 李春根等：《构建和谐心理契约 促成导师与研究生和谐共进》，《学位与研究生教育》2013年第11期。

心理需求，就能使导学关系处于一种动态的稳定之中。师生之间心理契约的履行是一个长期、动态的过程，伴随着原有契约的变化、消解、修正与重构。而沟通作为师生准确地表达各自期望的桥梁，能够有效避免心理契约关系的违背或破裂发生的概率，维护导学共同体的合作创新氛围。①

（二）构筑师门文化

作为博士生教育的非正式组织形式，基于共享的观念和价值愿景所建构的师门文化对博士生的发展及导师的专业成长发挥着不可替代的作用。相比于学科、导师组等正式组织，师门在开展学术交流或研讨活动时，其组成与结构往往灵活且多元，师生在此的交往频率与获得的支持与帮助也远较正式组织高。② 师门文化应是一种良性文化，并对师门中的每位博士生都能产生正向的促进与积极的影响，因而具有良好师门文化的科研组织应更重视成员之间的情感逻辑而非效率逻辑，以满足不同博士生个体需求与发展的差异。不仅如此，良好的师门文化还能以一定的约定准则来规范、调节导师与博士生的个体行为，最终以共享性、商讨性的领导与权威引领师生的共同发展。在构筑师门文化时，导师可以反思并调整自身领导风格与深层价值观念，以领导优秀的师门文化建设；博士生也应以积极主动的姿态为改进师门文化提出建议并付诸行动。③

> 我觉得当导师所带的博士生或研究生不止一个的时候，就应该帮助其形成研究集体，构筑自己的师门文化。……集体讨论完全可以由学生自己来定，不受限制；研究和讨论的方式恐怕会以漫谈为主，但也不排除其他形式，如讨论某一学生写出的文章，或者几个学生共同研究一个问题等等。师门文化能否维持的关键是有没有形成一个好的学风和一个团结和谐的关系。师门的形成应该是很自然

---

① 郑文力、张翠：《基于心理契约视角的“导师—研究生”关系构建研究》，《研究生教育研究》2019 年第 5 期。

② 林杰、晁亚群：《师门对研究生发展的影响——基于非正式组织理论的质性研究》，《研究生教育研究》2019 年第 5 期。

③ 林杰、晁亚群：《研究生师门组织文化类型与特征的混合研究》，《高校教育管理》2019 年第 6 期。

的，出于共同的要求，在这里导师当然起到引导和促进的作用。……比如说在学生为自己论文做准备的时候，导师就可以要求学生彼此之间相互提建议，提意见。……我认为这种研究集体所发挥的作用，并不一定比导师组的作用要小。(导师—6)

只有导师让所有学生都清晰地认识到与构筑师门文化相关的所有活动的重要性意义时，师门文化才能达到理想的效果。导师也应该创造条件使学生们能够安排相互间有规律的活动，导师要为自己的学生们组织会议，使其形成自己是研究团体中一员的概念；要使学生相信自己不是在独立地完成科研任务，研究团队中的每位成员都在关心着他们的研究与进展。师门可以采用专题讨论会的形式互相了解学生们正在进行的科研工作，每次可由导师或其他同学来集中讨论一个人的研究进展、问题和想法，大家提供反馈、信息和帮助，并与自己的经历进行比较。以这种方式，师生们可以经常交流看法、分担忧虑、共享经验，并且整个师门也会形成一个互助网络。需要说明的是，师门文化并非是封闭的、僵死的，科研团队发起的每一次会议或者活动均应是开放性的，如果有其他专业的同学或老师希望参加活动，那么就应该为这些人敞开大门。师门文化增强了博士生对于导师指导的认同感和归属感，为自身的学习、科研、交往形成了具有支持性的组织环境。

第三节　交往理性导学关系的符号与媒介

只有在对客观事物的象征化意义获得一致性理解的基础上，师生之间才能有效地对话与沟通。在导学双方互动之前，需使彼此运用对方和群体的视角作为其考虑问题和情境定义的基础，以确保交往主体能够对彼此以及环境适应。这种定义具有一般性的参照功能，通过它可以对特定行动路线的结果进行预测和评价，[①] 促使师生之间进一步的相互理解。运用符号表示周围客观世界的意义并进行对话，是人与人社会关系的本

---

① 陈纪、吕如敏：《布鲁默和库恩在符号互动论上的异同》，《湖北教育学院学报》2005 年第 6 期。

质所在，是工具理性导学关系的基本前提，如果丧失这种制造和在交往活动中运用符号的能力，那么导师与博士生之间的交往关系也就不会被创造、维持和改变。

在导师与博士生交往过程中所选取和运用的符号是生动的、形象的、富有创造性的。而师生能否基于符号进行良好的互动取决于交往过程中事物对自身产生的丰富意义，并能对这些意义进行不断的调整、修改和处理。[①] 在师生交往过程运用的所有符号与媒介中，语言符号是最为典型的，师生通过语言把已经合乎逻辑的潜存于交往过程中的某种情境或某种关系从交往过程中提取并表达出来，[②] 对于促进交往理性导学关系的建构起到重要推动作用。人与世界的关系，包括师生之间的关系都属于一种对话关系，只有通过语言交流才能彼此沟通，但任何的语言表达也需要理解并达到理解，这既包括师生所面临的陌生世界，也包括师生所熟悉的已知世界。因此，从理解的过程本身来说，导学关系还要面对置身于其中的环境与文本之间陌生意义的鸿沟。

一　言语行为及其合理化

语言存在于无限多样的师生交往脉络之中，对话的意义也会由交往环境的改变相应发生微妙的变化，因而对交往理性导学关系意义的考察必须站在相关主体的立场上进行探究与度量。导师与博士生的对话是以意义的同一性为前提的，即使主体间的同一性发生动摇，也可以通过相互交谈再次达到“具有合理性动机的同意”。在师生日常交往实践中，各自的言语行为在行为语境中发生功能而留住了一种在文本中失去的力量。言语交往行为合理化的目标在于对这样一类规则的清晰的描述：有能力言说者必须遵从这些规则，以便于构造语法性句子并用一种可接受的方式言说它们。语言的普遍性意义以相应的交往性规则资质作为导师与博士生互动的前提，并进一步假设了交往性资质恰恰具有用语言学资质相同的普遍核心。只有这样，导师与博士生才能将在话语中恰当使用语句的条件付诸实现，而不管这些语句可能属于何种特定语言，也不管这些

---

① 胡荣：《符号互动论的方法论意义》，《社会学研究》1989 年第 1 期。

② 丁东红：《从社会哲学视角看米德符号互动论》，《中共中央党校学报》2008 年第 1 期。

话语可能被置于何种偶然性关联域。[1]

语言是人类生活所特有的和普遍的媒介，其内在本质决定了它是一个“普遍必然的”有效性主张的系统，达成一致或理解是言语内在的目的与功能。[2] 有关语言的使用是探讨有关语言与使用语言的人之间关系的语言学（符号学）的一个领域，它与说明语言与指示对象之间关系的意义学以及说明言辞之间关系的句法学（Syntaxique）有所区别。在过去的语言哲学中，语言表现、叙述对象的职能被特权化，但言语行为理论把注意力放到那些如号召、自我表现这样的作为记述对象无法理解的语言使用上。哈贝马斯把这一范式转换进一步彻底化，提出了普遍语用学理论。哈贝马斯认为，所有的命题无形中都在表达着某种诉求，如果对命题的真理性有疑问，那么这一适当要求就成为我们语言共同体讨论的对象。真理性便是通过这样的讨论与协商来决定的。语言的内在一致性基础是普遍真理和统一理性的根本保证，如果无视语用学的层次，认为只要命题与对象一致起来就是真理，这种想法是不充分的，因此需要把理性化概念从实证主义及科学主义狭窄的把握方式中解放出来。

工具理性成为了一种影响师生互动与沟通的隐蔽的意识形态，使对彼此的理解脱离交往活动的参照系，脱离以符号为中介的相互作用的概念，而用一种结构化、制度化的模式取代，师生的互动与交往自然失去了原本的意义。而体现在利益和权力媒介中的经济规则与管理规则，也正在侵占导师与博士生的交往领域，导学关系面临着与交往行为和生活世界断绝的危险。在交往理性的指引下，处于交往活动中的博士生和导师在实施任何语言行为时，必须满足一定的“普遍性要求”。就博士生或导师试图参与一个以理解为目标的过程而言，他不可避免地要承担起满足以下有效性要求的义务。这些要求包括：

a. 说出某种可被理解的东西；

b. 提供给对方相应的解释去理解；

---

① 陈学明等：《通向理解之路：哈贝马斯论交往》，云南人民出版社 1998 年版，第 192 页。

② 张汝伦：《现代西方哲学十五讲》，北京大学出版社 2003 年版，第 347 页。

c. 由此使自身成为可被理解的;

d. 最终达到与对方的一致。

不仅如此，导师与博士生间的交往行为要达到不受干扰的继续，只有在师生双方都假定它们互相提出的有效性要求已经得到验证的情况下才是可能的。如果上述四个方面的充分认同是导师与博士生语言交往过程中的正常现象，那么就没有必要再从导致认同的动态角度去分析理解的过程了。但事实上，导师与博士生的沟通过程总是会存在这样或那样的问题的：接受或者拒绝、反对或者误解、自觉或不自觉的欺骗、隐晦或公开的不和谐，这些现实状况都使师生双方的互动处于充分理解和完全对立的两极之间。因此普遍性的言语行为就成为师生双方达成充分理解的前提条件，而相互理解的任务就是通过言语行为达成普遍认同。于是，导学双方在沟通与交流中基本面临两种选择：一是转移到其他话题而中断特定的交往；二是在新的水平上开辟语境以达到重新理解。

只有当言语接受者不仅懂得被言说句子的意义，而且实际进入了言说者所欲求的关系时，一个言语行为才算是成功的。① 博士生或导师在实施一个言语行为时，可以通过使对方与自己产生某种联系的方式来影响倾听者，并且倾听者在该内容被表征的意义上（观念、态度、看法、建议等）能够理解并接受对方所表达的含义，这样的言语行为即是有效的行为。为了在一个特定的交往情境中达到彼此的理解，每个言语必须建立起导师与博士生的某种确定关系。当然不仅仅是师生间的言语行为，任何一种相互作用都可以拉近师生彼此间的关系。不论交往行为是否具有明晰的语言形式，它总是与行为规范和价值观念相关联。导师与博士生之间如果没有日常的学习规则、科研角色、指导方式等规范背景，师生双方的行为均会保持不确定性，由此引发误会或曲解的危险。

二 文本的意义与理解

导师与博士生特定的互动过程是各种符号与媒介显现意义的过程，

---

① 陈学明等:《通向理解之路：哈贝马斯论交往》，云南人民出版社 1998 年版，第 198 页。

良好的导学关系依赖于交往互动的情境支持，也就是导师与博士生沟通与交流时所相遇的情境。同时，这一沟通和交流的过程也是导学双方对情境或文本的意义进行双向解释与理解而达成共识的过程，情境文本的意义建构促使师生积极思考，不断消解、重构并丰富自身经验。文本指在师生交往过程中一切与书面文字有关的材料，是导师与博士生交流互动的一面镜子。通过文本，师生可以看到自己和对方的形象及社会角色；通过文本，师生之间进行对其解读、建构并进行深入的交流与互动。博士生可以在文本中寻求知识和意义，并愿意和导师进行有意义的符号互动；导师通过学生的反馈可以反思自己的经验知识结构，促使对事物新的理解。[①] 良好的导学互动通过导师与博士生对文本意义的建构和解读，使师生的交往活动得以顺利进行，让双方达成互识与共认，从而促使建立更加稳固、和谐的博士生导学关系。

由于博士生教育的特殊性，交往主体本身也会创造文本，这类文本更多时候是科研活动的结果呈现。博士生对导学关系不满的一个主要原因就是除了面对面的对话沟通之外，并没有发掘其他有效的与导师沟通的手段，从而产生强烈的孤独感并对自身的学习或工作产生怀疑。文本恰是一种促使导学关系更加紧密的有效手段，它不仅使导师与博士生的交流破除了时间与空间上的障碍，而且使下一次的对话与沟通更具效率和意义。通过文本的对话过程也是对文本与交往意义的重构过程，师生双方通过文本阐明自己的观点和理念，在反复的对话过程中趋近对文本的一致性理解。这种超越时空的文本对话可能会需要一定的时间，在这一时间段之内，博士生也可以通过与文本的对话反思过去的自己，或是重新思考某一概念或组织某些文本，或是全面地阐明一些由于沉浸在写作中而未能描述清楚的东西。

交往理性导学关系不仅仅要注意师生互动过程中文本的现象及其本质，还要关注文本意义的可能性及其过程；而解释与理解的任务就是要在熟知的文本环境中找出理解的因素，探寻对所有理解方式所共有的东西。导师与博士生的交往过程不断重复地贯穿于其熟知的经验框架中，

① 张洁、刘忠政:《符号互动论视角下的中学师生关系》,《教育学术月刊》2009 年第 4 期。

在这个过程中总是有一个已在其基本关系上组织并被解释了的环境，文本就作为某种新的东西进入这个环境，打破原有的知识体系并重新组织经验框架。文本的意义是一个有待导师与博士生开发的新的释义空间，是一个开放性的、有待读者去填补和再创的符号纽带，必须将文本置于人与人、人与文本的关系之中来讨论其意义。[①] 博士生、导师、文本、环境之间具有一定的同质性，也就是说师生需要通过理解文本来理解彼此及交往环境。文本并不是交往主体唯一的主观表达，只有当文本与交往主体对话并被感知和理解时，它的意义才能真正得以实现。

文本具有两方面的特性。一方面是文本的历史性。文本的诞生与对文本的理解并非两个相同的时间，也就是说文本总是处于一定的历史时间之中的，人也是以一定的生存方式存在于历史之中，在不同的时期对于不同的人来说文本的意义也不尽相同。人的历史局限性决定了理解的历史特殊性和局限性，这种局限性意味着人们在理解中永远达不到完全的一致性。师生之间的理解意味着对过去、现在以及未来的把握，师生交往所面对的关于文本的历史性问题，并不是其所从事的东西，也不应是其所从事的东西，而是超越师生主体的意愿和行为对其所发生的东西。另一方面是文本的生成性。博士生导学关系中没有所谓最终的解释，也没有所谓最终的确定的真理，文本的意义也并非是确定的、客观的和终极的，而是在不同的交往视域中生成不同的意义。导师与博士生无法超越其交往环境而达到纯粹的客观性理解，交往理性下的导学互动过程就是在当下的历史性中对符号与媒介的意义无限探寻与融合的过程。[②]

既然理解者和文本之间存在着历史间距，理解时不可避免地会有理解者的主观偏见和误解，而解释的任务就是要克服这种由于历史间距造成的主观成见和误解，超越“现在”的障碍以达到客观的历史真实，把握符号或文本的原意。[③] 承认理解的历史性，就承认了理解者带有偏见和成见的合理性，这种偏见是构成导师与博士生理解的基础和前提。而偏

① 张俭民：《迷失与重建：大学师生关系探讨》，华中师范大学出版社 2018 年版，第 102 页。

② 程玮：《从伽达默尔文本观视角解读教学中的师生关系》，《高教探索》2006 年第 6 期。

③ 章启群：《意义的本体论：哲学解释学的缘起与要义》，商务印书馆 2018 年版，第 109—110 页。

见是在历史和经验环境中形成的，在经验属于交往主体之前，主体已经属于经验环境，因而主体只能在经验环境中进行理解。但是经验的意义并非像自然一样是相对确定的东西，它始终是交往主体的一部分，文本与理解都处在历史和经验环境之中，个体与经验环境无法割裂。偏见构成交往主体间的理解，交往理性的任务也并非一味地消除偏见，而是合理地评价偏见；只有熟悉而又普遍的理解性支持，才能使进入新的交往世界的冒险成为可能，才能使从交往环境中生成新的意义成为可能，从而扩大并丰富导师与博士生的交往世界。

第六章

理解:交往理性导学关系的发展空间

教育主体的角色与身份构成了交往理性导学关系的先决条件；师生互动的制度与环境构成了交往理性导学关系的生成场域；符号与媒介的存在构成了交往理性导学关系的建构纽带。身份存在、制度存在与符号存在共同构成了博士生导学关系的规范前提，构筑了博士生导学关系的存在基线，为导师与博士生间有效的互动交往奠定良好的基础；而师生互动过程中的解释与理解则构成了交往理性导学关系的发展空间，决定了导师与博士生和谐关系的发展上限。导学关系的建构与发展绝不是单靠外在支持条件的良好运转，而是依靠导学关系中的主体积极互动、沟通、理解的结果；探寻博士生导学关系的发展空间，需要明白理解与解释的性质与范畴，以及理解与解释对导学关系产生影响的具体过程及作用。

第一节　理解的性质与结构

《真理与方法》标志着哲学解释学作为一个哲学流派正式登上历史舞台，同时也向世人展现了一系列全新的思想和概念。其中，理解概念更是至关重要，对理解的探究从古希腊时期开始就是一个经久不息的话题，不过也仅限于方法论的范畴之中。从海德格尔开始，理解在方法论上的至尊地位被逐渐摧毁，他从一个全新的角度展示了解释的内涵，也成为日后伽达默尔解释学说的直接来源。伽达默尔亦从本体论的角度去发掘理解的内涵，也将理解、真理、艺术、诗等意义符号联系起来；但与海德格尔不同的是，他从哲学解释学的视野出发，将理解发展成为一个完整的理论体系。这种体系并不在于他对解释或是理解是否作出完满明晰的定义，而在于他对理解问题的彻底改造及内涵延伸。这就使理解大大超出以往所囿的范围，使解释走向了艺术、历史和语言，使人类从封闭的科学领域走向了理解，走向生活世界。因此，探明理解的性质，理解运行的机制，以及理解在不同层次或境遇中的状态，是分析导学关系中互动、理解与融合等问题的基础和前提。

一　理解的性质

人文科学，即精神科学，是关于人类事务的科学，它研究的是各种历史的流转物（uberlieferung），对这种流转物的体验时常表达了我们必须参与其中去获得的真理。对于自然科学领域，人们只能做出说明；而对于人文科学领域，还存在一个解释或理解的问题。这种理解是对人的历史及其流转物的意义的理解。对这种意义的理解和揭示，就构成了人文科学的本真追求。理解不仅仅指自身对某种事物的理解，更意指区别并理解他人的见解。真理作为理解的真正事件，超出了我们通过方法上的努力和批评的自我控制来理解他人谈话时所提出的东西，所以解释学必须由对事物的理解出发，在与历史事物的交互过程中获得对历史意义的某种联系。[①] 理解的性质意味着对“理解”的理解是一个浩大的工程，我们只能无限趋近于清楚地揭示“理解”概念的内涵，因此仅从历史与经验的角度出发对理解的性质作以尝试性的说明。

（一）理解活动的普遍性

理解的普遍性（universality）指交往互动中所有的事物都包含在导师与博士生的认知活动之内，在事物的背后没有诸如意义或精神之类的东西，只有一个总的、连贯的符号视域。理解活动的普遍性在于解释理论的应用远远超出了文字性的范围，而理解包括自然在内的一切事物与符号。对于哲学来说，这种普遍性指理解和解释所探讨的不仅仅局限于具有辅助性的方法论问题，而是一个人存在的事实性的根本问题。伽达默

① 严平：《走向解释学的真理——伽达默尔哲学评述》，东方出版社 1998 年版，第 124 页。

尔的整个哲学的、强调思辨的努力直接指向扩大理解的视域，这种视域远远超越了狭隘的科学世界，以至于它成了哲学的核心。正是这一点，扩大意味着解释学成为普遍的哲学研究，意味着解释学的本体论转向。[①]我们可以断定，理解活动的普遍性是指：它们构成了导师与博士生的交往世界，即博士生和导师作为有限的在者生活于其中的要素和整体。

理解的第一作用是为导师与博士生在情境中确定方向，这样理解活动所涉及的不仅仅是掌握某种事实或意义，更是理解存在的种种可能。[②]理解是博士生导学关系存在的基础，理解也就意味着存在着、生活着。人存在于社会、文化、价值、道德、语言等系统所构成的世界中，世界是作为被构成的意义而组成的，人的理解建构了与世界的意义关系，失去理解，人生就会变成一片无意义的混沌，而世界也会转化为陌生的虚无，世界只有进入理解才是世界；意义也只有在表现了世界的事实中才真正存在。[③] 理解是导师与博士生筹划人生的方式，在此基础上师生的认识、判断、规划、选择等行为得以整合。导师与博士生之所以能够通过交往行为达到意义的一致理解，就是因为理解行为的普遍性，导师与博士生之间、与世界之间的关系都是一种理解关系。这表明，理解对师生意味着它所给予的对象不仅仅是这个事物与另一个事物，而是整个世界、整个存在。[④]

解释学的普遍性根植于内在的话语之中，根植于构成师生有限性的理解和语言的动力之中，理解活动的普遍性也来源于语言的普遍性。语言能与理性的世界保持无限性的同步并形成世界，一切理解活动和人的生存都在它里面发生。理解的普遍性不在于创造事物的意义，而在于事物的意义总能被寻求。所以，理解活动的普遍方面就是内在话语的普遍方面，就是对话的普遍方面，从导师与博士生的每一种表达中获得了理

---

① ［加］让·格朗丹：《哲学解释学导论》，何卫平译，商务印书馆 2009 年版，第 193—195 页。

② ［法］保罗·利科尔：《解释学与人文科学》，陶远华等译，河北人民出版社 1987 年版，第 55—56 页。

③ 金生鈜：《理解与教育：走向哲学解释学的教育哲学导论》，教育科学出版社 1997 年版，第 40—42 页。

④ 章启群：《意义的本体论：哲学解释学的缘起与要义》，商务印书馆 2018 年版，第 102 页。

解的生命。话语预示着在可见的终点对无限的理解的渴望，一种意义、一个意图总是超越于传达给他人的语言中实际把握到的东西，一种对正确理解的普遍性要求就是构成师生真正生命和本质的东西。在这种无限渴望中，没有任何语言或解释能把握人类是什么或说明人类应当如何理解自身的状态。哲学解释学提倡人的事实性的自我解释，并在纯粹认识中去充分了解作为普遍视域的理解，在这种理解中，一切事物对我们都可以具有意义。

理解活动之所以具有普遍性，还在于理解活动与人生是不可分离的。首先，理解是导师与博士生形成关于自身认知和生活的经验基础，教育主体通过理解自己所属的历史文化的智慧结晶，而形成了对自我的理解以及对生活环境、目的、意义的把握，说到底是形成了自己的实践智慧。其次，理解也是导师与博士生进入社会生活进行互动交往的基础，并在这一过程中获得成长。我们只有理解人们通过多种语言符号方式所表达的意向与理念，才能理解他人进而进行交往与合作。最后，理解也是导师与博士生的内心精神活动与过程，蕴含着教育主体情感、态度、价值观念的变化。师生的交往活动就是不停地理解和解释的过程，理解的展开即是师生的精神世界。在理解中，导师与博士生的精神世界不断得到改变、丰富与扩充，使个体与历史、社会或他人的交往活动更具交往意义和成长价值。

（二）理解视域的片面性

古典解释学、施莱尔马赫、狄尔泰等人都念念不忘要人们抹杀传统给他们的“偏见”的束缚，妄图通过抹杀自我以达到客观的理解。18 世纪的英国和法国的启蒙运动更使偏见成为一个否定性的概念；即使到今天为止，我们也不能很好地认识和接受人类社会交往中存在的种种偏见。伽达默尔则相反，他首次提出了要对偏见重新评价和定义，以接受偏见在理解视域和理解活动中的合法性地位。问题和本质乃是敞开和开放的可能性，但要敞开和开放，并不能像历史客观主义那样去假定自己的无知。偏见的存在事实使理解者的中立状态成为空谈，只要人类有思维活动和思想意识，就不可能保持完全的中立。表面上看这似乎限制了理解者的视野，但恰是如此保持了理解者的开放视域，将自己的“偏见”与文本同化，实现一种新的理解。事实上，在师生交往中只有赋予偏见充分发挥作用的余地，才能使其与理解者的协作充分发挥作用。

任何理解和解释都具有一定的片面性，都依赖于理解者和被理解者的前理解（Vorverstandnis）。在海德格尔看来，理解并不是导师与博士生所具有的主体性意识，而是教育主体存在于世界中的方式；无论师生是否理解这一点，事实是他已经在理解着，并以理解的方式展示自身的存在。“作为理解之占有，解释活动有所领会地向着已经被理解了的因缘整体性去存在……解释向来奠基在前见（Vorsicht）之中，它瞄着某种可解释状态；被理解的东西保持在先有之中，并且先见地（Vorsichting）被瞄准了，它通过解释上升为概念……解释奠基于一种先行掌握之中。”① 也就是说，理解活动总是指向一定的对象，并作为一个确定的表达意义关联到它的所指。理解视域中的“片面”内容不是直接地存在于理解活动中，作为一个理念的实体，它独立于这个理解活动之外。而理解也是一种带有指向的心理活动，理解者在与事物的交互作用中构造着自身，同时也构造着理解。事物的意义是在理解指向的基础上构造自身，显示出一定的片面性，因此不同的教育主体对同一事物的理解并不相同。

理解必须由片面视域开始，而非由教育主体开始，它本身先于区分主体与客体的意识。理解视域的片面性代表着师生的前理解结构，海德格尔认为，理解的前结构可由以下三个方面加以说明：一是前有（Vorhabe）。也就是说，人类并不是生活在一个真空中，在人类具有自我意识或反思意识之前，就早已经置身于这一意义世界之中了。这个意义世界同样包含着博士生导学关系存在的文化背景、传统观念和风俗习惯等，由于这些意义对象的存在才使导师与博士生间的理解成为可能。二是前见（Vorsicht）。也就是解释总是根植于师生预先看见的东西，根植于师生的先前视域；任何在“前有”中已经理解的东西，导师与博士生都“前见”地把他们的见解加于其上。如果师生要对某个对象作出解释说明，就必须选择一个特定的视角或观点并由此入手，达到对事物意义的“片面”建构。三是前把握（Vorgriff）。即指在理解之前便已经具有的观念、前提和假设等；师生必须具备某种已知的东西，才能推出未知；

① ［德］马丁·海德格尔：《存在与时间》，陈嘉映、王庆节译，生活·读书·新知三联书店2006年版，第175—176页。

即使是一个错误的前提或假定，也是理解的必要条件。①

事物本身成为一种现象，也是一种意义理解与构造的过程，这个意义并非完全属于对象事物本身。在导师与博士生的理解与交往活动中，片面性理解的作用要比全面性理解的作用要大，而事实上，师生永远不可能对特定事物达成全面性的理解，个体对事物意义的理解与构造总是带着自身的实践经验与特定视域而进行的。片面性的理解并非总是错误的或正确的，也并非不可避免地会歪曲真理；视域的片面性实实在在地构成了导师与博士生全部体验能力的最初直接性，构成了导学关系的存在。理解并不是心灵之间的神秘交流，而是一种对公共意义的分享；视域的片面性决定了在接受他人所言的意义的客观有效性，决定了视域融合的可能性。当师生试图理解某个对象时，并不是要把自身全部置于对方的内部状态中，而是带着一定的观点以特定角度接近他人的期望视域中，这并不排斥理解者会尽力保证他人所说内容的正确性。

（三）理解过程的动态性

正如师生的生活是一种动态过程一样，理解的过程也是一种动态的过程；理解不仅建构着生活的意义，同时也在生活之中不断消解、改变、重构自身的前理解。理解总是从理解者自身出发，经由与对象世界所建构的整体意义不断交互作用，使理解者的视域与被理解者的视域不断融合，并在这一动态的过程之中进行着自我的理解。理解的存在永远是趋向未来的可能性，注定要在过去的基础之上超越现实，通过理解筹备未来。理解的动态性表明，没有一种理解是绝对的、永恒的，理解永远是当下的理解，是当下视域的融合；当下的理解会随着时间的前进转变为前理解，并在未来新的时空境遇中形成新的视域结构。在导师与博士生的交往过程中，理解永远揭示的是动态性的意义，并且通过理解经验的扩大和理解视域的变化，不断扩充着教育主体精神发展的可能性。

正如我们所看到的那样，理解存在于或来自于某种特殊的、动态的解释倾向的处境之中，作为此在的师生为自己的存在所关心的这个方面，理解使导师与博士生不断地认识自我、发展自我成为可能。正是这种自我说明要通过解释或阐释来完成，这种展开跟在最初的理解之后，以扩

① 严平：《走向解释学的真理——伽达默尔哲学评述》，东方出版社1998年版，第125页。

大和完善解释特别敞开的那些观点。作为理解的自我占有，它表明理解趋于完成或理解它自身：在这个过程中，理解地占有被它所理解的东西，在解释中，理解没有成为某种不同的东西，理解就是成为理解本身。① 对于有限的存在者而言，一切理解基本上相当于尝试性的探索。所以它们总是不得不指出一个意义，而这个意义处于直接被给予的东西背后，是动态的、变化的、不确定的。只有通过不断地探索、猜想和推测，师生才能努力达到被给予东西的背后的意义，才会逐步认识并理解自身所经历的世界。

理解过程的动态性需要师生具备一种当下性意识，即导师与博士生总是处于一种环境之中，处于包含自身及理解对象的环境之中，要想阐明这种当下环境中自身所捕获的意义，乃是一项绝不可能彻底完成的任务。因为师生会发现自身总是处在与我们所要理解的事物相关联的环境之中，个体一旦获得对事物意义的新的理解，那么自身的认知结构和视域就会发生变化，教育主体与该事物的交互环境也会随之发生变化产生新的现象和内涵。在师生的交往活动中，主体的视域总是延伸在历史之中，在于当下环境的交互作用中汲取经验而获得自身认知结构的更新。因此当博士生或导师真正获得了对某一事物的理解时，即代表着当下视域与历史视域的融合，包含着一种更高的普遍性的获得。这种理解过程不断地发生着，便构成了生生不息的有价值的意义世界，构成了延绵不断的历史和生活，构成了个体不断生长着的经验。理解活动处在不断发展变化的过程当中，不断构成新的视域、获得新的生活经验。

人类的历史运动在于：它不具有任何绝对的立足点限制，因而它也从不会具有一种真正封闭的理解视域或理解过程，视域对于处在活动中的人来说总是发展变化着的。一切人类生命由之生存的以及以传统形式而存在于那里的历史视域，总是已经处于过程之中。② 只要教育主体不断地检验自身的所有前见，那么现在的理解就是在不断形成的过程中被把握的。个体真正的动态性意识总是能看到自己的现在，而且是这样地看

---

① ［加］让·格朗丹：《哲学解释学导论》，何卫平译，商务印书馆2009年版，第157页。

② ［德］汉斯－格奥尔格·伽达默尔：《诠释学Ⅰ真理与方法——哲学诠释学的基本特征》（修订译本），洪汉鼎译，商务印书馆2010年版，第430—431页。

待自己的现在，以致看待自己就如同看待处于正确关系群中的他者一样。由此，导师与博士生的视域也不是封闭和孤立的，而是在理解的时空中不断运动与变化的场所；当师生的视域与他人的视域相遇，就会通过交互作用形成新的理解，也就是所谓的视域融合。也正是在这一动态的理解过程之中，过去和现在、主体和客体、自我与他人都融为了一体，而构成了一个无限统一的整体，这样理解结果也就在博士生和导师理解与交往活动的不断运动和相互融合中有了历史性。

（四）理解结果的历史性

人只有深深地扎根于历史性中才能理解传统、理解历史；这种理解的历史性也决定了人的存在方式。历史有一种强大的力量来影响我们和形成我们，它构成了我们存在的一部分，历史就是通过传统的效果而起作用的。在伽达默尔看来，包括师生在内的人类都从属于历史，我们始终置身于历史之中，历史中的人不仅不能摆脱理解，而且还是在理解和前理解的不断循环中去认识历史、投入历史的，人们也只能在历史中进行理解。历史传统是先前人类在其所处的时空境遇中生活经验的智慧结晶，其中凝结了他们对自身生活经验的理解，这种智慧结晶对于我们来说便是历史性的。理解的历史性影响着视域的片面性，影响着理解活动的动态性；如果没有对理解的历史性，那么当下的理解活动以及未来的理解筹划就变得不得可知。

理解意味着将事物的意义追溯到它本身试图表达的含义，历史的理解涉及它自己传递给我们的过去的遗迹，因此理解是通过解释者在内心重现历史的表达中本身显现出来的动力、力量及内心而建立起来的。在这个过程中，师生试图理解的不是历史本身，而是仍保留至今的材料和原始资料中的东西。理解并不只是重复作为历史已经传递下来的东西，相反，理解必须进行更为深刻的透视，尽可能地去发现过去流传下来的仍有待发现的东西。通过探讨一个特定内容的传统解释背后的东西，导师与博士生可以获得关于它的一种较好的认识，但这样一种看法只不过是对某种已经理解了的东西的再解释。① 在历史所展现的各阶段的整个过

① ［加］让·格朗丹：《哲学解释学导论》，何卫平译，商务印书馆 2009 年版，第 134—135 页。

程中，人类不断地去展现目的，表达它对这种目的的渴望以及走向它的方式；每一步这种表达拓宽、提高和深化的事实都可以被视为意义的获得和视域的整合。

海德格尔曾指出，历史是人存在的领域，每个人的存在必定与历史发生联系，因为人降生之前历史就存在着，人是被抛到历史之中的。在历史时间的延续性上看，历史必定作为生活的领域构成了当代，构成人的现实世界，历史所包含的语言、传统、民族精神等必然构成当代的事素。① 每个置于现实世界的个体都必须对历史进行理解，吸收人类的历史经验，建构自己的精神世界。只有这样，历史才能真正与人发生意义关联，发生生活关系。理解存在于历史之中，历史为理解展示了当下的境遇，而这一当下视域也注定会在未来成为历史视域；如果没有历史和传统在当下视域的延续，理解便是无源之水。理解的历史性说明，理解始终是历史的理解，理解的过程永远不会达到终点，理解始终是运动着和期待着的，始终是面向未来的。

理解的历史性和理解的动态性是相互影响、相互制约的，导师与博士生无论什么时候产生理解，相伴随的历史都会产生新的视域，永远不能最终澄清显现意义和值得探讨的任何事物，因此也决定了理解活动一直属于动态的过程。在发现解释学处境的意义上，它要求解释理解活动的历史性，而且更根本地来说，理解活动存在一种所被给予的限度。② 历史的存在意味着师生的自我认知绝不会是完全的，但这种理解的局限性绝不等同于理解的封闭性，相反，理解活动恰恰是开放的。由于这种开放性，真理便在理解的历史性中不断地向师生展示出来；脱离了理解的历史性，师生便无从去理解，更无从从历史中去获得认识和真理了。所以理解的历史性构成了导师与博士生认识存在、认识真理的基础，不仅如此，理解的历史性还助力着人们的实践活动，使哲学解释学迈向实践哲学成为可能。

---

① 金生鈜：《理解与教育：走向哲学解释学的教育哲学导论》，教育科学出版社 1997 年版，第 43 页。

② ［加］让·格朗丹：《哲学解释学导论》，何卫平译，商务印书馆 2009 年版，第 183 页。

二 理解的范畴——不同境遇中的理解状态

理解不仅包括追寻客观世界的现象与规律，它主要通过理解客观事物，即与人类当下的生存紧密相关的理解问题，以解决人类作为生物存在的基本需求。理解而且包括着探索人类社会生活发展的发展，它主要通过理解人类社会经验产物，包括认知上的问题和历史文化的问题，以解决人与人进行社会交往的现实需要。理解还包括着对在世的人类生命与存在的追问，通过一遍又一遍的理解而无限接近人类自身生命存在的价值与意义。因此，理解的问题不仅仅是知识与能力的问题，还在于知识与人生体验、与生命价值这个不同而又相关的维度如何在理解活动中的展开，在于认识到我们在怎样的条件下能够达到理解，能够达到何种程度的理解。可见，理解是导师与博士生生存的一种必要方式，也是师生认识自我、理解生命的一种困境。因此，有必要对理解在不同境遇中的状态，即理解的范畴进行分析，以求对理解问题的更好把握。

（一）理性认识的理解

解释与理解是师生交往活动最具普遍性的行为特征，理解虽然不能被认为仅仅是发生在师生的认知活动中的行为方式，但从根本上说理解必定属于与师生认知有关的智力活动。我们会发现与西方哲学传统中的理性相类似的普遍性，特别在笛卡尔（Rene Descartes）所开启的时代之前。例如在古希腊哲人亚里士多德（Aristotle）的传统中，作为理性动物的人被认为都是合乎理性的，而不仅仅是在进行智力活动时；又如中世纪哲学家阿奎纳（Thomas Aquinas）认为人只有在肉体方面达到合乎理性，才能在灵魂方面达到合乎理性。所有的师生交往活动都渗透着理性的维度，而且这样的理性让这些活动特别有人性；如果我们有了这种想法，并且也意识到人的理性是有限的而非神圣的，我们将会无限接近这一概念。[①] 因而所有与人有关的活动都包含着解释，人的理性同时也是解释的理性。

这种宽泛而又朴素的解释概念与理解范畴在解释学理论的历史中早

---

① ［美］肖恩·加拉格尔：《解释学与教育》，张光陆译，华东师范大学出版社 2009 年版，第 32 页。

已形成，在认识论中，理解是一个博士生或导师获得知识的认知过程，可以用主体和客体的线性二元关系来解释。理解经常需要依靠表征来展示连接主体和客体的认知图像，这也是理解存在于人类社会的最早、最基本的形式。作为意识活动最根本部分的知觉本身也参与了解释，因此知觉、感觉等心理活动是解释产生与发展的初步范畴。意识活动在理性认识中处于某种优先地位，从某种意义上讲，导师与博士生的认知与理解都是以意识活动为基础的，不但有意识的记忆、想象、判断和表达等，而且情感的和意志的行为都建立在意识活动之上。这些师生所有形式的基本认知活动，从逻辑的认识到情感的表达，都包含着解释与理解。理性认识的理解不仅帮助导师与博士生逐步了解某个认知对象的问题，而且帮助师生逐步了解认知主体以及他们的表达方式。

笛卡尔从普遍的怀疑出发肯定了自我的存在，得出了“我思故我在”的著名论断，并以此来作为其哲学大厦的基石，从而宣布了理性的独立与自明。有了对教育主体以及主体理性认识能力的肯定，才有了理解把握客体属性的标准尺度，知识才以此为根据获得了确定性。随后的康德哲学在此基础上建立了一套严格的理性认识论体系，对于康德来说，主体能否认识现象背后的“物自在”以及认识的可能、条件与界限，是哲学应当最先考虑的问题。康德对认识能力的批判，就是确定理性认识的可能性范围与条件；批判理性，就是给理性划定范围。[①] 康德认为在纯粹的自然科学知识范围之内，理性认识才能实现自身的普遍性和必然性，因此对理性作出了“理论理性”和“实践理性”之分，为科学的理性的认识理解奠定了逻辑基础。这种理性认识的理解不但从哲学认识论上论证了理解的可能性及致知之途，而且也影响了后期科学主义工具理性的主要性格及取向。

（二）实践的理解

随着理论理性或技术理性对人类理解活动的全面统治，实践概念在科学时代以及科学确定性的时代失去了自身的合法性，实践的理解与实践的智慧正在逐渐消失，这将导致导师与博士生不再有自己的观点可以交流，不再需要自己运用实践理性来作出个人的决定，从而理解的意义

---

① 全增嘏:《西方哲学史》（下册），上海人民出版社 1985 年版，第 49 页。

和生命的价值将会不复存在。师生在生活实践中自然产生和形成的生存习惯，使得教育主体能够在共同存在的模式中形成归属感与满足感，获得积极的情感体验，这也是师生交往团结的基础。① 实践的理解具有与理性认识的理解不同的运作机制，它超越了理论理性对纯粹的理念世界的关注，而直面师生丰富的生活世界；实践的理解致力于为导师与博士生的交往活动提供实践智慧，这种实践智慧不同于客观的、抽象的原理或原则，不是结构严谨的知识体系或固定流程的操作技术和手段，而是内化在教育主体实践理性中的理想、信念与精神，由此导师与博士生在错综复杂的实践情境中进行审慎的判断和抉择，展开自己的实践活动。②

实践的理解一方面造成了生活世界的二重化，另一方面又为实现二重化世界的重新统一提供了可能；正是通过实践的理解，导师与博士生实现了由自在存在向自为存在的转变。理解并非教育主体的一种孤立的理性认知行为，而是师生生活经验的基本实践方式：我们总是把事物赋予某种意义，那就是世界定位的原初的给予性。这个解释学的赋予意味着，理解总是解释着并实践着的。存在的理解总是立足实践并面向未来，是一种对那些尚未实现的可能性的持久的实践和超越，这也造就了理解并非绝对的永恒之相。伽达默尔认为，依靠实践哲学的传统能够帮助人类用这种方式免受近代科学概念的理性自我理解观的影响。③ 因此，实践的理解也注定会以实践哲学为基础，不断追求并理解能指导师生行动的实践知识。这种实践知识并不像追求理性认知的那种具有普遍性和确定性的知识，而是追求将普遍的东西运用于具体的、特殊的情况，也就是将普遍的东西特殊化，将理论的理解实践化。

实践的理解应当以导师与博士生的生活世界为基础，以理性的睿智对普遍的问题进行价值意义的阐释，通过追寻、判断、选择等对实践活动的理性洞察，孕育教育实践智慧。④ 对于师生的理解与认知行为而言，任何实践情境都是特殊的，因此理解的过程绝不是普遍性理论或模式的

---

① 张汝伦：《现代西方哲学十五讲》，北京大学出版社 2003 年版，第 297—299 页。

② 辛继湘：《教学论实践智慧的缺失与重建》，《课程·教材·教法》2011 年第 3 期。

③ ［法］罗兰·巴特：《神话——大众文化诠释》，许蔷蔷、许绮玲译，上海人民出版社 1999 年版，第 203 页。

④ 余清臣：《教育哲学的实践观演变与实践教育哲学》，《教育研究》2011 年第 2 期。

演绎，而是导师与博士生针对具体实践情境的需要而进行的交互过程。实践的理解在本质上是追求“实践旨趣”（practical interest）的，实践旨趣也可称为实践理性，即在对意义的一致性理解的基础上通过与环境的交互作用而理解环境的导学关系的基本旨趣。导师与博士生日常生活中的许多认知与理解，在实质上均是由“实践旨趣”所引导的，教育主体根据自身的理解确定短期和长期的实践目标，并被各种各样的需求所激励。不管这些旨趣是有意地还是无意地运行，在某种程度上他们都倾向于决定师生理解周围世界的方式；实践旨趣的方向也将决定师生在具体的实践环境中去寻得什么和看到什么。

（三）存在的理解

尽管认识的理解或实践的理解是理解的基本形式，但是在海德格尔看来，理解不仅仅是一个理性认识或实践的过程，理解更是一种属于导师与博士生作为此在的存在的生存方式，它可以由许多方式表达。理解就是意义的解蔽（disclosure）或世界的展现，就理解的存在结构而言，师生的存在就是“在世”（in-the-world）。通过存在的理解而揭示主体和世界的本质，并不仅仅是一个在认识论上和主体相对的客观实体；相反，师生的存在由“在世”存在构成，只有在抽象的和过世的状态下才能区别世界和人的存在。尽管“在世存在”是一种允许有认知的存在方式，但它并非主要显现主体客体之间的认知关系，而是此在存在本身的基本界定。我们能够称在人的所有行为中都存在的理解为“存在的理解性”，在所有的师生交往行为中，不仅仅包括认知行为，而且教育主体的存在也被包含在一种有意义的解释关系中。①

事物本身是丰富的、清晰的、多变的，倘若理解对象作为概念在抽象概括的过程中被定义，就会失去了原有的清晰、生动和丰富。因此理解者需要挣脱概念的规定性以直面事物的存在，回到那个尚未被概念所规定，保留着它全部的生动和丰富的本来面目中去。② 博士生导学关系根

① ［美］肖恩·加拉格尔：《解释学与教育》，张光陆译，华东师范大学出版社 2009 年版，第 34 页。

② 宁虹：《教育的实践哲学——现象学教育学理论建构的一个探索》，《教育研究》2007 年第 7 期。

植于师生的生活世界，是通过一定的教育情境、导师与博士生主体间的精神互动而实现的；存在的理解也就意味着回到教育活动存在的现场，对教育主体、交往环境、实践过程等进行关注和体验。由于师生交往几乎没有一个恒定的表现形式，在此时此地适用的准则，在彼时彼刻就不见得适用，面对富有情境化的师生交往活动，需要置身于具体的实践情境中去理解、体验和感悟。以存在的理解来审视师生交往的过程及种种因素，重要的是形成一种直面事物的态度，以直接的、真实的、具体的方式触及问题本身，而形成对事物或问题的理解和思考。

人的存在并非简单意义上的体验着的当下的生命状态，而是一种更为彻底的本真性与原初性的显现，人类总要从沉沦的理性世界中超越出去，通过自身对存在的理解而融入到存在之中去。因此，存在的理解不再是生命内在体验的状态和对客观精神的把握，而直接是此在与存在的相互勾连。存在的理解是一个整合理性理解与实践理解的过程，是师生借助实践认知与实践情境开展反思性对话、寻求问题解决并丰富自身认知与理解的过程。存在的理解涉及师生教育实践的态度、追求和德性，不仅要求师生在交往实践中追求真与善的原则与理想，更要求关注教师真实的自我存在与成长。存在的理解为博士生和导师提供了这样一个观念：一个有存在的理解的教育主体需要关注自我、反思自我，在彼此的交互作用中感受到自我的存在、成长和完善，而不是在任务、工作和成绩中迷失自己。

（四）生命的理解

理论的理解遗忘了主体真实生命过程中意志与情感等因素对于思想的渗透，而将生命内部鲜活的体验稀释为冷冰冰的理性知识；而与理性相疏异的知识只能是物化的理论，缺乏了内在经验维度将使理解陷入纯粹理性的泥沼。[①] 同样，对教育主体生命关怀的漠视、对生命自主的忽略以及对生命发展的羁绊等问题，致使师生存在、交往及发展等活动均面临着工具化与异化的危机。然而生命的意义表现出一种对已有存在状态的不断否定和对新的存在状态的不断超越，具有生命目的的人类并不满

① 梅景辉：《生存与理解——生存解释学引论》，博士学位论文，华中科技大学，2008 年。

足于动物本能似的“活着”，还要追求个体作为生命存在的目的和价值。[①]对生命有限性与超越性的肯定，能够使人在生命历程探索中发现自我，在实现自我价值的过程中产生生命感悟；生命的理解既是教育主体对自身生命存在的体验，也是师生在实现生命价值过程中的自我实现。

理性的理解与实践的理解是理解活动最为基本的形式，使理解者获得了对理解对象的认知与意义，使理解者理解自我以及理解生命成为可能。但我们以发生学的方式追溯其源头，却可发现生命的体验与理解才是一切经验与知识产生的前提；相对于理性的理解与实践的理解来说，生命的理解更为原初地触及理解的本质。[②]个体的情感态度与价值观念是对外部事物意义的生命内化，即经过不断的理解与体会过程将客观化的东西凝聚于个体的生命之中，情感态度通过实践活动的外化表现为生命的活力和精神，这些对生命意义的内化与外化历程就构成了生命的理解过程。导学关系是生命意义的本真体现，教育实践中的各种活动都不能漠视生命的存在，而应该唤醒教育主体对生命的体验与把握，使教育回归本源。具有生命的理解的导师与博士生，就能够通过师生的交往活动创造自身的精神生命，促进生命的发展并实现生命的意义和价值。

教育是人生命存在的一种形式，对生命的理解是教育的起点与归宿，教育的本质即是生命教育。[③]师生、教育、生命之间有着盘根错节、枝附叶着的关系，教育与师生、师生与生命、教育与生命是无法分割的整体。生命的冲动是一种不受客观存在与规律所制约的“创造意志”，是一种有目的的、非理性的、永动不息的“生命之流”。在生命的理解中有一种非理性的东西，正如生命本身就是非理性的一样，它是不能由任何一种逻辑演绎的公式来表达的。教育的主旨就是点化和润泽生命，为导师与博士生生命的不断发展和完善创造条件。生命的理解在教育本体论的层面上解释了师生互动与交往的意义与价

---

① 刘杨、张增田：《教师生命意义的遮蔽与彰显》，《内蒙古师范大学学报》（教育科学版）2009 年第 6 期。

② 梅景辉：《生存与理解——生存解释学引论》，博士学位论文，华中科技大学，2008 年。

③ 顾明远：《教育的本质是生命教育》，《课程·教材·教法》2013 年第 9 期。

值，既为从根本上批判工具理性与科学主义设置了一个历史原点，又为导学关系的走向展示了对教育原点的回归和超越。[①]

第二节 师生理解的机制——解释学循环

在历史理解的长河中，传统解释学对整体与部分的理解要求构成了解释学循环的基本运作形式，使其具备了朴素的认识论与方法论意义；而后又将存在主义、生命哲学与解释学相结合，继而转向揭示理解者所形成的解释学处境、视域与事物之间的关系，并打破了对于前理解的偏见，引入对此在的生存状态与意义的描述和诠释，使解释学循环有了本体论的性质。同样，解释学循环对于我们理解师生之间的交往具有非常重要的意义：导师与博士生之间的交往与理解也是在自我、他人与整体的辩证关系中不断消解与重构的，通过对文本符号、自我以及他人的理解，由外向内，由表及里，最终实现对导学关系的整体认知与把握，通过对生活世界的理解不断自我反思，逐步把握生命存在的意义，进而成就主体生命价值的完满意义。

一 解释学循环的演变历程

解释的艺术和理论之间的对照是传统解释学（规范解释学）和哲学解释学非常重要的区别基础：传统解释学，从施莱尔马赫到狄尔泰，都把解释学定义为一种艺术，也就是一种解释的方法。传统解释学界定了解释实践中的目的和程序，而哲学解释学则提供了必要的界定解释是如何发生的条件的理论描述。正如伽达默尔定义的那样，解释学并不是提供一种用于解释的具体方法，而是澄清解释和方法应用所能够发生的条件，哲学解释学由对解释的本质以及考虑解释艺术的可能性之条件的反思所构成。[②] 至于理解究竟是要寻求比解释者更好的理解，还是在理解的存在中不断探寻理解（尽管未必是更好的理解），需要我们回到解释学循

① 唐迅：《陶行知现代教育思想命题新探》，《教育研究》1999 年第 11 期。

② ［美］肖恩·加拉格尔：《解释学与教育》，张光陆译，华东师范大学出版社 2009 年版，第 45 页。

环的演变历程中，去观看解释学循环是如何获得理解并发挥实际作用的。

（一）基于方法论的传统解释学循环

“解释学循环”（hermeneutic circle）的概念可以追溯到西方中世纪的古典解释学，主要是针对经典文献的解释、注疏与理解，要求人们把握文本局部与整体之间的关系。使解释学循环的概念首次得到了系统的阐释与表达的人是近现代以来的哲学家施莱尔马赫，他认为理解与解释必须由正确的方法加以保证，而最为可靠的方法便是解释学循环。整体的概念只是相对的，对个别东西的理解往往需要把它置身于更为广阔的关系之中，这便体现了理解的动态性和历史性的对立统一关系。[①] 因此，只有对章节语句有了精准的理解与把握，才能明晰作者在文本中表达的整体思想；也只有在理解整个文本的意义时，才能具体掌握章节语句的精髓与奥义。正如整体不能被分离为个别一样，个别也不能脱离整体而存在，解释学循环就是要求人们不断地由整体返回到部分，再由部分返回到整体，在对整体与部分的理解循环中螺旋上升，逐渐接近文本的真实内涵。

如果说施莱尔马赫将解释学循环的概念由语法解释推进到心理解释，那么狄尔泰则在此基础上将解释学循环推进到历史解释，并自觉地将解释学循环同生命中的整体与部分的关系联系起来。在狄尔泰看来，解释学循环表现了生命的基本特征，生命以解释自身的方式存在着，而这种类似解释学循环的结构恰是对生命理解最适当的表征。本文的真实内涵是与作者某个时刻的生命体验和生活感受息息相关的，它从属于作者的内心生命或内心生活。主体若想进一步理解作者创作文本时的整个心理状态，还需要把握作者整体的生活脉络和时代历史，使作者的整个精神生活与个别文本之间又呈现出一种循环关系，这样的演变可视为“解释学循环”逐步向人类生存情境的扩散。[②] 意义是生活中整体和部分的特殊联系方式，从生命的角度入手对解释学循环加以探讨，使现实的理解和

---

① 何卫平：《解释学循环的嬗变及其辩证意义的展开与深化》，《武汉大学学报》（哲学社会科学版）1999 年第 6 期。

② 张树业：《从“解释学循环”看解释学真理观的“古今之争”》，《广西社会科学》2008 年第 3 期。

解释活动在循环的过程中不断完善。

（二）基于本体论的解释学循环

传统的解释学循环要求部分与整体的理解应互为前提，但海德格尔的解释学循环涉及的不是传统的“整体”和“部分”的关系，而是理解和前理解的关系，并引出此在的“前理解”和“事情本身”的关系。[①]海德格尔所谓的“解释学处境”“理解的前结构”和“作为—结构”是三个同义词，它们具有相同的内容，这就是前文所提到的“前有”“前见”和“前把握”。他认为，解释行为有赖于前理解，前理解表现为人们总是在一种意义的期待中来阅读文本，这种意义的期待与意义的先行筹划相关；前理解是一切解释得以可能的前提和条件，只要解释发生，前理解一定在前发生。[②] 虽然强调前理解，但海德格尔并没有忽视“事情本身”的作用，前理解和事情本身最后必须要协调一致，也应当从这种一致性中去追溯前见或前理解的合法性和正当性。因而，解释学循环是通过前理解的不断筹划和事情本身的调节作用来实现的动态的、平衡的过程。

按照伽达默尔的理解，由于世界的存在先于此在的存在，因此一个解释过程的发生，首先是“前见”“前理解”等传统意识显现的过程，正是在“前判断”中，理性和传统达到了二者的统一。还原前理解的合法性解释学循环的基本特点和首要前提，也是进入解释过程以前对前见这种“偏见”的正名。但解释者需要判断浩如烟海的前见是否正确与合理，这都不是解释能够进行把握的，因此需要“时间距离”的参与，它非但没有对理解和解释带来阻碍，反而对前见的甄别与鉴定起到了帮助作用，转而进入到“效果历史”的视域中。正是在时间距离中不断地进行视域融合，我们才能理解被理解之物的真正意义是在其不断变迁的理解中充盈的。

在一个完整的解释过程中，前理解为理解活动的进行提供了一个基础条件，而理解的任务就是基于“前见”在时间距离所形成的不同视域中进行具体的融合，解释就是在这一融合过程中表达效果历史意义的具

---

① 何卫平：《历史意识与解释学循环》，《中国高校社会科学》2014 年第 2 期。

② 何卫平：《略论伽达默尔对“解释学循环”的贡献》，《社会科学战线》2019 年第 1 期。

体途径。解释并不是将解释者主观臆想的意义强加于被解释者的视域之上，而是把自身对事物理解的完整性期待与筹划展现出来，把各种可能性呈现在解释中。视域融合使理解的意义应用到人的生活世界，应用到解释对象和解释者自身，随着时间的推移而形成新的效果历史，并转化为下一循环过程中的前见。因此理解和解释在实践应用过程中并未消失，而正是成就了其自身；同时，应用的发生也是效果历史影响下的理解和解释的综合作用，这就构成了理解、解释与应用之间相继发生的循环往复的运动，最终形成解释学循环。

对于解释学循环，伽达默尔作了如下解释：理解有赖于前理解，前理解是一切理解得以可能的前提，没有不带前理解的理解。同时，我们只能理解我们已知的东西，只能听出我们已读出的东西，若按自然科学的认知标准来衡量，这似乎是无法容忍的，但实际上唯有如此历史的理解才得以可能，关键不在于避开这种循环，而是以正确的方式进入这种循环。[①] 海德格尔的解释学循环是从此在的历史性出发，超越了旧的历史意识所依赖或对应的那种循环，体现了历史意识的一种真正的发展。伽达默尔倚重海德格尔的循环，他考虑到历史存在的意义同当下解释学处境的关系，并以此为出发点从历史科学进而是精神科学的传统上对解释学循环作出了全新的理解。

二　理解：师生交往意义的循环生成

师生交往的复杂性说明，导师与博士生的相互理解并不仅仅是二者对对方心理状态的体验或移情，不仅仅是二者达到认知或情感的一致性，而是牵涉更为宽广的东西，诸如语言、思想、情感、态度、意见等。师生之间的交往可以是语言性的，也可以是文本性的；可以是当下的、即时的，也可以是历史的、间隔的，但总体来说都是体验着的、实践着的。导师与博士生的交往关系要比单纯的人际交往更为复杂，因为这种交往关系不仅仅是双方精神世界的相互作用，而且还包含着知识、思想和意义的表达。前者使导师与博士生的需要、意图、意见、行动等达成一致；

---

① 何卫平：《理解之理解的向度——西方哲学解释学研究》，人民出版社 2016 年版，第 295 页。

后者使导师与博士生在相互理解中获得经验、知识、理解与自我反思，从而获得真正的精神成长。

(一) 理解的有限性与循环的必要性

导师与博士生理解的有限性在教育经验的解释学循环中被表现出来，无论是在师生交往的任何场域或情境中，知识的获得与意义的建构从未是一个突然的现象，在这样一个有时间性的学习过程中，总是有历史、未来、不完整性和不确定性，也说明了交往意义的可能性。对知识掌握得越多，越意识到认知的局限与匮乏，越意识到当前概念被重构的必要性。学习者的有限性不代表经验结构的空洞，也不代表他能够以一种无中介的、瞬间的方式获得绝对的理解。这种有限性是在学习过程中所必须的，导师的指导需要为博士生的前概念提供新的理解的可能性，学习应在有准备的理解上发挥作用。师生交往的目的不是让博士生的经验结构与导师的解释获得规定的一致性，而是培养一种构成认知能力与交往能力的理解关系。

学习、指导、交往等作为问题解决及意义生成的过程，在实践活动的每一个结构中都包含了解释学循环。在师生交往实践的过程中如果遇到完全陌生或相当熟悉的实践场域中，“前有”“前见”和“前把握”就很有可能限制交往意义的生成，前一种实践场域对学生来说是较为常见的，而后一种场域对教师来说可能是更为普通的。在某些情况下，意义的生成表示着形成将被检验的明晰的假设，这种假设必须基于以前的经验，随着实践不断被检验，经验的结构和意义可能持续地被修正。不断地修正也意味着师生在交往过程中并无能力打破这种循环而获得客观完整的理解，因为如果师生对于某一特定的信息有着客观完整的理解，那么解释就仅仅是指人们对于能够理解或完全理解事物所必需的概念，就是导师让学生达到完全理解的工具；当学生的理解和教师的理解完全一致的时候，导师的作用与意义将不复存在，博士生这一概念也会伴随消失。

导学关系的良好运转必定包含着循环往复的解释与交往活动，导师首先要有自己对于指导经验的理解，然后才能够对学生做出相应解释，并在解释过程中通过学生反馈与自我反思不断建立新的理解视域。如果允许对专业领域有一个完整的认知和理解，那么导师的理解和指导能与博士生的理解终会达成一致，这种一致性就会使导师与博士生的解释学循环结构破裂或消失。而导师的理解循环一旦破裂，学习对他来说就会停滞，他就会陷入一种独断的静止状态，博士生的学习过程也相应地被动终止。在现实情况中，师生对于事物的认知与理解不可能是封闭的、完整的，而总是发展着的、变化着的，如果导师或博士生人为地终止了指导学习过程中的解释学循环，使师生交往实践活动不能产生新的意义，那么导学关系就会面临破裂并引发冲突的危机。

（二）理解结构的转变与交往关系的循环

发生在师生交往过程中的各种行为活动从本质上来讲都是解释的，解释的交流不能被看作各种"成品"（finished products）的交换，而应作为一种解释的循环结构。解释学的循环在前结构和现实、超越之间辩证的相互作用中，时而扩大，时而缩小，使界定我们教育经验的可能性保持开放，也使我们前结构被重塑、修改的可能性保持开放。教育的经验总是存在于完全的一致（导师与博士生之间的同一、独断和再现）和完全的缺失（导师与博士生之间的空白、对立）之间。一个封闭的和完全再现的解释，如同一个完全缺失的和绝对不受限制的解释一样，都是不可能的。解释循环是由在博士生的理解中起作用的前结构和限制导师指导的前结构之间的差异所维持的，这种差异和指导学习过程中的持续对话引起了理解者前结构的转变。理解的前结构一方面赋予师生交往的各种可能性实现的条件，另一方面又保障了师生交往意义的生成。理解前结构的转变不再是对某种实在的、统一的自我或物质的恢复，而是一种自我的重构与超越。

通过理解结构的不断转变而向意义的超越，意味着教育主体对实践活动及交往关系理解的多样性和可能性。在导师与博士生的互动过程中，交往关系的建构与意义的理解是同时存在的，也是必要的：师生对交往关系的建构必须通过理解，而理解整体意义也必须通过一步步的关系建构，由此就构成了交往关系与意义获得的循环。对意义的理解要不断地回到交往关系中去，交往关系的建构也需要不断地转化为意义的理解。这样导学关系就通过理解进入内部世界，而内部世界的力量与师生的经验又作用于交往关系，从而使导师与博士生真正产生关联与融合。从理解与交往建构的这种结构关系来看，理解并不能取代交往建构过程，交往关系也不能取代理解，这绝非说理解与导学关系是毫不相干的，而是指理解在导师指导、导学互动中的普遍性、根本性和不可替代性。

教育主体对理解结构的不断建构与转换说明，包括个体生活经验、认知结构等在内的精神世界真正作为理解前结构参与到了教育实践活动中，师生在交往活动中也真正具有了主体性地位。师生以自身的“前有”“前见”和“前把握”在理解的过程中建构师生交往的意义，并且在相互作用的过程中能动地选择和接纳教育的引导，同时扩展自己的精神世界。正是由于主体的能动性的理解在个体与教育之间建立了独特的关系，师生交往过程中的各种实践活动因而对理解者具有了独特的意义。导师与博士生对教育与交往活动的理解并不是发现其中的“固有原意”，而是去建构、揭示并实现实践活动所蕴含的发展的可能性。这些师生虽然面临同样的交往实践活动，却基于各自的视域和理解而产生了不同的教育意义。正是在理解活动中师生接受了教育对人的塑造，也超越了教育存在的现实状态而投入到人的发展的无限可能性中。

无论如何，师生的共同成长与发展才是博士生教育与导学互动的最终目的，指导、学习等师生互动都是理解与意义获取的方式，通过理解而达成自身经验体系及意义的有效建构才是认知与交往的价值旨趣。认识与交往所包含的价值，包括人文精神、科学世界、交往关系、生活世界等都作为教育的意义作用于师生的内心世界、作用于人生经验，构成了引导导师与博士生共同发展的教育意义。理解对教育意义的建构表现了师生在交往实践活动中的自主性、积极性和选择性，也表现了师生交往对人的生活及整体的精神发展的引导性和建构性；只有通过理解才能生成真正的教育意义，才能引导导师与博士生的精神建构。理解使师生在教育活动中通过对意义的建构而不断地进入新的存在境遇，是师生真正与教育意义发生关联与融合的方式，没有通过理解而形成的意义关联与融合，教育与交往活动就构不成对个体内心世界及精神发展的影响。

第三节 导师与博士生互动中的理解

教育意义不仅通过知识而表达，更多的是通过教育活动、教育关系、教育环境、校园文化等表达的；师生通过对主体实践活动中意义的理解，直接地使自己与他人建立起整体的关系，并形成了对自身思想、观念与情感的再度体验。导学关系不仅影响着教育主体接受教育、指导与交往的行为观念，而且直接影响着师生的生活观念、对教育对希望、对生命价值的体验等。在导师与博士生的交往实践过程中，理解活动主要包括对他人的理解和对自我的理解。理解活动中最基本、最常见的方式是对语言的理解和对文本的理解，它不仅作为理解者自身知识结构的建构基础，而且从某种程度上来说，对语言、文本的理解就是对其背后主体的理解，就是对他人的理解。而对自我的理解则体现了个体认知结构和内部精神世界的更新与重构，认知结构的重构体现了自我与世界关系的现实性超越，内部精神世界的更新则体现内向的自我理解的成长性超越。

一　对语言的理解

导师与博士生之间的交往关系，不是教育教学或科学研究的副产品，而是自发形成的人际交往。教育活动在某种意义上来说就是交往活动，就是以语言、文本等为符号媒介的师生间的相互作用，这种相互作用包含着对彼此的认可与期待。指导与学习等教育活动作为师生间的相互作用，是导师与博士生以语言为媒介共同创造的交往实践；同样，导学关系并不是在博士生教育中的固定形态，也不是自然形成的心理联结，而是在师生交互作用中的动态平衡。对语言的理解是导师与博士生理解彼此最直接、最有效的手段，在交往活动中，师生双方必须共同创造良好的语言情境。

（一）语言互动：主体当下视域的相遇

在语言互动的交往情境中，导师与博士生发生了主体当下视域的交互作用，在相互作用的过程中，师生双方在倾听和言说，敞开自己的理解视域并投向对方，从而获得初步的理解与沟通。这种当下视域的相互作用使双方的意志与情感均受到语言环境的感染，言说者和倾听者在不断随着“共同话题”的改变而改变。语言互动的方式有赖于一定的原则、模式和方法，但无特定的标准和规范可循，因为对话会由双方经验的增长和视域的变化而变化。也正是由于语言活动并不存在实现的规定性和确定性，当下视域的碰撞就有可能造成一定的对立与错位，这就需要主体视域具有一定的包容性与开放性，彼此承认视域的合理性与合法性，暂存对同一事物的不同理解，试图在此后的或者其他形式的视域交往中寻求理解与融合的可能。

导师与博士生的语言互动过程，在本真意义上讲就是一种“相遇”过程，这种相遇不仅仅指主体认知世界的相遇，也指具有完整人格的师生的精神世界相遇，也就是说导师与博士生的视域相遇囊括了情感、思想、智慧的碰撞与精神世界的成长的可能性。语言互动不仅是一种简单的言说状态，更是一种真诚的倾听过程；拥有理解的意识，也就意味着将自我看成一个“视域缺失”的系统，意味着承认彼此视域的差异性及可建构性。导师与博士生作为独立的教育主体在相互尊重和信任的前提下，共同步入主体间性的领域以展开平等的语言互动与交流。主体间性的领域消解了师生之间相互对立的视域范畴，并最终导致“公共领域”的出现。事实上，当导师与博士生均秉持平等、理性与开放的原则，努力打破自身的视域边界并寻求彼此视域的公共地带，就能够寻找到适合双方理解的表达方式，构建双方认可的精神家园。[①]

当下视域的碰撞使师生之间更深层次的理解和自我反思成为可能，在以语言互动为主的视域碰撞中，博士生和导师都在自由地思考、想象和创造，双方并不拘泥于过去的经验结构和认知体系，而是不断地发问、言说和回答。在对话之中，经验、知识、价值、思想、意义、情感、态度等都显现在彼此面前并直观地理解，这种对话的目的并不是把某种真理、知识或意义直接传递给对方，对话的过程是真理揭示的过程，是意义与价值的显现过程。视域融合的过程首先是解放被理性限定的、但有着无限发展的可能性和终极状况的自明性，然后是对历史视域与理智判断的怀疑，最后则是通过构造完备的高层次的思域所把握的绝对真实，以整个身心去体认和接受真理的内核与指引。[②] 在主体当下视域的碰撞过程中，师生共同关心的问题是人类生活中的经验、事实与知识，对话的

---

① 冯茁：《教育场域中的对话：基于教师视角的哲学解释学研究》，教育科学出版社 2010 年版，第 77—85 页。

② ［德］卡尔·雅斯贝尔斯：《什么是教育》，邹进译，生活·读书·新知三联书店 1991 年版，第 11—12 页。

过程就是思想、意义、情感潜移默化的过程，它使主体的视域产生转变的可能性，从而逐步建构认知主体的精神世界。

（二）直观理解：主体间的对话与沟通

在越来越复杂的师生交往环境中，以普遍性为目标的理解并不能直接规定交往行为的内容，它只能在间接的层面上与决定与行为有关的方式。导师与博士生的交往一般是在一定的规范条件下进行的沟通与理解，在产生问题或隔阂时，隐藏在交往环境中的基本要求就会重新显现，迫使导师与博士生进行更为深入的对话与沟通。对话不是根据某种既定的权威准则或少数人掌握的指导方针展开的形式交流，而是为达成直观理解的交往主体充分的协商与讨论。在主体间的对话与沟通中，导师与博士生以平等的地位解释自己的观点以获得其对方的理解，适当产生被双方视域的初步性融合；同时，视域的初步融合不应损害博士生或导师的利益，它必须是双方都能接受的东西，且不论什么时候对任何人都必须适用。

对话与沟通这种直观理解形式本身就存在着历史与现实、经验与认知、个体与群体之间的矛盾。一方面，参与直观理解活动的都是理性的、不可替代的个体，师生各自的利害关系都无一遗漏地被考虑进来；另一方面，博士生或导师不像原子那样自我完结、相互孤立，在成长发展的过程中师生不断掌握周围人的文化及生活方式，并与他人共同享有理念与价值观。直观理解的前提是导学关系内部成员能够根据主体间的对话与沟通而改变经验结构并达成共识。历史与现实、个体与群体之间的矛盾在一般理论的框架内作抽象处理尚可接受，但在具有各自经历背景的社会现实中带来和解是有困难的。因此，直观理解也是在一定条件环境下的理解，并非毫无节制、漫无目的的理解。在多元化的交往环境中，过度的宽容也会带来一定的负面影响，如果在理解之初就放弃基本原则，那么导师与博士生其后的理解和解释行为便会失去控制，产生“即兴判断”的危险。

师生日常交往中主体观念的表达不只是为了自身，还阐发了导学关系的意义与内涵，这种意义与内涵的理解是由导师与博士生的前结构所提供的。对导学关系的理解与把握，是依赖于对包含于关系中的表达的理解的；对话的双方如果不参与这种关系的形成和继续发展的过程，就会一无所获。博士生导学关系初步的概念形构是建立在师生对语言的直观理解之上的，而师生的交往经验属于一种先验的经验结构。在主体间对话这一直观理解过程中，导师与博士生均有发表自己看法、评价对方的权力，并且有对交往过程提出建议、保证自身主观能动性充分发挥的义务。另外，师生对话与沟通过程中也会传递出情感信息，这对于双方实现直观理解、增进交往关系有一定的促进与帮助。师生之间若想在对话与沟通的基础上形成合理的视域融合，就要为师生提供平等合作的交往环境，进一步加强师生之间的向心力和凝聚力，形成人格上平等、心灵上相通的交往关系。

如果直观理解把主体间对话作为师生视融合的基础与中心，那么这种语言互动是完全可以为师生更深入的交往互动提供有利的出发点的。在导学关系中，导师对学生的关注程度直接影响学生的情绪态度及行为方式，良好的语言互动传递机制会使博士生自然而然地产生归属感，从而使自身易于理解导师的发出的各种互动信息。师生交往中的直观理解作为一种姿态不是任意的，它承载着自我的某一种解释，并且有该解释所具有的任何普遍性之间的内在关联。① 主体间的理解可以视为一种物质的或非物质的解释和理解，它可以激发师生之间生成更多的信息、意义与价值。师生之间通过动态的语言信息交流，实现相互对话与影响而达成初步共识，为导师与博士生的深层次互动与融合，以及自我的反思与成长提供解释性基础。

二　对文本的理解

历史、文本以及语言一开始就形成了师生的视域意向，因为文本或语言对师生的先在规定性使其在视域相遇之前就形成了经验结构，而使师生有了理解的前基础结构。博士生和导师都具有自己的视域，具有自己的当下视域与历史视域，相比于语言互动这种主体间当下视域的相遇，文本互动更多的是主体当下视域与他人历史视域的交互。这种视域的交互能够助推师生之间更为深度的理解与融合，而不仅仅是当下的经验结

① 王振林、王松岩:《米德的“符号互动论”解义》,《吉林大学社会科学学报》2014 年第 5 期。

构的碰撞。在对历史的文本的理解中，个体的视域总是延伸在历史之中，也就是把自己置身于作者的历史境遇，在历史中体会作者的思想并汲取经验，从而获得自己思想的更新和改造。因此，对文本的理解包含着相比于对语言的理解更高的普遍性的获得，这种普遍性的理解从历史与根源塑造了理解的可能性与可行性，带来师生内心精神世界的扩大和师生交往关系的深度融合。

（一）文本互动：与他人历史视域的交互

师生互动是为了更好地理解彼此，为和谐导学关系的建立与师生的共同成长提供平台，这注定要使彼此的视域及经验真正地发生关联与影响，注定要使自己的认知结构走进对方的知识体系。而仅仅有语言互动这一直观的理解形式并不能完成这一任务，也只有通过文本互动这种当下视域与他人历史视域的融合，才能使师生的经验知识体系与思想情感真正地联系起来。正如前文所讨论过的，理解是从教育主体已有的生活经验和情感世界出发，它所建立的内容最终被接纳入人生经验与情感世界的整体关系之中，从而对博士生或导师的人生与经验起到新的意义重建。因此，只有通过文本互动师生才能使教育指导活动中的知识与人生经验真正地融合，才能真正构建自身与对方深入的意义关系。与他人历史视域的融合能够在理解对方观念、情感、态度的同时，获得对生活的体验、对人生的启迪、对精神的丰富和培养，这是主体间当下视域相遇所不能达到的。

无论如何，历史文本之所以成为人们的理解的前结构，就是因为它能够对当下的视域积极地进行效用关联，使历史和当下的联结得以实现。因此，导师与博士生的互动交往也必须对历史视域进行理解，吸收彼此的历史经验，才能建构自己的精神世界，完善人生意义与价值。师生交往是一个意义结构，它因肩负着历史、传统、文化和社会价值而蕴含着丰富的潜在意义，个体通过当下视域与他人历史视域的融合，能够更好地把历史经验与时代的现实与自身的生活结合起来。每一代人都是通过对人类共同的经验的理解，而获得了对生活的体验感悟和对自身价值生存的理解；如果没有历史文本经验这个意义形式，个体的理解就不可能想象出任何意义。[①] 同样，离开历史文本这一交往媒介，师生对彼此彻底的理解就会沦为空想，建立起和谐的导学关系也成为虚幻。

对文本的理解并不只是通过对教科书、著作、文献资料等历史文本的体会和感知，而达到对知识、技术或思想的掌握；更是通过对师生历史文本的理解和交互，而达到对教育生命中的重要他人的思想、情感与观念的共鸣。导师与博士生的历史文本包括论文、著作、课题、课程、讲座等等一系列由教育主体创作出来的、得以保留的信息媒介，这不仅仅是对语言互动这一视域相遇与融合形式的更好的补充，更是在师生之间语言互动无法正常进行的情况下视域融合的重要保障措施。例如许多博士生导师由于行政工作繁忙，虽然有心尽力指导学生，但却囿于没有过多的时间与精力而使直观的教育指导活动无法顺利进行，此时就可以利用文本互动来增强导师与博士生之间的沟通和交流。导师对于自身领域的研究看法、思路或主张早已在自己创造的历史文本中得以展现，而这种呈现方式在一定程度上要比语言的呈现完善、精细、丰富得多，博士生可以借助于对导师历史视域的交互获得与导师的交流，进而丰富自己的视域且仍旧可以维持良好的导学互动。

（二）本质理解：教育生命中的重要他人

对话互动过程中形成的直观理解是师生视域融合的初始阶段，构成了师生双方共同行动的基础；而文本互动过程中形成的本质理解使师生间的深度理解成为可能，是视域融合的发展阶段。通过本质理解，师生之间才能互相承认并接纳这一教育生命中重要他人的存在，才是真正实现具有交往理性的导学关系。教育主体的成长与发展不仅包括博士生的成长，也包括导师业务水平的提高。博士生的科研成绩是导师指导水平的最佳体现，是导师作为一名博士生指导者最重要的评价指标之一，导师与博士生之间有着天然的利害关系，甚至在一定程度上应该把对博士生成果的评价作为对导师工作业绩的评价，而不是舍本逐末地看待导师自身科研水平与能力的多少；那样的话，导师至多是一个熟练的科研工作者，而并不应该是一个熟练的科研指导者。导师对博士生的本质理解，

① 金生鈜：《理解与教育：走向哲学解释学的教育哲学导论》，教育科学出版社 1997 年版，第 80—82 页。

是把博士生作为精神整体进行交往，尊重学生的人格与自由，以平等的地位和方式支持、引导、帮助学生。

所有文本的呈现在某种意义上来讲都是自传性的，而认同意味着一系列的联系，并且超越界限和差异去调解意义的能力可以界定师生真正的交往关系，无论这些界限和差异是否关系性别、种族或思想观念。① 本质理解使师生双方在教育交往中的关系是交互性的，作为生命中的重要他人，理解者和解释者的角色是不断变化与转换着的。而博士生对导师的理解，不仅仅在于理解导师的意图、目的、动机、情感和态度，更在于把教师作为一个与自身同样具有个性、生活性的真实的人而接纳和尊重他，同时把导师作为一个生活中的先行者，一个有生活经验的人而接受他的支持、帮助和引导。博士生既不能如一个未成年的、仍旧需要照顾的小学生一般，各个方面都需要导师的指导和关心，甚至稍微有一点科研上、工作上、生活上的想法、问题或问难就要找导师解决，那样的话则与没有任何科研能力、创造精神、承担挫折的能力的学生没有任何差别。同时博士生也不能认为自己有了一定的知识基础与生活经验，就不听导师的指导或建议而一味地自我行事，从而产生导师与博士生之间的冷漠、隔离与关系破裂的危险。

导师与博士生的本质理解，是二者之间活生生的交流，这种交流可以超越时间与空间的限制随时随地进行，既可以由博士生当下视域产生与导师历史视域的对话，也可以由导师的当下视域产生对博士生历史视域的理解。导师指导博士生，并不是要把自己的知识、意图、意见或思想强加给他，而是引导博士生在交往中理解真理、理解知识，进而理解人与人之间、与自我之间的关系，这就需要导师对学生的“前见”“前理解”有一定的了解与把握。博士生理解导师，也并不是要导师事必躬亲地将科研知识、技巧、手段、经验逐一地交给自己，博士生自己也要有主动探索与创造的精神，主动寻找科研知识、技巧、手段、经验的发源地，从导师创作的历史文本中寻找相关研究的答案，可能要比导师亲自指导的效果更为显著。基于文本互动的本质理解使二者作为不同的精神

① ［美］威廉·F·派纳等：《理解课程：历史与当代课程话语研究导论》，钟启泉、张华译，教育科学出版社2003年版，第443页。

主体，展开各种层次、不同时空、不同境遇中的交往，师生均必须真诚开放地接纳彼此的历史视域，正确处理不同个性、习惯、生活方式之间的独特性，才能真正相互理解、相互沟通，实现交往理性导学关系。

三 对自我的理解

对于博士生导学关系中的理解者来说，理解归根到底与其说是理解者与“他者”的关系，不如说是理解者与“自我”的关系。师生就是在理解自己的世界、理解他人的视域、理解文本与符号、理解历史与文化中理解自己。在理解中，属于师生自身的一切潜在意义都可能不断涌现出来，构成“自我”为它自身的存在意义而作的关于生活世界的总体解释；在这个解释中，生活环境作为总体呈现在自我的反思与理解之中。导师与博士生所寻求的并不仅仅是新的客观知识，更是关乎自身探索、实践及生活方式的意义，理解必定构成师生对自身的反问。从这个意义上说，理解的目的就是为了自我理解，就是为了导师与博士生的生活与实践。

（一）个体互动：主体当下视域与历史视域的融合

教育场域的互动形式可以分为与他人的互动和与自我的互动两大类，在语言互动和文本互动这两种师生基本互动形式中，既包含了与他人的互动也包含了与自我的互动，只不过是与自我的互动这种形式是内隐的、不易显现的。个体的自我互动能够回顾语言、文本等符号所代表的意义价值是否建立在反思性实践之上，也能够展望这种当下与历史视域的融合所带来的意义及结果。视域融合为“充满行动的思考”（thought full of action）和“充满思考的行动”（action full of thought）提供了一种解释学的观点，通过个体视域的融合，教育主体可以对包括自身在内的任何观念与看法进行积极地、持续地思考和质疑。导师可以将个体新的认知和见解加入到科研指导和师生互动中来，可以将师生互动的外在环境条件与师生全面发展的需求有机结合；博士生也可以不断改进自己的研究方法与精神观念，在师生交互的过程中不断地分析重构自己的认知结构及内心世界。

视域融合不仅要通过历史视域来揭示当下的潜在视域，而且它还意味着行动与反思，这些行动与反思以新近获得的视域和批判性意识为指导。视域融合的真正意义存在于日常的教育生活之中，而提倡个体的自我互动是导师与博士生专业发展与全面成长所强调的实践品格。个体与自我的互动不是教育主体机械地回忆自己的历史视域，而是将自身的历史视域与当下视域形成一种意义交流的关系。师生互动所凝聚的思维、智慧及文化的结晶作为历史视域，等待着理解者的当下视域，理解者不能将其作为普通的客观对象加以认知，而应该站在不同的人生经验和时间中去理解历史视域。当下视域与历史视域的融合就是建构了自身与历史文化的意义关系，这个意义关系作为自我的精神结构与意义形式相融合的形式，使师生的本体存在与交往互动不断走向新的可能性。导师与博士生均应不断地反思自己的交往理念、知识结构以及指导学习的过程和方法，更多地关注思维与情感的多维度特性，通过探究不同的观点来挑战认知倾向以拓展自己的视域。①

个体视域的融合召唤着师生的理解及意义的重构，其最终目的就是把主体的客观精神及一切经验所凝结的意义转化为当下的创新性意识，从而投入到人生的各种实践中去而进行有价值有目的创造。师生交往需要保持一定的连续性，才能够取得对问题研究及导学关系的持续进展，如果在互动过程中出现了一定的问题和困惑的情境阻碍了交往的连续，那么不仅需要师生采取更为开放包容的视域融合态度，进行更加理性的互动交往模式，更需要导师与博士生具备自我反思的意识，在自我对话中观察、分析、思考自身的历史视域，寻找解决问题或困惑的方法。导师与博士生的这种自我互动不仅是在具体的交往实践过程中形成的行动性反思，而且是立足于当下对过去经验的重新思考与审视，更是对自己已经作出的决策的剖析和分解，因此自我互动是师生重新审视自身工作的性质、提高自身专业化水平的有效途径。

（二）自我反思：主我与客我的融合

人类对客观事物有着极强的象征和赋意能力，也有着极强的解释和表达能力，这种赋意和表意的独特性不仅在于他们能够表达和运用客体的象征化（symbolic）能力，而且在于他们自我反思（self-reflection）和

---

① 郭德侠：《导师的自我反思与研究生培养质量的提高》，《学位与研究生教育》2006 年第 4 期

自我评价（self-evaluation）的能力。人们之所以能够运用符号进行交流与思考，这与"自我"（ego）是分不开的；如果事物的意义要继续存在下去，那么师生就必须相互理解对方赋予事物的意义，也必须像理解他人那样理解自己。在任何涉足特定交往整体即有组织社会的个体的经验范围内把握该整体本身的广阔活动，是个体自我获得充分展现的本质基础和必要前提。① 导师与博士生理解和解释事物的能力是广泛的，无论其使用的是能力的哪一方面，它都是某种交往过程的组成部分，而且它总是这样一个部分——当师生运用意义来影响对方，并且通过这种对意义的理解过程传播有关交往情境的内容或情感时，师生也影响了自己。"自我"作为情境定义中最重要的客体，可以在师生交往中获得一系列对于自身的稳定性意义及态度，使相应人格结构与心理特征相对稳定下来，达到自我的反思与成长。

"自我"的重要特征是它能够把自己作为认识对象，自己与自己进行交流与对话，这种反思功能是人类所独有的。② 因此自我可以分为"主我"（I）和"客我"（me），"主我"是个体对其他人的态度作出的反应，"客我"则是一个人自己采取的一组有组织的其他人的态度。③ 也就是说，其他人的态度构成了有组织的"客我"，然后个体就作为"主我"对这种"客我"进行互动、交往并加以融合，从而实现自我。"客我"与"主我"的关系，也就是一个情境与有机体的关系。对情境作出反应的主体能够理解情境所带来的意义，而且"主我"与"客我"的互动与融合就是在这种活动中发生的。当师生在对方身上唤起的反映与在自己身上唤起的反应时相一致时，个体的态度就会与沟通对象保持一致，这种相一致的状态会对师生之间共享的愿景或价值观念的形成起到巨大的推动作用，进而给博士生和导师均带来极大的满足感和归属感。自我的不断形成与更新通过人际关系而表现出了一种新秩序，发挥了教育主体在师生交往过程中应有了作用，无限扩大了导学关系本身所可能具有的内涵、

① 王振林、王松岩:《米德的"符号互动论"解义》,《吉林大学社会科学学报》2014 年第5期。

② 丁东红:《从社会哲学视角看米德符号互动论》,《中共中央党校学报》2008 年第1期。

③ ［美］乔治·米德:《心灵、自我与社会》，霍桂桓译，华夏出版社 1999 年版，第 189 页。

价值与意义。

师生的这种自我意识亦即“主我”与“客我”融合的机制，对导师与博士生的交往行为合理化至关重要，甚至可以说“主我”与“客我”的融合就是师生存在的方式。自我在经验中基本上是作为一种具有它所从属的共同体之组织的“客我”而实现的，是对社会互动过程所展示的、通过各自的结构所把握的有组织的行为模式的反映。正是由于“主我”的存在才使得我们无法完全认识自我，但是也正是因为“客我”的存在，我们才能够实现认识“主我”的可能性，并能够对自我进行更深入了解与探寻。[1]“主我”与“客我”处于一种动态的意义交互之中，二者不断地变化和超越，促使自我在交互过程中不断地发展，促使个体在认知中不断地进步、完善和提升。师生虽然是共同交往环境中的一员，但其仍具备不同于其他人的特定的行为特征和地位，当师生在进行对话与沟通时，其对于事物的判断、意义的选择以及行为方式的处理等都是通过自我的内部交往而完成的。导师与博士生就是在这种外向的互动沟通与内部的自我融合机制中逐步成长并发展的，只有当互动双方学会接受他人的态度和观念，能够像对方一样扮演“自我角色”时，师生双方的“自我”才能真正得以实现。

① 王慧莉、崔中良:《符号互动论思想下的具身认知研究》,《外国语文》2018 年第 1 期。

第七章

融合：交往理性导学关系的和谐统一

交往理性导学关系相信导师与博士生处于人类生活和文化的历史意义和存在价值，相信真理、知识和道德根植于传统和社会实践，受现象学、存在主义和解释学的影响，交往理性导学关系也依赖于历史意识、实践智慧、语言、交往、解释、共同体等观念。交往的目的并非是寻求理论或实践的一致性，用海德格尔的话来说师生交往是为了“寻找根基”(finding a footing)，而在维特根斯坦（Wittgenstein）看来师生交往就是“发现个体存在的方式”（finding one's way about)。因而，导师与博士生的理解发生在真实的生活情境之中，游弋于个体、文本和语言的融合世界之间，导学关系也从来不能脱离具体的交往场域和文化情境。通过导学关系各个方面的通力协作与理性世界的融合，可以引导我们基于交往实践达成交往理性导学关系的价值旨归。

第一节　导师与博士生理性世界的统一

在导师与博士生的交往世界中，理性是作为寻求目的和手段相关联并求得二者的统一与和解而出现的。理性这一概念源自于古希腊哲学中的逻各斯（logos)，是指在世界中存在的、可以理解的一切规律。不容置疑，人类具备创造和捍卫理性的意志和能力，但是对于理性本身却没有一致的“理性认同”。例如康德的纯粹性、排斥性的理性模式；黑格尔的辩证性、整体性的理性模式；马克思的实践主义理性模式；韦伯的工具理性和价值理性模式。近代理性经过启蒙、独立和崇拜三个阶段的洗礼后，伴随着工业现代化的步伐，走向理性的霸权。[①]

西方的理性主义终结了传统宗教形而上学所提供的意义一元论，但同时却导致理性本身裂变为价值多元状态，这使得导师与博士生在追求意义的过程中显得茫然无措、软弱无力，完全理性化了的现代世界成为一个没有意义和价值的世界。[②] 理性本应为实现人的自由与价值而存在，但随着西方工业革命和科学技术的迅猛发展使得人类世界中理性的各种成分分裂开来，造成理性主义的泛滥。对理性内在目的性原则的缺乏和短见，不能将目的与价值范畴提高到理性的高度加以认识与把握，造成了导学关系中价值与意义的先天不足。[③] 而寻求导师与博士生理性世界的统一，保持理性概念内部的工具、目的、价值、意义等倾向的协调、统一与平衡，实现理性世界内部诸要素的自我和解，是实现和谐导学关系的必经之路。

一　理论合理性与实践合理性的统一

关于理论与实践的关系，在马克思主义哲学中早有阐述：理论来源于实践，同时理论又高于实践；理论可以指导实践，同时理论也产生于实践。二者是相辅相成、缺一不可的关系。同样，理论合理性与实践合理性也具有天然的交互关系，理论合理性需要实践合理性的支撑和检验，没有实践的“源泉”，理论最终会成为“无源之水”；实践合理性也需要理论合理性的指导和帮助，缺乏理论的“灯塔”，实践会迷失方向直至误入歧途。在博士生导学关系中，理论合理性可以促使实践主体主动进行教育反思，从而更好地把握实践合理性的方向，不断进行教育实践的改革与创新。因而，理论合理性和实践合理性并不是简单、机械的指导和被指导的关系，而是一种相互依存、相互滋养的关系。

（一）理论合理性与实践合理性的断裂

理论合理性是教育主体对已有的教育实践进行总结、提炼、提升的

---

① 王树松：《简论技术价值合理性》，《自然辩证法研究》2004 年第 12 期。

② 傅永军：《韦伯合理性理论评议》，《文史哲》2002 年第 5 期。

③ 章忠民：《黑格尔“目的理性”的确定及其意义》，《福建师范大学学报》（哲社版）1999 年第 2 期。

成果，其中必然有主体对交往实践的主观认识或者主观评价，凝聚着师生交往的智慧，有着理论自身的发展逻辑性。实践合理性内在于教育实践主体的意识及行为之中，是教育主体在一定条件下有计划、有目的的活动，它具有主体性、探索性的特征与品质。虽然理论合理性与实践合理性都属于导师与博士生认识的理念，都作为具有普遍性的主观概念，但是理论合理性往往倾向于被动地接受客观世界，而不考虑改变事物的现状；而实践合理性则能通过主体的能动作用对客观事物加以改造，以达到自身的要求与目的。理论合理性是导师与博士生认识真理的冲力，是认识活动的本身，是求真求知的思维活动，具有扬弃主观的特性；而实践合理性是导师与博士生实现善的冲力，是求善的意志实践过程，具有扬弃客观的特性。[①] 导师与博士生的交往实践是包含了众多不同活动的集合，这些活动聚集在共同的目标下，体现着特定的价值追求。

在导师与博士生交往过程中，理论合理性和实践合理性之间需要有一定的张力，必然存在一定的“距离”，但这种“距离”必须是合理的、适当的；二者之间的距离一旦超出合理的范围，必然会出现不和谐，甚至是断裂的现象。[②] 从博士生导学关系的形成和发展来看，理论合理性占主导地位有一定的客观原因及合理解释，因为包括整个教育系统在内的人类系统，在近代以来都深受理性主义的支配。[③] 导学关系也不可能在形成之初就建立一条有别于理性主义的致知道路，理论合理性的思维方式促进了博士生教育体系的建立、形成和发展，使人们过分关注于导学关系的理论体系建构方面，而忽视了作为生活和实践的导学关系的价值与意义。同时，过分强调导学关系的理论客观性，片中追求科学的理论体系，往往会忽视师生交往实践的人文性；片面追求师生交往的理论普遍性，以交往实践活动的“立法”为旨归，就会限制其对师生交往活动的解释能力。如果在具体的交往情境中给予理论合理性的优先地位，则意味着理论合理性对实践合理性的统治和约束，作为完整理性存在的博士

① 那立媛：《试论黑格尔理论理性与实践理性的辩证关系》，《齐齐哈尔师范高等专科学校学报》2007 年第 1 期。

② 李亚平：《教育理论与教育实践的断裂及对接》，《上海教育科研》2009 年第 4 期。

③ 郭晓明：《论教学论的实践转向》，《南京师大学报》（社会科学版）2002 年第 2 期。

生和导师将会完全受到教育管理制度与法则的支配，从而失去其应有的尊严、价值与自由。

在主客体二分的理论合理性框架中，博士生导学关系仅考虑了认识主体和客观化的认识对象之间的关系，思维活动可以独立于语言文字而存在，迫使认识主体处于孤立状态之中；而在主体交往的实践合理性框架中，交往行为取代了导师与博士生那种先于语言文字的、孤立的思维活动，而使认识主体处于交互的状态之中。导师与博士生在实际交往的情境中所面临的问题往往都非常复杂，理论合理性的扩张使师生之间的互动与交往越来越简单化、概括化，造成导学关系越来越脱离教育实践，并远离师生的个人生活。忽视理论合理性与实践合理性的统一，把在同一交往过程中形成的、紧密联系且互相支撑的关系属性的两个方面割裂成两个独立系统，致使理论合理性与实践合理性从导学关系这个整体中被剥离出来，断绝了其与整体及与整体中其他部分的联系。这样被剥离后再生硬组合的导学关系也失去了对导师与博士生自我成长与发展的指引与调控作用。

（二）理论合理性与实践合理性的连接

如果我们假定处于交往关系中的导师与博士生，能够通过调节行为而维持自身的交往活动，而且这种调节行为是通过在某些领域中特定理解的沟通来达到，那么由导师与博士生所构成的交往关系就满足一些内在于交往行为的理性标准。理性的标准并非来自于客观规律或经验的重复，而是来自于主体之间的对话和讨论，因而博士生导学关系并不具有单一理性的纯粹性，不仅是一种具有明显理论知识特征的理论合理性，更是一种以具体交往为基础的、人的实践合理性。如果尝试在具体的交往情境中给予实践合理性的优先地位，则可以使交往的动机、目的、行为和结果统一于行为本体，从而使人超越了自然的限制，真正体现人之为人，人不同于一切自然存在物的价值与尊严。① 因此，实现师生交往过程中理论合理性与实践合理性的连接，可以尝试确立实践合理性之于理论合理性的有限地位，以实践合理性为引领，以理论合理性为保障，进

① 李婉莉:《理论理性与实践理性的中介——论判断力在康德哲学中的地位和作用》,《电子科技大学学报》（社会科学版）2006 年第 2 期。

而融入具体的互动与交往过程，实现导师与博士生向自由世界的通达。

从近代哲学到当代哲学的实践转向，要求实践合理性来指导和规约导师与博士生的交往实践。① 之所以是实践合理性的指引而非理论合理性的规约，是因为理论合理性的功能只是认识并遵守师生互动过程中的各种要素及彼此间的关系，而实践合理性的目的是通过有效的交往实践活动影响并改造陈旧的、暗含矛盾的导学关系。诚如康德所言，"归根到底，并没有两个理性，理论的和实践的，只是同一理性的不同运用罢了"②。实践合理性与理论合理性是导师与博士生交往过程中理性的两个方面，作为理性世界的两种不同形态，二者并非彼此隔绝、互不交融的。"对导学关系诸要素的认知和理解"与"对导学关系诸要素的影响和改变"是彼此关联、不可分割的：对导学关系的认知和理解以改善导学关系、促进师生发展为价值目标，而对导学关系的指引和改变又须依赖对其清晰而又明确的 认知。"应如何"的价值判断，离不开"是什么"的事实探究，在更本原的层面，实践合理性与理论合理性的如上关联所体现的，是导师与博士生之间真与善的交融。

坚持理论合理性与实践合理性的连接，要对高度系统化、逻辑化的博士生教育和师生交往理论进行改造，让教育理论贴近现实、反映现实、解释现实，但这并不代表可以反对理论合理性，更不代表可以抛弃理论合理性，知识更看重面向实践的理论、更提升师生教育智慧与教育素养的理论。对导学关系中理论理性和实践理性的理解，应注意把握二者之间不再是简单的指导与被指导的关系，实践合理性也不再只被视为理论合理性的发展，而是从追求普遍的交往规律转向强调具体的交往情境。导师与博士生的交往实践不只是包含一系列操作程序的活动，也是一种具有思想性和理想性的心智活动，它需要理论合理性来解释和支持，实践理性本身应当力求趋向理论理性。纯思辨地演绎知识或扎在实践的泥土里却不仰望理论的星空，都无助于和谐导学关系的发展，也难以充分

① 索磊：《基于实践理性的教师专业成长研究》，博士学位论文，西南大学，2016 年。

② ［德］伊曼努尔·康德：《道德形而上学原理》，苗力田译，上海人民出版社 2005 年版，第 32 页。

发挥其指导实践的价值。[1] 师生交往活动的实践性需要导师与博士生抛开固有观念的限制，以体现教育智慧的“实践之知”为基本目标，把师生交往价值性的理解与洞察作为基本的致知方式，开启关注师生生活世界的交往之路，最终关照到理论与实践的共在性。[2]

二　经济合理性与道德合理性的统一

以审美为代表的反文化与科学技术、经济契约观念和道德观念一样，都属于合理性的文化总体属性。这种经济理性主义和道德理性主义同时也构成了博士生导学关系建构过程中的重要的影响因素之一。现代的交往实践与知识建构脱离了传统亚里士多德式德性伦理学背景，脱离了传统形而上学真善美精神母体，成为专门处理规范和价值的特殊领域。[3] 同样地，博士生导学关系中存在的道德实践文本和经济契约原则等也远离了它们最初所依赖的师生观念和教育观念。在现代教育哲学的实践范围内，经济合理性与道德合理性与现代自然科技同时获得系统化，二者的独立带来了形式制度以及世俗的信念伦理和责任伦理。经济合理性和道德合理性的自主化也意味着二者作为约束性规范，在某种程度上变成了独立于人类理性之外，甚至产生对立与冲突的实体性的东西。而寻求经济合理性与道德合理性的回归和统一，达成对师生交往过程中经济契约和交往实践的有效理解与规范，无疑是促进和谐导学关系建构的必要途径。

（一）经济合理性的扩张与僭越

经济合理性的概念源自于经济学当中对人性的基本假设，即在包括所有人际关系在内的交往实践中，个体产生行为的目的就是追求自身利益的最大化，并由自己的经济理性来从事各种经济活动，选择各种经济行为。导师与博士生的经济行为与其他所有的行为一样，都是作为主体的人的行为，而人的一个完整行为大都由意图或动机、实现该行为的手

---

① 李玉文：《论现代教学论对教学实践的“作为”与“难为”》，《课程·教材·教法》2012 年第 9 期。

② 郭晓明：《论教学论的实践转向》，《南京师大学报》（社会科学版）2002 年第 2 期。

③ 阳海音：《论马克斯·韦伯的合理性理论》，《世纪桥》2008 年第 16 期。

段以及结果构成。[①] 例如导师与博士生确定某种交往目的，都是出于其自身的需要或欲望、并同时考虑现有操作的可能性条件，进而作出合乎理性的行为选择与判断。经济合理性强调导师与博士生交往的秩序是“自然秩序”，是确定的、稳定的、合乎规律的逻辑运行，师生对彼此的行为及对未来的预测是可以把握的、计算的。[②] 虽然在人际交往中也会出现一定的“利他行为”，但这种行为的背后仍旧暗含超过其行为付出的利益回报，而无论这种回报是隐性的还是显性的，有形的或是无形的，因此，所谓的利他行为仍旧是利己的。

经济合理性可以充分地调动师生的内在占有欲，并通过利益机制激发出强大的创造科研成果的热情，与此同时，这种对最大化物质利益的追求也成为理性经济人的显著特征。[③] 在国家大力倡导经济发展的浪潮中，经济合理性已然呈现出对各个领域的扩张和强化态势，在教育领域中直接导致了以个人私利为最高目标的个人主义倾向，同时也加剧了导师与博士生具体交往过程中的契约失衡与利益冲突，使导学关系越发不可调和。在经济理性被普遍泛化为一种师生交往过程中的行为标准和价值观念之后，理性经济人逐渐演成为每一个导师与博士生的行为范式。然而，经济理性一旦作为一种价值观念、一种行为标准在导师与博士生交往的过程中得到确立，其对师生的行为也产生十分明显的工具化倾向的特征。经济合理性不仅使师生与科学研究、与知识探求的关系变成了工具关系，更加抛弃导师与博士生内在的人学向度，抛弃人自身所拥有的价值允诺和责任承担，使人彻底沦为自己的工具。

导师与博士生交往中的经济行为意味着对“伦理相关”的动机观的断然拒绝，然而尽自己的最大努力实现自己追求的东西却只能是理性的一部分，而且这其中还可能包括对非自利目标的促进，那些非自利目标也可能是我们认为有价值的或愿意追求的目标。在经济合理性的影响下，师生交往逐渐演变成为实现彼此功利目的的工具，为了追求效率至上的培养模式，学校设计出各种程序化的教学模式、培养模式以及管理模式，

① 李萍:《道德理性与经济伦理》,《高校理论战线》2002 年第 3 期。

② 郝云:《经济理性与道德理性的困境与反思》,《上海财经大学学报》2005 年第 2 期。

③ 郭蓉、王平:《实践理性语境下的经济理性分析》,《经济学家》2007 年第 3 期。

丝毫不顾及博士生教育相对于其他阶段教育的特殊性，丝毫不顾及导师与博士生交往相对于其他师生交往的充分性、必要性、决定性。这种标准化的手段固然能够促使博士生教育在一定水平上取得进步，但却是以牺牲导师和学生的独立人格为代价的，而教育作为培养人之为人的精神、完善人的个性、形成师生彼此的信仰、实现人性的超越等功能则消失殆尽。①

（二）道德合理性的回归与调和

道德合理性是指人们关于道德的认识水平和评价能力，是属于人的心理和认识的范畴，包括人们认识道德现象的本质、道德发展规律和对道德行为评判时的抽象思维能力和思维形式。道德理性是观察、审视、检讨生活实践中的各种选择、现象的一种独特的视角、视野，规定着道德评价和道德行为选择，并对道德及其建构具有支配性作用。② 就道德个体来讲，对道德合理性的揭示将有助于导师与博士生理解道德生活的本质，正确认识和思考如正义、义务、权利、忠诚、勇敢和个人责任等道德问题，为师生理性、明智而和谐的交往实践提供理论依据。③ 除此之外，道德合理性的价值导向，还能够使导师与博士生在追求经济效益与自身利益的同时，自觉追求自己人格品质和其他素质的健康发展，并且有利于对方人格品质和素质的健康发展，避免沦落为单面的"经济动物"。从而使人的自我完善和导学关系的完善协调一致。④

道德合理性指向人类的精神，以道德合理性为指引的师生交往行为，是以实现师生交往的整体价值目的的。如果某一个体或群体将自己置于高于其他个体的地位，进而将自己的利益与其他人的利益对立起来，那么这样的行为仍旧是以实现自身利益为目的的行为，仍旧不属于道德理性行为。⑤ 具体到导学关系来说就是从师生的道德角度出发而选择交往行为的合理性，这种合理性以师生的全面发展与日趋完善为目标，一切的行为都是以寻求双方利益达成为归宿的实践活动。导师与博士生的存在

① 刘济良：《论我国青少年的价值观教育》，博士学位论文，华东师范大学，2001 年。

② 徐贵权：《道德理性的反思与建构》，《南京政治学院学报》2005 年第 3 期。

③ 杨宗元：《论道德理性的基本内涵》，《中国人民大学学报》2007 年第 1 期。

④ 葛晨虹：《经济活动中的道德理性》，《伦理学研究》2002 年第 2 期。

⑤ 吕耀怀：《经济理性与道德理性》，《学术论坛》1999 年第 3 期。

既是个体的存在，又是社会的存在：师生作为个体的存在，拥有着一个独特的世界，任何人都不能剥夺自我在这个世界中的自由和权力；师生作为社会的存在，是复杂交往关系上的联结，需要协调好导学关系的各个方面，保持与对方交往的平衡与和谐，而不能随心所欲，肆意妄为。道德合理性从交往共同体的高度，富有洞见地把导师与博士生双方的利益看作是实现个体利益的基础，并立足于师生对交往共同体的依赖关系，充分考虑到导学关系的存在对于个体的成长与发展的显著意义，而把公共利益的实现作为自身利益达成的前提。

尽管经济理性与道德理性具有不同的特点，但有一点则是相同的，即把人看成具有完全的行为能力、认知能力和判断能力。① 从理论的角度和实践的观点来看，这种认识具有一定的合理性，并且导师与博士生的交往过程既需要经济合理性的支持，也需要道德合理性的保障。需要明确的是，只有当导师与博士生之间的经济行为变得可能危害师生群体利益时，经济合理性与道德合理性才会产生尖锐的冲突与矛盾。道德合理性的回归与调和，并不是要反对经济合理性的存在，而只是反对那种以经济理性为出发点、并完全僭越道德理性的行为，即反对那些以剥夺他人利益为代价的自利行为。和谐的博士生导学关系的质的规定性是经济合理性与道德合理性的统一，是承认经济行为的不可或缺与肯定道德实践的独特意义的统一，是确认师生交往的功利性与超功利性的统一。在具体的师生交往中，也应充分认识经济合理性与道德合理性的有限性作用，并力求对经济合理性进行道德反思，对道德合理性进行经济分析，同时重视经济理性中的集体理性与道德理性中的个人理性。

三 目的合理性与价值合理性的统一

可以看出，导学关系理性的建构为导师与博士生的交往提供了一个独立的、自我满足的行为规则系统，提高的师生交往的实质与效率，也有助于导师与博士生之间形式平等的实现。但对理性的过分追求使得目的理性与价值理性相分离，也使导学关系面临着一系列的问题。近代以来，博士生导学关系建构与发展的实质是目的合理性的不

① 郝云：《经济理性与道德理性的困境与反思》，《上海财经大学学报》2005 年第 2 期。

断增长与价值合理性的不断消退的过程，这一过程并没有如人们所愿实现师生作为人的存在的自由意义和个性解放，相反却带来了自由的牢笼与枷锁，造成了师生之间交往意义的丧失。在以制度理性为表达的导学关系中，教育制度作为师生科研、指导、交往、生活的秩序安排，本应涵盖着导师与博士生交往的价值与意义，但制度的形式理性化却使得制度本身的正当性再也无法适应人的价值诉求和终极关怀。[①]以目的理性为基础的形式主义师生观奠基于割裂了理性内容的主体哲学之上，导致了导学关系目的理性与价值理性之间的矛盾冲突和高度紧张。而要摆脱现代博士生导学关系的这一困境，必须消解目的理性的绝对优势地位，瓦解主客两分的目的理性的保证，拯救目的理性与价值理性的协调与融合。

（一）目的合理性的演变与多元

目的理性就其直接作用而言有其违背人性的一面，但就目的理性本身为人的自由来看，就体现着更高的目的与价值。价值理性引导并制约着目的理性的建构和运用；目的理性对价值理性的实现起着巨大的推动作用，目的理性和价值理性本应是相统一的，这也是为什么有的学者可以将目的理性理解为价值理性。[②] 在理性世界尚未分化的古典哲学中，甚至包括黑格尔“理性”概念在内的观念中，理性发展的终极意义都是对人无限的自由与价值的实现与追求。造成目的理性分裂的原因即来自于人们对目的的理解和看法：若将某一外在事物视为另一事物的目的或工具，且这种目的或工具并不与人类自身的意义与价值相连，那么事物与事物之间也失去了内在的联系而只互相作为工具而对立。但若将事物的意义与人的内在目的相连，并通过自身的内化作用将外在的物质转化为建造和维持整体存在所需要的东西，[③] 人与事物、人与世界的连接便建立起来了，工具、目的与价值也具有了内在的统一的有机关联。

① 王明文：《目的理性行为、形式合理性和形式法治：马克斯·韦伯法律思想解读》，《前沿》2011 年第 19 期。

② 肖新发：《目的理性与工具理性关系的现实启示》，《湖北第二师范学院学报》2005 年第 1 期。

③ 章忠民：《黑格尔“目的理性”的确定及其意义》，《福建师范大学学报》（哲社版）1999 年第 2 期。

从目的合理性的角度看待博士生导学关系，价值合理性似乎总是非理性的，因为师生交往所考虑的价值总是一种无条件的、纯粹的真与善。而师生交往的目的理性就不从任何既定价值出发，只关注于师生交往的直接影响与结果，仅仅从纯粹的形式上计算、权衡交往行为的方式与结果。因此，导师与博士生交往的目的合理性也可以被称为形式合理性(formal rationality)，而价值和理性则由于是从某些具有实质内容与特定价值的角度出发而影响行为，可以被称为实质合理性（substantive rationality)。很显然，这一类型学受到了兴趣（Interest）的主宰，并且必须和行为的合理化水平区别开来。在这里，韦伯并没有把人与人之间的社会关系当作出发点，他认为合理化内容，也就是独白式行为中的目的——手段关系。如果从这些视角出发，那么主体行为当中能够接受客观评价的也就只有干预现实语境的因果作用以及经验命题的实际作用，它们奠定了人际交往的行为准则或行为规划，亦即主体关于目的理性手段的意见基础。

(二) 目的合理性与价值合理性的融合

可以看出，绝对的目的理性行为和绝对的价值理性行为只是抽象出的理想概念，在导师与博士生的现实交往中，目的和理性与价值和理性作为理性思考的不同环节和阶段，是相互连接的。目的理性行为关注的可能是如何选择最为有效的工具或手段以实现目的，而价值合理性则更加注重目的的实现与自身作为人的价值与意义的联系。同样地，师生交往的价值合理性关注的是交往与互动的目的和手段是否符合师生共同成长的价值信念的要求，是否实现了师生作为人的生命意义与价值；而交往的目的合理性关注的则是不同价值信念之间的冲突与调和，以及价值信念与现实条件、可能后果之间的冲突与调和，进而为彼此的交往行为设定合宜可行的目的。[①] 目的理性与价值理性融合则要建立博士与导师在情感认同基础上的价值共识，促使主体不断调适彼此的价值结构以适应、接受和遵循交往价值规范，从而实现以共同的价值要求为标准来规范师

---

① 张学广：《社会主义核心价值观实践路径的分析——从价值理性、目的理性、工具理性到社会行动》，《理论与改革》2015 年第 4 期。

生的交往活动。①

目的合理性指向“实然”状态的现存事实，关心既定目标的实现形式和系统工具，注重交往实践的手段、条件、形式、程序等；而价值合理性则指向“应然”状态的期望预设，关心活动目标的价值诉求和实质内容，注重交往实践的目的、理想、内容、本质等。作为博士生导学关系理性的类型化形式，目的合理性和价值合理性都有一定的片面性或不合理性。如果我们把价值理解为事物对主体需要的满足关系，把价值与价值意识区别开来，那么价值不仅仅是客观的，而且是一种普遍存在的关系。② 导学关系的目的理性和价值理性都毋庸置疑地包含着某种价值判断，其区别在于所引入的价值判断不仅是一种直接相关的价值判断，还是一种终极意义的价值判断。只有将导师与博士生的交往活动所蕴含的事实判断与价值判断进行统一与融合，才能真正实现对人生理想的追求和生命意义的终极关怀，博士生导学关系才能达到认识与实践的完美境界。③

要实现和谐的博士生导学关系，就要追寻导学关系理性化的本源，并将理性理念贯穿到导师与博士生交往的各个方面，而追寻理性的本源就是要回到最初的目的合理性与价值合理性的交融形态，用本真的、统一的理性思维来把握、指导、影响导学关系。目的合理性与价值合理性不仅具有结构上的同质性，而且具有历史方面的因果性。二者的融合，不仅使师生的身份关系强化了交往主体在实践中的核心地位；而且使师生的制度关系摆脱了传统的伦理和道德的合法性压力，转向按稳定的法律规则来运作；更加使师生间的经济关系转变为按照目的理性构成行为的相对自主领域。如此一来，导师与博士生身份关系、制度关系、经济关系三方面的合理化使导学关系发生进一步的成长与分化，把导学关系改造为不同利益体在自由关系体中交往的互动性结构，形成了结构上日

① 冯留建：《社会主义核心价值观培育的路径探析》，《北京师范大学学报》（社会科学版）2013 年第 2 期。

② 谢鹏程：《论法律的工具合理性与价值合理性：以法律移植为例》，《法律科学》（西北政法学院学报）1996 年第 6 期。

③ 王彩云、郑超：《价值理性和工具理性及其方法论意义：基于马克斯·韦伯的理性二分法》，《济南大学学报》（社会科学版）2014 年第 2 期。

趋复杂、功能上日趋独立且严格按照目的理性方式行动的交往体系。① 这样的交往体系将师生之间的目的行为和策略行为彻底合理化和制度化，创造出前所未有的对导学关系的掌控能力。

四 工具合理性与交往合理性的统一

人类是社会性的动物，教育活动是人类特有的一种社会活动，是人类区别于动物的基本特征。对于作为关系而存在的导师与博士生来说，师生之间的沟通和交流是其生命存在的基本形式，而对话则是师生最基本的交往途径。没有对话就没有交流，没有交流自然也不存在导学关系。导学关系中独白式的工具理性思维方式造成了理论与实践、科学与伦理的疏离，各种功利主义的观念深入到导师与学生的发展过程中来，使人们淡忘了导学关系的内在价值，教育理想也逐渐淹没在工具理性的泥淖之中。人们若想真正度过工具理性给导学关系带来的危机，就必须实现交往理性的关照下对师生交往的转变。而这一转变绝不是置工具合理性于不顾，而是对导学关系理性视域的总结，使工具合理性与交往合理性之于导学关系有着充分而又合理的生成性表达。

（一）独白式理性：理性概念的临时性定义

在哈贝马斯看来，韦伯的理性观念中的目的合理性与价值合理性都是一种独白式的理性（Monological Rationality），目的合理性基于导师与博士生交往时的计算与推理，价值合理性则诉诸于导师与博士生作为人的价值与意义。如果我们从目的行为，亦即从能够解决问题的行为入手对合理性这一概念加以解释，那么由此派生出来的“合理的”一词的概念也就一目了然了。我们有时候说师生之间的经济行为具有“合理性”，有时候说师生交往的制度或契约具有“合理性”。这些反应可以解释为对问题的解决，但是却忽略了主体行为内在的合目的性，并且把这种目的行为当作是一个具有判断能力、并运用命题知识的主体所作出的行为。根据青年黑格尔派“情景理性”（Situated Reason）的观点，理性与时间的历史性、外在自然的实在性、生命的主体性、社会的物质性等有关，这种关联不是逻辑上的内涵关系或排斥关系，而是由一个确

① 傅永军：《韦伯合理性理论评议》，《文史哲》2002 年第 5 期。

定的和发展的本质力量所规定的。因此，在导学关系中并不存在纯粹的或者是绝对的工具理性，理性本质上体现于师生交往行为的情境和生活世界的结构中。

师生交往中工具理性行为模式的出发点在于：博士生或导师主要关注的是要实现一定的目的，从而选择自身认为适合于一定交往情境的手段，并把其他可以预见的行为后果当作是目的的辅助条件加以计算。所谓达到目的，就是博士生或导师所希望的状态在导学关系中出现了，而这种状态在一定情境中是计算的结果。如果我们从遵守行为规则的角度对以目的为取向的行为加以考察，并从对状态和实践的干预程度对它们加以评价，那么师生的这种行为是工具性行为；如果我们从合理选择规则的角度来考察师生行为，并从影响对方抉择的程度对它们加以评价，那么师生的这种行为便是策略性行为。但无论是工具性行为抑或是策略性行为都受制于工具合理性的影响，导师与博士生所关注的都是自我相关的目的，即使在师生共同确定的交往情境中，彼此的目的与行为也不会加以协调，这便是工具理性的独白式体现。

诚然，以技术和控制作为主要载体与手段的工具理性是现代教育的主要意识形态，虽然工具相对于导师与博士生来说有着一种表面的中立性，但是与工具不同，工具理性却是根植于师生主体内部的意识形态，与其他任何意识形态一样是一种“圈套”。由于处于交往实践场域中的师生不可能处于恒常的哲学反思状态，而意识形态的“圈套”又能使导师与博士生的心智运行在它的中间，并处于最小能量状态，导学关系就在大多数时间里任由意识形态摆布。而理性中心主义指导下的现代性批判精神把理性绝对化，导致了导师与博士生交往的工具化、功利化和标准化，这不但使师生失去了自我批判的能力，而且也使师生的交往场域自我封闭、自我满足和自我矛盾起来。① 理性批判的危机导致了博士与导师交往秩序的混乱和生活世界的迷失，师生之间的交往行为也逐渐产生异化。按照哈贝马斯的理性观，理性不能归结为孤立的、主体的、客观化的认识，交往理性要求主体以语言为中介进入互动状态，形成一种主体践行，用来克服主体性。若要走向合理的交往秩序，建立合理的交往关

① 高宣扬：《后现代论》，中国人民大学出版社 2005 年版，第 171 页。

系，就必须实现师生交往行为的合理化。

（二）交往合理性：理性概念的生成性表达

从实践原理中推导出来的比较全面的交往理性概念，和从实在论原理中推导出来的工具理性概念可以说是相互配合、相互统一的。因为分散利用和操纵事物及事件的能力，与主体相互就事物和事件达成共识的能力之间存在着一种内在联系。对于交往理性导学关系来说，亦是如此：博士生和导师运用各种意义符号进行沟通的能力，与教育主体就各种符号达成共识的能力之间存在着天然的联系。只有当师生试图把从描述知识或意义的独断运用当中推理出来的工具理性同交往理性隔离开来，才会出现师生彼此视域与理解的对立，而这种行为在工具理性滥觞的今天尤为显著。工具理性的影响力越大，师生的交往世界对目的行为主体的自我捍卫的程度也就越低。如果博士生或导师拥有合理的判断和表达能力，能够反思自身的交往行为并对其合理性加以衡量，那么师生就可以完全在工具理性和交往理性之间进行选择与融合，为师生之间的各种冲突协调与交往共识提供了广阔的活动空间。

理性也可以理解为一种博士生或导师作为主体的行为能力，它反映在具有原因和根据的行为模式之中，这样理性就会表现为有知识的师生和表现知识的师生行为两种因素。虽然工具合理性和交往合理性都始于师生交往的命题知识，但是他们使用知识以及借助知识所达到的目的均不相同：工具合理性始于师生交往目的行为中对知识的非沟通性使用，它通过经验主义认识论上对外部环境条件的掌握和智力思维活动对其的适应，深刻地体现了现代社会对自我概念的获得、理解与维持。但是如果理性始于师生交往中对命题知识的沟通性使用，我们就预先选择一种与古典理性观念相似的较为广泛的理性概念，也就是哈贝马斯所说的交往合理性。交往合理性的概念最终依赖于导师与博士生间的对话与沟通，通过不受限制地、努力统一地寻求共识的力量，不同的参与者克服了最初的那些纯粹主观的观念和固有的视域，同时为共同合理的信念而确立起了客观世界的同一性及其生活语境的主体间性。

按照工具合理性的观点，博士生或导师某种定向的行为只要在交往世界中成功干预行为并实现其自身的意愿，那么这种行为就可以被认为是合理的；而根据交往合理性的观点，博士生或导师的某种行为至少要与获得他人对该行为一定程度的理解，这种行为才可被认为是合理的。在交往理性看来，言语、行为是否合理的关键在于满足一些通过交往或沟通获得的共识性条件，因而交往行为合理性的标准存在于主体之间的互动和沟通之中。这样，哈贝马斯的合理性标准就是生成性的：如果参与沟通的博士生或导师承认理性，并且能够提出说服对方的理由，那么他的交往态度与交往行为就是合理的；反之，如果博士生或导师轻视理性，并以教条的方式讨论问题，那么这种交往态度与行为就是不合理的。在导师与博士生的交往行为中，交往理性透过理性讨论能够实现工具理性和价值理性的统一，一切的对话、沟通、反思、超越等行为都应发展成为一种相互的期望，以促进师生共同意志的合理形成。

导学关系的“合理性”不能把具有一定目的或能够解决问题的行为当作理解入口，也不能简单地从交往世界的本体论前提出发，而应将师生交往的本体论前提当作问题并加以追问。即对于导师与博士生所构成的交往共同体而言，构成交往世界的同一性前提究竟有哪些？交往世界之所以具有客观性，是因为对于具有言语能力和行为能力的师生而言，交往世界永远都应当是同一个世界。抽象的交往世界概念是交往行为的主体之间就交往场域中已经存在或应当存在的一切达成共识的一个必要条件。根据交往世界的模式，导师与博士生的合理表达具有一定的行为特征，这些行为充满了意义，在其所处的交往环境中是可以理解的，并且是师生和客观世界中的存在发生了关系。通过导师与博士生之间的交往实践（communicative practice），交往行为的主体也同时明确了他们共同的生活语境，即教育主体间共同分享的生活世界。

第二节　导学关系各方面的通力协作

博士生教育的本质是师生之间的一种互相交往的过程，凭借着这种交往活动，导师完成了“传道、授业、解惑”的任务，同时使博士生的科研及身心均得到发展与完善。伴随着导学关系问题研究的深化，人们已经认识到不应把导学关系看作是某种单一的关系形式，而应是一个由多层面关系构成的复杂体系。导学关系贯穿于博士生教育和师生交往的实践始终，导师与博士生之间形成的稳定的、支持性的个性关系，可以更好地使导师对博士进行学术指导，引导学生进行相关领域的前沿探索，并在精神上、生活上给予帮助和支持；同时使导师不断反思自己的指导方法以及与学生相处的技巧，反思生活、工作、人际交往与自我发展的关系及意义，借此完成师生的共同成长。在此基础上，导学关系随着研究生教育的发展而不断扩大外延，形成包括身份关系、制度关系、经济关系和情感关系在内的理论框架。

其中，身份关系是博士生教育语境下最基本的关系形式，也是教师和学生这一对交往角色形成以来就伴随着的关系形态，表现为教与学，即导师指导学生、学生在导师指导下学习的互动关系。制度关系是指在师生交往活动中各自要遵守一定的教育制度准则，承担一定的教育责任，同时也享有一定的教育权力，由此形成导师与博士生之间特殊的权利与义务关系。导师与博士生之间的经济关系是另一种更根本的关系，其源于导师身份的资本化定位以及导生间物质生产的根本性质，即一个人是否拥有资金资源影响他成为导师的可能性。这种经济关系使得导生关系不仅是个人的、学术的或可选择的，更是创造包容和公正制度文化的一个核心组成部分。[①] 情感关系也是导生关系的重要组成部分，是导生间建立起的深层心理连接。它不仅需要导师具备帮助学生应对学习、生活等各方面困难的能力，也需要导师具备特定的个人品质、沟通能力，以端正学生的科研态度，引导学生树立正确的人生观与价值观，并在必要的时候为学生提供情感支持。

一 身份建构：把握师生的主体间性

导学关系本身既是导师与博士生对彼此的身份认同在教育领域中的体现，更是导师和学生作为人而存在和发展的独特方式，具有无可比拟的教育力量。导师与学生的身份关系在人格上应该是平等的，在交互活动中是民主的，在相处氛围上是愉快的。[②] 但是这并不能使我们真正理解和把握师生身份关系的要义与真谛，使导学关系仍旧处在教师权威、学

---

① 刘志：《研究生导师和学生关系问题何在——基于深度访谈的分析》，《教育研究》2020年第9期。

② 吴岳军：《师生关系新论》，辽宁教育出版社2010年版，第94页。

生服从的主客二元关系中，在这种认知基础指导下的博士生教育实践，要把导学关系统一起来，既不可能也不可行。而主体间性理论则使人们逐渐打开思路，走出主客二元悖论的困境，认识到他人不是“客体”，从而使导师与博士生共同卷入并融合到教育情境之中，形成不可分割的主体间区域。

（一）传统主体理性的危机与转化

主体性是近代理性启蒙的产物，形式上表现为以理性反对神性，进而以理性认识世界、改造世界、征服世界。文艺复兴运动把人从神权的统治中解救出来，归还人的自然本性，产生了古典人文主义教育和个人主义的教育理想，强调尊重教育对象的自然本性。自工业革命以来，伴随着自然科学的突破和科学技术价值的增大，现代社会越来越重视科学主义和工具理性，于是原本自然完整的人的发展，就演变为以工具理性或技术理性为核心的主体性发展。对于博士生培养来说亦是如此，现代教育普遍采用主体改造客体、人对物的操作方式来塑造人，从而使教育成为与劳动生产无异的工具性行为。而主客二分的认识论哲学更是把培养人对外部世界的占有能力作为目标，使教育偏离了对包括导师和学生在内的人的完整性关怀。我们一方面把主体的价值和意义建立在对客体世界的征服和占有上，教人以征服自然、统治他人的技术与能力；另一方面把人与自然的主客关系也运用到人与人之间，出现了以自我为中心的个人主义，人与人之间的交往越来越多地体现为竞争而非合作。

追溯传统的主客二元对立的认识论主体性理论，可以看出近代西方哲学和一切科学发展的最终目的，就是要运用人的理性能力去认识客观世界、改造客观世界，得到主客统一的真理。历史地看，近代西方的个人主体教育培育了西方社会的理性主体，对教育的发展及人类的进步意义是值得肯定的，但也应当看到教育过程中产生了一系列环境问题和社会问题，其根源无疑与传统上人们确定的单一主体性有关。以理性的、创造的人为中心，形成了主体——客体的基本逻辑与架构，单一主体性既是这种哲学的基本特征，也是其根本缺陷之所在。[①] 单纯的“主体—客体”或“主体—中介—客体”模式在处理人与人、人与社会、人与自然

① 吴岳军：《师生关系新论》，辽宁教育出版社2010年版，第99—100页。

的关系时引发了许多问题，而导师与博士生面临的一系列交往问题、教育问题和社会问题，无疑与传统上人们确立的单一主体理性有关。

从根本上说，博士生导学关系的主体性危机是主体理性自身发展的必然结果，因为主体和主体性就是在“主体—客体”的关系中获得规定，也正是由于这种主客关系，导致主体理性及其教育理论陷入了困境。建立在对象化活动基础上的主体性，不仅缩小了导师与博士生交往实践的活动范围，而且也是对教育主体的不完整诠释。局限于对象活动中的导学关系，撇开了实践主体之间的社会交往关系，窄化对实践活动理解的同时也抑制了教育主体的建立和发展。以支配和占有的主体性格来处理导师与博士生之间的关系，必然带来一方对另一方的控制与管理，人与人的关系就存在演变为人与物的关系的危险，进而背离人的自由本性。而只有把主体性改造为主体间性，实现从对象化活动向交往活动的转变，才是走出传统主体理性危机的正确选择。因此，厘清主体间性的哲学理论基础和以此为基础的师生的交互性、理解性和平等性等特质，并从导学关系范式层面探讨师生主体间性关系的实践策略，具有重要的现实意义。

（二）主体间性视域下的身份关系发展

主体间性（intersubjectivity）是20世纪西方现代主体性哲学一个重要的概念，它的主要内容是研究或规范主体间的相互运作与影响。主体间性是胡塞尔晚年所进行的一种艰辛的主体性理论探索和尝试，在他的视域中就是纯粹的自我意识如何在自身的意识经验中构造出他人，从而解决认识的客观性问题。胡塞尔在很大程度上继承了笛卡尔关于“自我”的概念，并通过现象学“悬置”的方法，使主体的自我还原到先验的自我，而这种先验的自我具有超越性，使自我与另一个自我的类比性知觉形成统一的意识整体。自我通过这种把自身放在对方位置上的移情作用去理解对方，进入对方的经验，形成一种更高层面上的意向性的交互渗透和先验生活的交互渗透，从而达成一种共识，亦即主体间性。海德格尔提出的“此在”概念把先验的主体转向了生存论主体，以存在论的思维认识方式取代认识论的思维方式，更关心我与他人之间生存上的联系。他认为，主体间性的存在依据在于人的生存本身，因为此在的世界是共同的世界，在此之中就是与他人共同存在，此在的独在也是在世界中的共在。[①]

马丁·布伯（Martin Buber）认为，“关系是相互的，切不可因漠视这点而使关系意义的力量亏蚀消损”[②]。在马丁·布伯的视域中，真正的对话关系不是一种“我—它”的经验和利用的关系，而是“我—你”的精神上的相遇关系。哈贝马斯也极力倡导人与人之间基于“交往主体”的实践关系，他认为，一切社会问题都是合理性问题，社会合理性问题只有通过人的交往行为的合理性才能解决，而真正交往则是主体间相互理解的交往。[③] 雅斯贝尔斯（Karl Theodor Jaspers）则认为，交往是人存在的基本方式，生存的交往是个体真正的交往，“我只有在与别人的交往中才能存在着”[④]。他把人类的交往形态分为三种，即共体主体性（Communal Subjectivity）交往关系、交互客体性（Inter Objectivity）交往关系、外在交互主体性（External Intersubjectivity）交往关系，并认为这三种交往都将被超越或扬弃，真正具有理想意义的生存性交往将取而代之。[⑤] 所有这些哲学家的论述均表明，从主体性转向主体间性是单子式主体陷入困境和寻找出路的必然结果。

主体间性是主体间即“主体—主体”关系中内在的性质，实质是个体与他人、个体与社会、个体与群体的关系问题。它涉及两个或两个以上的主体，因而超出了单一“主体—客体”的窠臼。在处理人与人之间的关系时，强调与主客关系不同的主主关系，是一种新的思路和方法。主体间性的转向是认识论向语言学的转向，是单一主体性向交互主体性的转向，是超越主体性困境的话语革命。语言是存在的寓所，但却不是存在的本身；对话是我们生活世界的一部分，但人类首先生活在社会实践之中，语言、对话作为一种精神交往行为，是由交往实践派生

---

① ［德］马丁·海德格尔:《存在与时间》，陈嘉映、王庆节译，生活·读书·新知三联书店1999年版，第140页。

② ［德］马丁·布伯:《人与人》，张见、韦海英译，作家出版社1992年版，第23页。

③ 余灵灵:《现代十大思想家 哈贝马斯传》，河北人民出版社1998年版，第1620页。

④ 涂成林:《现象学的使命——从胡塞尔、海德格尔到萨特》，广东人民出版社1998年版，第91页。

⑤ 张俭民:《迷失与重建：大学师生关系探讨》，华中师范大学出版社2018年版，第120页。

的。[1] 导师与博士生的身份和自我总是在与对方的对话和交往过程中彰显的，不存在不与导师交往的博士生，也不存在没有博士生的导师。主体间性从关系向度，而非对象向度出发，开启了审视导师与博士生身份关系的新视角，对于重构师生身份关系具有重要的理论和实践指导意义。

教育主体的相互作用与影响形成了主体间性，它是个人主体性的扩展和超越，在某种程度上是导师与博士生主体性发展的必然。师生实践交往的基本向度既不是单纯的客体，也不是单一的主体，甚至不是单纯的主体际，而是属于“主体—客体—主体”的统合结构，交往实践包含主体—客体与主体—主体两个方面，是主体和主体际的综合，是导师与博士生精神交往和话语交往的基础。工具理性影响下的导师与博士生之间属于一种“主体—客体”的关系，突出导师在科学研究和学术指导等方面的主体性地位，对博士生导学关系的主体做出抽象的、单一的判定。交往理性导学关系不是在主客二分的基础上对导师与博士生的构造或征服，而是师生主体间的共在、交往与对话。主体间性把握了博士生作为另一主体的积极意义，强调了师生之间的有机联系，使其对博士生教育活动做出科学的、合理的解释成为可能。

在导师与博士生的交往世界里，教育主体生存在与他人的相互交流之中，与他者的关系性首当其冲，教育主体的认识产生于此并被分解化。教育主体的存在是“世界内存在”，师生双方生活在对彼此的“关心之中”，这也使导师与博士生间的“主体间性”成为可能。这种主体间性不意味着自己与他人都失去个性的融合，最终仍旧保持着以语言为媒介的密切关系。在博士生教育过程中，导师与博士生之间的精神性交往是建立交往理性导学关系的重要途径。由主体性转向主体间性是导师与博士生平等对话与交流的基础，只有在相互理解、相互信任的前提下，主体间的对话才可能真正发生。主体间性是教育功能的敞亮和教育主体的实现，在探索真理和自我认识的途径中可以发现导学关系的存在意义与生命价值。以相互信任为基础，以寻求真知、创造意义为目标，是一种真正意义上的、平等的精神沟通与内在交流。

---

① 吴岳军:《师生关系新论》，辽宁教育出版社 2010 年版，第 102—103 页。

在现实的对话与讨论中，人与人之间共同追求真理几乎是不可能的，但在以科研为纽带的博士生导学关系中，这种情况非但可能，也似乎更为必要。哈贝马斯认为，人类本质上是一种依存于交往的主体间性的存在，而沟通的意义也只能在主体间性上确定。[①] 主体间性不是把教育主体看作是原子式的、独立的个体，而是看作与其他教育主体的共在。由此一来，教育主体的认识对象、客观世界、精神世界在形式上达到了统一，并确认了自我主体与对象主体的平等性与交流性。交往理性导学关系不仅以建构起和谐的导学关系、培养出合格人才为最终目的，更以塑造导师与博士生个体完满的精神世界为价值旨归。导师与博士生必须将师生间的主体性关系放在必要的地位，强调主体之间的理解信任、意义分享及共同创造，并在此基础上促使师生双方体验生活、理解人生，以激发自身的创造力与生命力。[②]

二　制度健全：寻求共同认可的规范

在人类社会生产并不发达的时代，由于经济水平发展较低，各种类型的教育活动均不能持续稳固地进行，而只能分散地、间断性地存在于社会群体之中，对于博士生教育来说亦是如此。在西方国家工业革命完成以前，导师与博士生的关系仍旧表现为师傅带徒弟为主的身份关系，导师对学生的指导并不拘泥于固定的教育场所和教育模式。这样的身份关系是与社会生活紧密联系、高度一体化的实践活动，并没有能力从日常的生产生活中分离出来形成一种相对独立的社会机构及制度化行为。虽然近代西方国家产生了大量的学校，但是由于缺乏系统的组织与管理，博士生导学关系并没有出现过多制度化的特征。而随着社会的发展以及公共教育的出现，学校教育机构的不断增多，学校教育规模不断扩大，才使得学校的职能不断分化，使导学关系的制度表现形式成为可能。

（一）制度关系的缺陷与健全

博士生导学关系的内部人员需要建立一种平等、协作的对话环境，

---

① ［日］中冈成文：《哈贝马斯：交往行为》，王屏译，河北教育出版社2001年，第91页。

② 杜静、常海洋：《回归实践：教师教育价值重构》，科学出版社2020年版，第237页。

而这样的环境容易因缺乏条件的制约和规则的保障而变得模糊不清。为了保证共同体内部和谐的对话关系，一些学者提出要加强导学关系内部的制度建设，如斯托尔（L. Stoll）就十分看重师生交往内部结构的稳定性，他指出学习与互动是不可能发生在一个不稳定的环境中的。① 同样，在基于理解与合作的师生交往中，制度的保障也显得尤为重要，良好的导学关系不会因为脱离了制度的束缚就自然地发生。② 这也就意味着，博士生导学关系必须具备相应的制度保障，才会使师生之间的合作交往有效的进行。在霍德（S. M. Hord）所提出的支持性条件当中，还应包括一种结构上的支持，也就是指博士生教育各个系统之间的相互配合，以及组织规则与制度的相应保障。制度性的保障可能会与导学关系的长久发展密切相关，因为建立在个人关系基础之上的导学关系是不稳固的，强烈的个人关系可能会阻碍导学关系的发展。③

导师与博士生的制度关系是一种具有规范性质的、具体真实的教育存在，它作为师生交往的媒介与土壤，不断调整彼此之间的交往行为与距离，并以一种固定化的方式影响师生的自我成长。制度关系作为研究生教育发展的历史存在物，无论是具体的抑或是非具体的，都源于一定的社会基础和教育背景，其发展也伴随着一定的历史继承性和创新性。博士生导学关系的制度化过程由确立价值观念、制定规范和建立机构这几部分组成，主要表现为博士生教育的组织形式和师生交往形式由非正式系统发展到正式系统，教育模式从不健全发展到健全的过程。导师与博士生的制度关系在一定程度上符合师生交往及全面发展的客观规律，能保证师生的指导学习、科学研究和论文撰写循序渐进地进行，使博士生获得系统、扎实、完成的科学知识体系。导学关系的制度化使导师群体和博士生群体组织制度逐渐完备并达到规范与统一，有利于学校合理

① Stoll, L. and Louis, K. S., *Professional learning communities: elaborating new approaches*, *In Stoll, L. Louis, K. S., (Eds) Professional Learning Communities: Divergence, Depth and Dilemmas*, Berkshire, England: Open University Press, 2007, pp. 1 – 14.

② Hargreaves, A., "The New Professionalism: The Synthesis of Professional and Institutional Development", *Teaching & Teacher Education*, Vol. 10, No. 4, April 1994, pp. 423 – 438.

③ de Lima, J. A., "Forgetting About Friendship: Using Conflict in Teacher Communities as a Catalyst for School Change", *Journal of Educational Change*, No. 2, February 2001, pp. 97 – 122.

安排教学、科研的内容和进度，有助于规范和内化师生的指导行为、科研行为与交往行为，从而保证了整个博士生教育系统的稳定与良好的发展。

制度化的博士生教育是从前制度化的教育活动中演变而来的，是指由专门教育人员、机构及其运行机制构成的教育形态和教育模式。博士生教育从前制度化到制度化的进程，使得博士生教育和师生交往活动越来越规范，这是导学关系发展过程中的一大进步，也是教育文明中一个不可跨越的阶段。组织形式的制度化可以在一定程度上促进和谐导学关系的发展，使之符合社会发展对学校和人才的要求，但是一味地寻求导学关系的制度化，忽视导师与博士生的实践诉求与交往愿景，不免会使师生的个人成长陷入泥淖之中。制度关系的野蛮生产会使师生交往远离其交往内容所承载的文化意义和教育意义，使导师与博士生的交往徒有表现形式而实质性内容。[①] 加之现代社会越来越快的科技更新与迭代，包括其他各种社会经济因素的影响已经大大改变了包括导学关系在内的博士生教育体系，导师指导和学生学习越来越拘泥于程序化、机械化的流程，导学关系也出现片面化、抽象化的危险。

作为主体与主体、主体与科研交互作用的时空环境，导师与博士生的制度关系应当是师生身份关系的补充，并具有调整和整合师生交往内部诸要素关系的作用，并在一定程度上能够促进教育主体的不断成长。制度关系的健全需平衡制度供给与制度需求的矛盾，妥善处理师生成长、学校发展、社会进步的关系，妥善处理行政权力、学术精神与主体价值的关系，同时淡化师生交往的行政化色彩，积极探索适用于教育主体发展的交往制度。根据师生制度关系的逻辑范畴，可以明确导学关系是一种不断发展和演化的形态，而制度关系的创新应以师生交往行为的合理性为指导，通过调整和变革已有的制度产生、发展、应用的形式，从导师与博士生交往的现实境遇中孕育符合师生发展诉求的交往规范，而基于共同认可的制度建构则是导学关系制度发展的应然走向。

---

① 张俭民：《迷失与重建：大学师生关系探讨》，华中师范大学出版社 2018 年版，第 49 页。

（二）寻求共同认可的制度规范

在传统教育组织或机构当中，教师与学生、领导与师生之间的关系是一种为了某种外在的目的而建立起来的固定的社会关系。① 在这种关系影响下的校园里，领导往往是学校发展的控制者、决定者和绝对的权威者，教师和学生只是领导决策的执行者、服从者和意志的体现者。因此，倡导教师与学生的专业自主权、寻求共同认可的制度规范就显得十分必要。在教育领域里，导学关系的制度健全是制度需求诱发的结果，是创新主体为实现一定的目标而进行的制度重新安排或制度结构的重新调整。② 师生的交往实践活动总是由自己的目的出发，满足自己的需要；只有那些体现了实践主体的目的，满足了主体需要的制度关系才是正当的、有益的、合理的。③ 表现为制度关系的价值选择不仅符合诸如意识形态、价值观念、传统习惯等某些普遍性原则，而且符合导师与博士生的期望、愿景并被承认、接受和遵守。因此，制度创新应当由供给侧转向需求侧改革，作为导学关系制度建设的主体也应当主动担负起制度建设的重任，通过积极的商谈与讨论寻求共同认可的制度规范。

承认和尊重一定的规范标准是导师与博士生实现制度关系合理化的基本前提。交往理性除了为现代性博士生教育的规范奠基，还强调制度建构的“普遍主义”性质，也就是道德、价值和标准的共同化与普遍化。④ 共同认可的规范制度不仅意味着认同导师与博士生的生活方式及合法性要求，而且意味着对对方及其他互动主体的忍让，并将此视作与自己相同的权力，更加意味着教育主体的独特性以及包容的广泛性。⑤ 在面对多样的文化传统和多元的价值观念时很容易导致“相对主义”的盛行，因此要求导师与博士生在面对各种可能性的时候做出更自主、更负责的选择。这需要以多元的博士生导学关系为现实起点，通过达成普遍的道

---

① 李健平:《构建师生学习共同体实践研究》，黑龙江教育出版社 2012 年版，第 8—12 页。

② 范先佐、杨秀芹:《高等学校的教育制度缺失与教育行为失范》，《高校教育管理》2007 年第 1 期。

③ 刘复兴:《教育政策的边界与价值向度》，《清华大学教育研究》2002 年第 1 期。

④ 刘中起:《理性主义的范式转换及其当代价值: 哈贝马斯交往行为理论研究》，博士学位论文，华东理工大学，2011 年。

⑤ ［德］哈贝马斯:《现代性的地平线——哈贝马斯访谈录》，李安东、段怀清译，上海人民出版社 1997 年版，第 120 页。

德共识及规范制度积极构筑交往理性。

共同认可的制度规范是导师与博士生交往制度关系的建构基础与保障，它绝非一个简单的约定或共识，而是能够促使师生迈向共同目标的一股强大动力。只有当导师与博士生都明白了基于共同认可的制度关系的真正内涵，且被这一规范或愿景深刻感召而产生一股强大的向心力时，导师与博士生之间的联系才会更加紧密，沟通才能更加顺畅。作为导师与博士生学习交往的基础，基于共同认可的制度建构会体现在各种形式的组织活动中，体现在师生的日常生活与工作中。共同认可的制度规范源自于导学关系内部成员的个人需要与诉求，会唤起师生对于交往和成长的内在希望。不同个体的诉求与希望与其他个体均是不一致的，个体与个体之间通过平等地协商、交流与对话，将个体愿景与诉求相互融合，建立起共同认可的规范标准，既为导师与博士生的互动交往提供了资源和情感的支持，也为导师与博士生的进步与成长搭建了反思实践的平台。

共同认可的规范也可以促使师生交往形成共享性的领导力，这种共享性的领导力能够营造一种协商、平等的沟通氛围，不会产生角色差异或领导压力，从而使导师与博士生在交往过程中的思想和言行趋于一致，以更轻松、更融洽的方式促进导师与博士生的学习与进步，以建立起完善的制度关系。日本学者佐藤学（Manabu Sato）认为，推进和谐导学关系的关键就在于构建交往群体的同僚性（collegiality），即导师与博士生之间共同商议、共同治理、相互协作的一种状态，它要求制度理性的实践中构筑起相互尊重、合作探讨的导学关系环境。基于共同愿景的制度建构要求导师与博士生均必须有强大的内在动力，这就意味着在师生交往与互动的过程中不能被单一的领导或决策所把握。导师与博士生必须拥有自己的目标与意志，也必须将自身的理念与对方分享交流；而对方也应按照其目标与想法平衡自己的言语与行为，使师生之间的交往更为合理与顺畅。

制度作为一种秩序，是由一系列的规范构成，并由此对教育资源的配置及其和谐序列发挥根本性的动因作用。[①] 在孟德斯鸠（C. Montes-

---

① 王海峰、郭素华:《制度理性：政府公共治理的价值源起》,《理论观察》2007 年第 5 期。

quieu）看来，自主权既不等同于自由的意志，也不等同于绝对的独立，自由也应当基于对领导的服从，夺取领导权并不意味着恢复自主权，相反恰恰是自主权力的丧失。[①] 寻求共同认可的制度规范并不代表成员可以随意地制定规范、滥用规范，而是意味着在一定领导范围内做一切事情的权力。导学关系中自主规范的实现，离不开领导规范的保障，领导的价值不仅仅在于营造一个平等、协商的群体氛围，更在于保障师生利益与价值的实现。因此，导师与博士生仍应需要有领导者的组织与协调。交往理性导学关系要发挥的是导师与博士生平等参与讨论、参与决策的过程，并不是对领导权力的取缔，民主决策的过程依然需要原则的约束，需要规则的保障。

三 经济合作：达成包容冲突的契约交往

工业革命带来的社会进步几乎已经使制度理性涵盖了人类生活的各个方面，但依旧无法与人类生命意义和自我价值实现并驾齐驱，即使在尚未发展成熟的社会群体中，制度构建也只是社会交往的表层现象，在它下面有一种自发的、不断变更着的契约规定的集合，除非为强迫遵从或约束实践活动外，制度构建并不影响这些契约的规定。[②] 对于导学关系的有关制度而言亦是如此，无论将博士生教育的制度规划得多么完善，理性的有限存在也不可能涵盖师生交往的全部内容，对于交往实践中具体的师生互动现象，起主要作用的往往是导师与博士生之间达成的心理契约或共同愿景，而并非制度建设带来的作用与效果。并且科学研究的经济属性往往带来劳动与回报的不平衡（虽然这种回报往往不是直观的经济回报，而是满足劳动者心理预期的非实体性回报），成为引发师生冲突与矛盾的根源，因此有必要探讨导学关系中的劳动经济属性、心理契约、商谈合作等问题。

（一）对经济关系的忽略与重拾

导师与博士生共同开展的知识传承与创造、技能训练与提升、观念养

---

① ［法］孟德斯鸠：《论法的精神》，钱逊译，北京人民日报出版社 2008 年版，第 11—37 页。

② ［英］梅因：《古代法》，沈景一译，商务印书馆 1959 年版，第 172—173 页。

成与塑造等这些外化在教育教学、科学研究、社会服务等领域的实践活动，在本质上都是以人自身的活动来影响、调整和控制人和自然之间的物质变换过程。① 师生具体的交往活动往往依赖于双方的合作交易关系和制度之外的“交换、抵押、商谈、沟通”这些保障机制，并且在经济属性上具有生产劳动与回报的一致性联系。如果将科研指导和科学研究从劳动活动及劳动产品的角度加以考察，那么科学研究的过程就是处理生产资料的过程，而科研成果则表现为劳动产品。而博士生或导师对科研成果的不正当占有，以及劳动回报的缺失在本质上破坏了导学关系的经济属性，在科研指导或交往过程中的不正当利益往来也使生产劳动关系出现了异化现象。

产生这种现象的原因，一方面是由于传统身份关系的错位差距与制度关系的压制束缚，放大了学术权威与制度权威的天然优势，窄化甚至掩盖了科研生产者表达自身利益与诉求的渠道，使师生劳动经济意义上的交往活动日渐式微；另一方面是对基于经济契约与心理契约的劳动经济关系的忽略，致使契约行为成为一种内隐的、无形的主观感受而难以达成一致认同，导致博士生或导师单方面的失望情绪，助推导学关系问题爆发。因此有必要唤醒师生双方对经济关系的关注，提倡通过积极建立经济契约与心理契约，达成对经济关系的重构。经济契约可以明确规定导师与博士生各自基本的责任与义务，如科研汇报、科研范围、工作时长等，但现如今的导学关系中鲜有明确的经济约定而仅剩下师生之间的心理期望，即心理契约。对博士生而言，经济契约中的利益所得是其应得的，属于基础因素，而心理契约可以保持博士生作为研究者充满向上的动力，属于成长因素。没有经济契约这个“拉式”机制，心理契约也会缺乏自我激励的实践土壤。

与一般的经济关系不同，导师与博士生的经济关系具有长期性，受制于科研项目与毕业论文等因素，这种经济关系一般都会持续3—5年，甚至更长。并且随着时间的延续和交往的深入，经济关系可能也会超越传统分立性交易的界限。② 由于师生交往的理性与复杂性，师生双方对不

---

① 刘志：《研究生导师和学生关系问题何在——基于深度访谈的分析》，《教育研究》2020年第9期。

② Speidal, R. E., “The Characteristics and Challenges of Relational Contracts”, *Northwestern University Law Review*, No. 3, March 2000, pp. 823 - 846.

确定的未来情况都希望保持一定的弹性和灵活反应，从而会在不同的交往阶段保持不断的商谈。与师生交往的制度关系保障不同，经济关系中包含着很强的人格化因素，其实现也依赖于自我履约机制，双方在长期合作中出现的问题可由协商、理解、交换等其他技术性补偿来处理。导师与博士生之间的契约达成总是在一定的语境下发生的，因此对师生经济关系的重拾需要注意经济关系的嵌入性，只有在特定的语境与视域中，交互双方的合意判断与合意内容才能够得到准确的解释和阐明。①

（二）达成包容冲突的契约合作

在博士生教育制度发展不尽完善的情况下，整个教育环境的统一性原则一时之间难以形成，此时师生双方只能求助于经济或契约关系实现彼此的交往价值。作为博士与导师之间的一种私人协议与约定，契约关系可以规定导学关系中的各种交互行为，尤其是关于劳动生产的交互行为，以实现师生利益的最大化。在信息不对称条件下，缔约过程中导师与博士生之间可能会出现道德风险（moral hazard）、敲竹杠（hold up）和承诺（commitment）等问题，② 这就引发了师生在商谈与合作过程中冲突的可能。需要说明的是，这种冲突是在建立经济关系前的正常交互，并不是经济关系破裂后的情绪表达，因此达成包容冲突的契约合作，对导师与博士生的经济关系来说，既十分关键而又非常必要。只有当导师与博士生回到行为理论层次，并把主体间的契约合作理解为交往行为的继续，师生才会理解交往理性导学关系的真正要点。即在导师与博士生互动的种种交往前提中寻找到普遍化原则的内容并表现出一种反思的形式，不论是在日常生活中还是在哲学伦理学中，一切理念都以这种普遍性与反思性为中心。

在实践过程中，交往理性导学关系会指向导师与博士生的精神联结，关注师生在专业发展过程中情感的释放。因师生间的和谐关系的影响而回避交往与合作中的冲突与竞争，会降低博士生或导师参与合作的积极性，遮蔽教育主体的自我存在感，一些没有想法的学生会盲目顺从他人而产生惯性的群体思维。诚然，一味地追求导学关系中的和谐氛围，在

① 孙元欣、于茂荐：《关系契约理论研究述评》，《学术交流》2010 年第 8 期。

② 聂辉华：《契约理论的起源、发展和分歧》，《经济社会体制比较》2017 年第 1 期。

一定程度上能够促进师生的成长与发展，但长此下去，只会消磨博士生探索与创新的激情，降低博士生反思与改变的能力，合作学习也变成影响导学关系发展的内部阻力，使之成为一种静态化、固定化的组织。而那些拥有自身观念的博士生虽然表面上与导师进行和谐的合作，实际上未必认同对方的观点，这也为师生之间的真正冲突埋下了伏笔，而当这一冲突发生时，导学关系就已经处于濒临解体的边缘。因内部成员身份的统一性，博士生也更希望自己成为与导师具有相同理念与价值观的个体。囿于此，导学关系内部的个体更多的是考虑如何适应他人的问题，而不是对合作过程发起反思、质疑或挑战，这也往往使导学关系走向封闭、僵化的道路。因此，实现师生经济关系的首要任务便是承认导师与博士生各自的独立性与差异性，并在此基础上寻找共同认可的价值观念的可能。包容性的契约合作既不能当作环境影响来加以说明，也不能当作制度结构来说明，而是应该作为一种创造性重组某种依然存在的认知结构，以解决导学关系中的各种实践问题和交往矛盾。

博士生导学关系的交往理性意味着，随着导师与博士生的交往与互动，教育主体已经有能力支配自身的认知结构并使之分化，并且导师与博士生也能够比先前更好地解决种种问题，采取包容性的契约合作。布雷克（A. S. Bryk）认为，作为一种文化适应的过程，导师与博士生会不自觉地受到已有愿景与价值观念的辐射与影响，也就是说，导学关系本身就具有规避冲突、营造和谐氛围的倾向。[①] 而坎佩尔（E. Campell）认为，过分地营造一种和谐关系，宣扬导师与博士生之间的友好是一种导学关系的“暴政”，[②] 这种形式上的和谐恰恰不利于导师与博士生的专业成长，不利于导学关系的健康发展。交往理性导学关系是以和谐的沟通与互动关系为保障的，但导师与博士生之间的问题与差异也是客观存在的。通过师生之间包容性的契约合作，就可以修改某些既定的、由各种关系构成的交往情境，使导学关系迈向更加良性、更加稳固的发展道路。

美国学者阿钦斯坦（B. Achinstein）认为，冲突是导师与博士生交往

① 杜静、常海洋：《教师专业学习共同体之价值回归》，《教育研究》2020 年第 5 期。

② Campbell, E., “Ethical Implications of Collegial Loyalty as One View of Teacher Professionalism”, *Teachers and Teaching: Theory and Practice*, No. 2, February 1996, pp. 191–208.

互动过程中的一个必要阶段。[①] 温格（E. Wenger）也认为，和谐并非是一个集体或组织的必备要素，交往理性导学关系不代表一种具有亲密关系的和谐环境，也不代表冲突与竞争的无限矛盾。[②] 冲突是师生双方有效合作的前提条件，是导学关系发挥其功能的重要因素。合作与冲突并不是截然对立的，二者是可以相互并存的。冲突双方的价值观念可能是一致的，但是其在行动、策略等方面或许会存在争议，而这样的冲突却也是有必要的。多种方法下的行动策略会为导学关系中的成员提供更多的视角，从而更有利于共同体目标的达成。目标的达成反过来又会促使导学关系成员之间更加紧密团结。此外，交往理性导学关系也强调个体的反思，实践性反思是个体积极发展自身的体现，是保持共同体活力的有效因素。交往理性虽然强调成员之间的协调与合作，但并不过分追求一个和谐的环境，适当的冲突也是合作的一种形式，要比没有经过交流讨论就得出的一致结论有更大的价值。

从事交往行为的教育主体在他们就交往关系的某种事物进行理解时，必须考虑彼此的观念与要求，也必须考虑种种不确定性和冲突性。具有交往理性的导学关系，是允许导师与博士生以多种不同的身份或方式联系起来以分享某些不同的价值观念的，也是允许其内部组织关系在问题的发掘与解决中不断地消解与重构的。在契约合作的过程中，博士生或导师可以对彼此的理念与看法提出疑问，这也意味着向稳固的导学关系提出挑战，而受交往理性影响的教育主体却不会因受到质疑或挑战而感到惶恐不安。师生交往互动的目的是在交往理性导学关系的背景下争取获得、维持和更新以主体内部所承认的具有可批判性的一致意见，这种交往实践内部包含的合理性表现在，通过交往所获得的意见一致归根结底必须以包容不同的观念和态度为前提。也就是说，如果导师与博士生在交往实践中存在某种意见不一致的状态，且不能通过日常的表达或沟通得到及时处理，那么就必须借助交往理性来解决问题以达成

① Achinstein, B., "Conflict Amid Community: The Micropolitics of Teacher Collaboration", *Teachers College Record*, Vol. 104, No. 3, March 2002, pp. 421 - 455.

② Wenger, E., *Communities of Practice: Learning, Meaning, and Identity*, London: Cambridge University Press, 1998, pp. 75 - 79.

和解。

四　情感共融：构筑师生之间的交往共同体

理性主义影响下的师生身份关系体现为把被管理者的行为作为纯客观的对象来对待，并将其控制在一定的秩序范围内，使其具有高度的可控性和预见性；过度理性化的制度建构也强调对教育过程中的师生进行机械化的管理，而忽视了他们作为具有主动性和创造性的主体的特点；同时各种规章制度布满博士生教育活动的空间，使科学研究活动成为由各种制度、规范编织的密集网络，契约精神的消散使师生程式化、形式化地行使着各自的角色和义务，进行着非自主自愿、非开放性的交往。[①]所有的这些关系表现形式均挤压了师生情感关系的生存空间，既忽略了师生兴趣、情感、动机等内在需要，又消解了师生之间建立良好关系的动机和行动。基于交往理性的交往行为是对以工具理性为代表的理性主义泛滥的有效调和，在督促师生完成相应教学任务与科研任务的同时，也弥补了教育主体之间的心灵与精神的契合活动。而基于师生情感建立起来的交往共同体，能够使导师与博士生共享彼此的知识、经验与智慧，共同追求生活世界的意义与生命价值的关系。

（一）师生情感距离的拉大与调和

无论是在教育系统还是在生活世界中，博士生和导师都是作为有着丰富情感生活与经历的个体而存在的，他们在开展沟通与互动的过程中也进行着特殊的人际交往活动。这种人际交往活动表现为群体交流、社会认知、社会情感、社会态度等各种不同的社会心理过程。他们因在科研指导过程中的信息交流，形成对彼此稳定的心理态度及看法，并通过了解彼此的经历和视域形成一定的情感关系。现代心理学指出，情感对人的行为活动具有动力作用。这一功能运用到教育场域中，就能起到提高师生沟通效率、科研成绩、自我成长的作用，形成“皮格马利翁效应”。[②]只有当导师对博士生的关心和爱护被学生所认可与接受，才会得

① 张俭民：《迷失与重建：大学师生关系探讨》，华中师范大学出版社 2018 年版，第 62 页。

② 吴岳军：《师生关系新论》，辽宁教育出版社 2010 年版，第 4—5 页。

到学生更多的尊重和热爱；也只有当学生对导师的尊重和热爱被导师所认可和理解，才会获得更多的关心和爱护。

导师与博士生互动的理性化制约着师生交往的动机和行为，师生在科研指导和互动过程中奉行理性化的互动方式，刻意扮演着理智客观的工具角色，排斥双方的情感投入，也在无形之中拉开了导师与博士生之间的心理距离。当师生彼此逐渐适应对方的处世风格与交往方式，甚至对其形象给予认同时，在师生主体的内心世界也形成了一种不能逾越的角色束缚，精神世界和情感交流也就受到了一定程度的制约。经过理性裁定的导学关系因科研指导活动的开始而产生，以科研成果的获得而终结，虽然彼此仍旧以师生相称。[①] 工具理性盛行下的师生交往缺少了情感上的联结，减少了师生之间真诚对话与沟通的机会，从而造成导学关系紧张进而引发矛盾的情况。博士生想方设法逃避导师的约束和管理，试图在导师视野之外寻求自己的生存空间，与导师保持着适当的距离；更有甚者则本能地抵触导师的操控，采取各种方式挑战和颠覆师生之间原有的管理秩序。[②]

人文关怀应当是博士生导学关系的核心理念，高等教育的目的也不仅仅是为了实现人的社会化、为社会培养高层次的人才，更是为了丰富和完善人的精神世界，使人过有意义的生活。[③] 人文关怀与精神成长的基础是进行情感生活，而情感生活的本质就是情感交往。导师与博士生情感关系的本真意义不仅包括科学研究或知识技能的传递与获取，还包括思想情感的发展和精神生活的丰富。博士生教育应当是充满智慧的教育、洋溢情感的事业，没有智慧发展的博士生教育是空洞的教育，没有情感的导学关系是苍白的导学关系。通过导师与博士生之间的精神建构和情感共融，才能整合人与人心灵上的交流，达成精神上的契合。

导师与博士生之间的情感共融，是指二者以语言符号系统为媒介进

---

① 曹永国：《师生关系：从相处到相依——后现代性批判》，《教育理论与实践》2004 年第 17 期。

② 张俭民：《迷失与重建：大学师生关系探讨》，华中师范大学出版社 2018 年版，第 63—64 页。

③ 蒋永华：《人文关怀：高等教育的核心理念》，《江苏大学学报》（高教研究版）2002 年第 3 期。

行的包括、思想、观念、情感、态度和人格等方面的对话、交流与沟通，它是师生间自觉的、双向的精神互动。导学关系的建构与发展是生命与精神和谐统一的过程，是使人成为人、成为完善的人的过程，它只有融于人的情感交往之中，才具有真实的意义。博士生教育中的师生交往本身就具有提升人的生命价值和创造人的生命意义的功能，因为师生互动过程的本质就是生命价值与意义通过指导学习的活动。在师生交往过程中，"我"会因为"你"的每一次痛苦，每一次欢乐而战栗，"我"的整个存在都沉浸在"你"的绚烂光华中。① 在导师与博士生本真的情感互动过程中，不仅那些具有客观性、确定性、简明性的科学知识受到重视，而且那些必须通过广泛对话、情感交流才能观照、理解、体悟的非简明性、非确定性的认知也得以凸显。

（二）构筑情感共融的交往共同体

建立导师与博士生之间基于情感共融的交往共同体是博士生教育改革和师生全面发展的必然趋势，学界对于交往共同体的探讨也倾向于多元化的发展方向。韦斯特海默（J. Westheimer）认为，由于实践的独特性和情境性，不同的交往共同体之间在其目标、方法、过程等方面均会有较大的差异。② 交往共同体是以交往促进教师与学生全面发展的共同体，从本质上讲即基于协作关系的有机组织形式。③ 也就是人与人之间形成的一种自然而紧密的关系，是一种带有生机与活力的有机体，而并非简单形式上的组织或团体。交往共同体与社会制度性组织有着不同的社会基础和重心，交往共同体是受本质意志（Wessenwille）的驱使，以强烈的情感精神为特点，是基于情感意志的基础上形成的、联系紧密的有机群体；而以社会制度为保障建立起来的组织机构是在传统习俗、法律法规的基础上所形成的一种机械的、人造的聚合。④

① ［德］马丁·布伯：《我与你》，陈维纲译，生活·读书·新知三联书店 1986 年版，第 9 页。

② Westheimer, J., "Communities and Consequences: An Inquiry into Ideology and Practice in Teachers' Professional Work", *Educational Administration Quarterly*, No. 35, December 1999, pp. 71－105.

③ 李健平：《构建师生学习共同体实践研究》，黑龙江教育出版社 2012 年版，第 8—12 页。

④ 宋萑：《教师专业共同体研究》，北京师范大学出版社 2015 年版，第 48—51 页。

共同体是一种基本的社会联结方式，它通过根深蒂固的集体意识将同质性的诸多个体以情感为纽带凝结成为一个整体，整体的团结来源于个体的相似性。而在现代社会之中，由于高度发达的社会分工，构成组织结构的个体充满了身份的异质性，个体对组织机构中的契约或规则十分依赖，一旦打破，社会组织就需要解体并重构。① 共同体的本质被理解为现实的和有机的生命，社会（制度）的概念被理解为思想的和机械的形态。共同体是一种由人的意志完善的统一体，并且这种完善的意志也应处于一种原始的或天然的状态，而基于社会制度之上的组织机构是通过契约和制度联结起来的集合，个体的意志在相互结合的过程中仍然是孤立存在的。共同体能够基于合作之上对冲突进行包容，尽管存在着各种形式的分离，但仍旧保持着结合；而在社会制度影响下的组织机构中，尽管有通过规则而进行的种种结合，但人与人实质上仍然保持着分离。②

近代的意识哲学从孤独面对世界及他人的主体出发，使个人之间的相互交流产生倒退。哈贝马斯认为我们应立足于精神上的共鸣，抛弃封闭的自我利己主义，相互安抚易伤的人类存在，创造出一个没有强迫、没有支配的交往共同体。交往共同体从本质上讲属于一种基于协作关系的有机组织形式，也就是导师与博士生之间形成的一种自然而紧密的关系，是一种富有生机与活力的有机体。在具体的实践交往过程中，共同体会指向导师与学生的精神联结，关注师生在学习、科研以及自我成长发展过程中情感的释放。与一般社会组织不同的是，交往共同体是一种长久的、真实存在的、在情感一致基础上形成的集合体，属于一种“有机团结”（Organic Solidarity）而非“机械团结”（Mechanical Solidarity）。导师与博士生的互动是在一定的参与性框架和实践性境脉中展现出来的主体之间的沟通与交流过程，师生可以通过在交往共同体中的各种实践活动完成知识的建构和意义的协商，为个体社会化搭建更好的平台。

理想的交往共同体是一个不屈服任何强迫与权威的，导师与博士生

---

① Durkheim, E., *The Division of Labor in Society*, New York: Free Press, 1993, pp. 2 – 73.

② ［德］斐迪南·滕尼斯:《共同体与社会: 纯粹社会学德基本概念》，林荣远译，商务印书馆 1999 年版，第 101—115 页。

在自由平等立场上为实现共同体利益而进行讨论的共同体。交往共同体里的导师与博士生所应该追求的价值不在外部，也不以重新决定的形式存在。交往共同体的概念本身表明，交往理性归根结底就是通过语言沟通促使师生自愿联合以及获得认可的中心经验。如果共同体从合目的的行为对命题知识所作的非交往实践出发，师生互动行为本身便是带有任务完成与交付的工具理性概念的；如果共同体从语言行为对命题知识所作的交往实践出发，师生互动行为本身便是带有自我完善与发展与交往理性概念的。师生双方如果能够理解对方的论据，并抛开自己的意见及个人利害关系，就会将自己融于彼此认可的商谈意见之中。导师与博士生通过讨论创造规范与价值并使之发挥作用，从而达成对导学关系的“内在超越”。

交往共同体是以一种合作化的意义过程为基础的，在这种意义过程中，师生同时与客观世界、社会世界以及主观世界发生关系。只有当共同体中的成员能够对解释需求所遵照的价值标准本身采取反思的态度，我们才能把这样的共同体称之为合理的。交往共同体构成了行为环境的直观性理解脉络，同时对教育主体的互动过程提供了丰富的资源，师生正是借助于互动过程满足相互理解的需要。如果导师与博士生想要同心协力地以共同界说规范准则，实现共享的愿景或目标，就必须对交往共同体有一致的理解与把握。在导师与博士生的交往行动联系中，只有真正作为交往共同体的成员，才能按照主体内部已经认可的规范要求来安排主体行为，才可能具有健全的判断力。对交往理性提出更高的衡量尺度，可以摆脱系统或制度对行为主体自我论断的限制，在交往共同体内扩大契约合作的范围，加强对认识冲突的协商调解。

作为导师与博士生合作的基本单位，交往共同体不应当追求一种大而广的外延，理论研究者与实践者也不应当一味地夸大共同体的作用。在高度发达的现代化社会中，我们所追求的是个体作为主体的意识独立和精神自由，但是这也并不适用于社会的方方面面。对于师生交往共同体而言，其根本任务是建构一种教师与学生之间和谐、融洽的共生环境，追求的是一种更真实、更持久的精神联合。吉登斯（Giddens）就曾以亲密关系的形成为例，指出共同体是从个体出发，经由民主的对话达成共享的意义，以构成整体的有机联结。[①] 交往共同体强调的是个体与集体互动发展的态势，而不属于某种笃定的社会组织形态，因此并不能受社会制度性的约束和限制。建设可持续发展的专业学习共同体，需要对其内涵有精确的把握，在时代洪流之下对其有正确的认识，不因趋势的变化或潮流的倾向就随之改变共同体的形态。

① Giddens, A., *Modernity and Self-Identity*: *Self and Society in the Late Modern Age*, Cambridge: Polity Press, 1991, pp. 1－17.

附　　录

附录A　博士生导学关系调查问卷

亲爱的同学：

您好！

博士生教育规模与培养质量的矛盾使当下导学关系面临着异化的危险，需要我们重新审视并探索和谐导学关系。因此，我们开展了一项旨在了解导师与博士生之间关系的调查。调查采用匿名方式，不会涉及任何人的隐私信息，调查结果严格保密并仅用于学术研究，请您放心如实作答！您的真实想法对我们的研究非常重要！

非常抱歉占用您的部分时间！感谢您的支持和协助！

1. 您的性别：[单选题] *

○男

○女

2. 您的年龄段：[单选题] *

○18 岁以下

○18—25

○26—30

○31—40

○41—50

○51—60

○60 以上

3. 您的婚姻状况:[单选题] *

○已婚

○未婚

4. 您之前是否有工作经验[单选题] *

○有工作经验

○无工作经验

5. 您的学习类别[单选题] *

○学术型

○专业型

6. 您的年级[单选题] *

○一年级

○二年级

○三年级

○四年级

○其他

7. 您所在的学校属于[单选题] *

○“211”“985”或“双一流”建设高校

○其他

8. 您所在的学科属于[单选题] *

○理学

○工学

○农学

○医学

○文学

○历史学

○哲学

○艺术学

○经济学

○管理学

○法学

○教育学

○军事学

9. 您导师的性别［单选题］ *

○男

○女

10. 您导师的年龄［单选题］ *

○30 岁以下

○31—40 岁

○41—50 岁

○51—60 岁

○61 岁以上

11. 您导师的学术身份属于［单选题］ *

○院士

○杰出学者（长江学者、国家杰青、国家优青、国家百千万人才工程等）

○普通教授

○普通副教授

○普通讲师

12. 您导师是否担任校内行政职务或校外其他职务［单选题］ *

○是

○否

13. 您与导师交流的频次［单选题］ *

○每周两次或两次以上

○一周一次

○两周一次

○三周一次

○一月或更长时间一次

14. 您与导师每次交流的时间［单选题］ *

○几乎没有

○0. 5 小时以内

○0. 5—1 小时

○1—3 小时

○3 小时以上

15. 导师组是否有固定例会［单选题］*

○有，严格执行

○有，执行不到位

○没有

16. 您与导师共同发表的文章数量［单选题］*

○0 篇

○1—2 篇

○3—5 篇

○6—10 篇

○11 篇以上

17. 您参与导师课题的程度［单选题］*

○几乎从不参与

○较少参与

○较多参与

○独立承担部分课题任务

18. 您是否喜欢您的专业［单选题］*

○非常喜欢

○比较喜欢

○比较不喜欢

○非常不喜欢

19. 您觉得您的专业基础知识怎么样？［单选题］*

○很好

○较好

○一般

○较差

20. 您读博的原因是什么？［单选题］*

○对学术感兴趣

○获得文凭

○逃避就业压力

○其他

21. 您觉得您和导师之间的关系属于？[单选题] *

○严格权威型

○指导合作型

○平等朋友型

○自由放任型

○冷漠对抗型

22. 您希望您和导师之间的关系属于？[单选题] *

○严格权威型

○指导合作型

○平等朋友型

○自由放任型

○冷漠对抗型

23. 博士生导学关系基本情况 [矩阵量表题] *

	从不	偶尔	有时	经常	总是
1. 当我有所需求时，导师会提供协作	○	○	○	○	○
2. 我的导师会羞辱我	○	○	○	○	○
3. 对于我的提议，导师表现得不太信服	○	○	○	○	○
4. 当我犯错的时候，导师会及时提出批评	○	○	○	○	○
5. 当我们交流时，导师态度会不太明确	○	○	○	○	○
6. 我的导师信任我	○	○	○	○	○
7. 我的导师不相信我	○	○	○	○	○
8. 我的导师会帮助我	○	○	○	○	○
9. 对于我的科研（学业）成果，导师会进行全面的反馈	○	○	○	○	○
10. 在我们讨论的时候，导师脾气不好	○	○	○	○	○
11. 对于我科研（学业）进展情况，导师很不满意	○	○	○	○	○
12. 导师会遵循我的提议	○	○	○	○	○
13. 导师能预料到我们之间可能存在的误解	○	○	○	○	○
14. 导师认为我一无所知	○	○	○	○	○
15. 导师对我缺乏耐心	○	○	○	○	○
16. 导师对我的科研（学业）成果很挑剔	○	○	○	○	○

续表

	从不	偶尔	有时	经常	总是
17. 导师会倾听我的诉说	○	○	○	○	○
18. 导师在我们的例会（组会）中营造了一种模棱两可的气氛	○	○	○	○	○
19. 在评估我的科研（学业）进展情况时，导师会非常严格	○	○	○	○	○
20. 导师对我要求很多	○	○	○	○	○
21. 当讨论我的论文时，导师会表现得很自信	○	○	○	○	○
22. 导师认为我缺乏专业技巧（训练）	○	○	○	○	○
23. 当我问一些事情的时候，导师会解释得很清楚	○	○	○	○	○
24. 导师给我明确的指导	○	○	○	○	○
25. 导师认为我是不诚实的	○	○	○	○	○
26. 导师十分支持我	○	○	○	○	○
27. 导师给我很多建议	○	○	○	○	○
28. 导师对我的提议（建议）表现得犹豫不决	○	○	○	○	○
29. 导师在我们的例会（组会）中表现得非常专业	○	○	○	○	○
30. 导师对我的提议（建议）反应热烈	○	○	○	○	○
31. 导师对我总是很急躁	○	○	○	○	○
32. 导师是个我可以依赖的人	○	○	○	○	○
33. 如果我有话要讲，导师会予以关注	○	○	○	○	○
34. 在我们的例会（组会）中，导师态度不明确	○	○	○	○	○
35. 导师允许我自己拿主意（做决定）	○	○	○	○	○
36. 导师认为我是个靠不住的人	○	○	○	○	○
37. 导师会和我们一起开玩笑	○	○	○	○	○
38. 导师在我们的讨论中表现得很保守	○	○	○	○	○
39. 导师让我自己选择（研究）方向	○	○	○	○	○
40. 导师对我十分了解，印象深刻	○	○	○	○	○
41. 如果我做错了事情，导师会立马纠正	○	○	○	○	○

附录B　博士研究生访谈提纲

一　导学关系基本情况：

1. 您觉得导师的人品如何？学术水平如何？

2. 您对导师的学术指导方式满意吗？导师在指导过程中提供的信息对您有帮助吗？

3. 导师对您有再指导和反馈吗？有的话，是谁主动？

4. 您和导师有过学术上的不同意见吗？是如何处理的？

5. 您和导师有聊过学术以外的话题吗？

6. 导师有主动关心过您的日常生活吗？有的话，更关心哪方面，请举例。

7. 生活中遇到困难的话，会主动请导师帮忙吗？

8. 您有重大选择或决定时，会征求导师意见吗？

二　导学关系评价：

1. 您对目前和导师的关系满意吗？您觉得师生更像哪种类型？

2. 您和导师之间的关系存在的问题是什么？原因是什么？

三　导学关系期待：

1. 您觉得合格的导师应该具备哪些标准？

2. 您期待和导师最理想的关系是什么样的状态？

附录C　博士生导师访谈提纲

访谈内容：

1. 您和您的博士研究生多久见一次面？师门见面方式和交流内容大概是怎样的？

2. 您带博士研究生做课题吗？具体是怎样的？

3. 您对您带的学生学术指导情况如何？学生主动找您请教学术问

题吗?

4. 您对您的博士研究生在学业以外的情况关心如何?

5. 您对您和博士研究生的关系满意吗?您如何看当前博士生导学关系?

6. 您心目中合格的博士研究生的标准是什么?(对博士生的期望)

7. 您觉得博士生在学习或科研中存在一些什么问题?

8. 您如何看待自己与博士生之间的关系?

9. 您觉得在指导过程中,最重要的是什么?

参考文献

一 中文专著

陈桂生:《“教育学”视界辨析》,华东师范大学出版社 1997 年版。

陈学飞:《西方怎样培养博士:法、英、德、美的模式与经验》,教育科学出版社 2002 年版。

陈学明等:《通向理解之路:哈贝马斯论交往》,云南人民出版社 1998 年版。

杜静、常海洋:《回归实践:教师教育价值重构》,科学出版社 2020 年版。

高宣扬:《后现代论》,中国人民大学出版社 2005 年版。

舸昕:《漫步美国大学:美国著名大学今昔纵横谈:续编》,哈尔滨工业大学出版社 2000 年版。

顾明远等:《教育大辞典》(增订合编本),上海教育出版社 1998 年版。

何菊玲:《教师教育范式研究》,教育科学出版社 2009 年版。

贺国庆等:《外国高等教育史》,人民教育出版社 2006 年版。

金生鈜:《理解与教育:走向哲学解释学的教育哲学导论》,教育科学出版社 1997 年版。

李健平:《构建师生学习共同体实践研究》,黑龙江教育出版社 2012 年版。

李盛兵:《研究生教育模式嬗变》,教育科学出版社 1997 年版。

刘国钦等:《高校应用型人才培养的理论与实践》,人民出版社 2007 年版。

刘晖、李军:《二十国研究生教育》,东北师范大学出版社 1989 年版。

孟宪承:《中国古代教育文选》,人民教育出版社 2003 年版。
南京师范大学教育系编:《教育学》,人民教育出版社 1984 年版。
秦惠民:《学位与研究生教育大辞典》,北京理工大学出版社 1994 年版。
全国十二所重点师范大学联合编写:《教育学基础》,教育科学出版社 2002 年版。
全增嘏:《西方哲学史》,上海人民出版社 1985 年版。
宋萑:《教师专业共同体研究》,北京师范大学出版社 2015 年版。
涂成林:《现象学的使命——从胡塞尔、海德格尔到萨特》,广东人民出版社 1998 年版。
王战军等:《研究生教育概论》,北京理工大学出版社 2019 年版。
吴岳军:《师生关系新论》,辽宁教育出版社 2010 年版。
徐崇温:《用马克思主义评析西方思潮》,重庆出版社 1990 年版。
薛天祥:《研究生教育学》,广西师范大学出版社 2001 年版。
严平:《走向解释学的真理——伽达默尔哲学评述》,东方出版社 1998 年版。
余灵灵:《现代十大思想家 哈贝马斯传》,河北人民出版社 1998 年版。
张俭民:《迷失与重建:大学师生关系探讨》,华中师范大学出版社 2018 年版。
张汝伦:《现代西方哲学十五讲》,北京大学出版社 2003 年版。
张文初:《追寻最后的一道青烟——〈存在与时间〉前 38 节的思想》,广东人民出版社 2011 年版。
章启群:《意义的本体论:哲学解释学的缘起与要义》,商务印书馆 2018 年版。
张华:《课程与教学论》,上海教育出版社 2000 年版。
周洪宇:《学位与研究生教育史》,高等教育出版社 2004 年版。
周文辉、王崇东:《导师制度与研究生和谐师生关系的构建》,高等教育出版社 2010 年版。

二 中文译著

[德] 埃德蒙德·胡塞尔:《欧洲科学的危机和超验论的现象学》,张庆熊译,上海译文出版社 2005 年版。

［法］保罗·利科尔：《解释学与人文科学》，陶远华等译，河北人民出版社 1987 年版。

［美］伯顿·克拉克：《研究生教育的科学基础》，王承绪译，浙江教育出版社 2001 年版。

［法］C. L. 孟德斯鸠：《论法的精神》，钱逊译，北京日报出版社 2008 年版。

［德］斐迪南·滕尼斯：《共同体与社会：纯粹社会学的基本概念》，林荣远译，商务印书馆 1999 年版。

［德］弗·鲍尔生：《德国教育史》，滕大春译，人民教育出版社 1986 年版。

［德］汉斯·格奥尔格·伽达默尔：《诠释学Ⅰ：真理与方法——哲学诠释学的基本特征》（修订译本），洪汉鼎译，商务印书馆 2010 年版。

［德］汉斯·格奥尔格·伽达默尔：《哲学解释学》，夏镇平、宋建平译，上海译文出版社 1994 年版。

［美］赫伯特·马尔库塞：《单向度的人》，刘继译，上海译文出版社 2006 年版。

［英］H. P. 里克曼：《狄尔泰》，殷晓蓉、吴晓明译，中国社会科学出版社 1989 年版。

［英］卡尔·波普尔：《客观知识——一个进化论的研究》，舒炜光等译，上海译文出版社 1987 年版。

［德］卡尔·雅斯贝尔斯：《什么是教育》，邹进译，生活·读书·新知三联书店 1991 年版。

［德］鲁道夫·奥伊肯：《生活的意义与价值》，万以译，上海译文出版社 1997 年版。

［英］路德维希·维特根斯坦：《逻辑哲学论》，郭英译，商务印书馆 1985 年版。

［法］罗兰·巴特：《神话——大众文化诠释》，许蔷蔷、许绮玲译，上海人民出版社 1999 年版。

［德］马丁·布伯：《人与人》，张见、韦海英译，作家出版社 1992 年版。

［德］马丁·布伯：《我与你》，陈维纲译，生活·读书·新知三联书店 1986 年版。

[德] 马丁·海德格尔：《存在与时间》，陈嘉映、王庆节译，生活·读书·新知三联书店1999年版。

[德] 马克斯·韦伯：《经济与社会》上卷，林荣远译，商务印书馆1997年版。

[英] 梅因：《古代法》，沈景一译，商务印书馆1952年版。

[美] 乔治·米德：《心灵、自我与社会》，霍桂桓译，华夏出版社1999年版。

[加] 让·格朗丹：《哲学解释学导论》，何卫平译，商务印书馆2009年版。

[英] 萨拉·德拉蒙特：《给研究生导师的建议》，彭万华译，北京大学出版社2009年版。

[荷] 泰奥多·德布尔：《胡塞尔思想的发展》，李河译，生活·读书·新知三联书店1995年版。

[美] 唐纳德·肯尼迪：《学术责任》，阎凤桥等译，新华出版社2002年版。

[美] 威廉·F. 派纳等：《理解课程：历史与当代课程话语研究导论》，钟启泉、张华等译，教育科学出版社2003年版。

[美] 肖恩·加拉格尔：《解释学与教育》，张光陆译，华东师范大学出版社2009年版。

[德] 伊曼努尔·康德：《道德形而上学原理》，苗力田译，上海人民出版社2005年版。

[德] 尤尔根·哈贝马斯：《交往行动理论·第二卷——论功能主义理性批判》，洪佩郁、蔺菁等译，重庆出版社1994年版。

[美] 詹姆斯·杜德斯达：《21世纪的大学》，刘彤等译，北京大学出版社2005年版。

[日] 中冈成文：《哈贝马斯：交往行为》，王屏译，河北教育出版社2001年。

三　中文期刊

陈恒敏：《“老师”抑或“老板”：论导师、研究生关系的经济性》，《学位与研究生教育》2018年第4期。

邓达、田龙菊：《传统师道的现代转换：历史生存论视角》，《中国教育学刊》2012 年第 6 期。
翟莉：《师生关系视野下的教师权威主义文化探析》，《湖南师范大学教育科学学报》2007 年第 6 期。
翟学伟：《中国人际关系的特质：本土的概念及其模式》，《社会学研究》1993 年第 4 期。
杜钢、朱旭东：《中国传统教师文化的基本特质与当代价值》，《当代教育科学》2019 年第 9 期。
范先佐、杨秀芹：《高等学校的教育制度缺失与教育行为失范》，《高校教育管理》2007 年第 1 期。
冯留建：《社会主义核心价值观培育的路径探析》，《北京师范大学学报》（社会科学版）2013 年第 2 期。
郭晓明：《论教学论的实践转向》，《南京师大学报》（社会科学版）2002 年第 2 期。
郭友兵：《研究生师生关系的异化困境及其伦理超越》，《学位与研究生教育》2019 年第 2 期。
何卫平：《解释学循环的嬗变及其辩证意义的展开与深化》，《武汉大学学报》（哲学社会科学版）1999 年第 6 期。
李春根、陈文美：《导师与研究生命运共同体：理念与路径构建》，《学位与研究生教育》2016 年第 4 期。
李东成：《导师制：牛津和剑桥培育创新人才的有效模式》，《中国高等教育》2001 年第 8 期。
李莎、程晋宽：《比较教育研究的批判法：一种回归批判精神的探究》，《外国教育研究》2016 年第 4 期。
李雪梅等：《博士生导师人才培养质量评价体系研究——基于理工科博士生学术成果质量的视角》，《学位与研究生教育》2017 年第 5 期。
林杰、晁亚群：《师门对研究生发展的影响——基于非正式组织理论的质性研究》，《研究生教育研究》2019 年第 5 期。
林伟连、吴克象：《研究生教育中师生关系建设要突出“导学关系”》，《学位与研究生教育》2003 年第 5 期。
刘复兴：《教育政策的边界与价值向度》，《清华大学教育研究》2002 年第 1 期。
刘志:《研究生导师和学生关系问题何在——基于深度访谈的分析》,《教育研究》2020 年第 9 期。
宁虹:《教育的实践哲学——现象学教育学理论建构的一个探索》,《教育研究》2007 年第 7 期。
欧阳硕、胡劲松:《从“相安的疏离”到“理性的亲密”——基于扎根理论的研究生导学关系探析》,《高等教育研究》2020 年第 10 期。
潘德荣:《基于“此在”的诠释学》,《安徽师范大学学报》(哲学社会科学版)1996 年第 2 期。
裴劲松、张楠:《心理契约在研究生教育中的应用及管理策略》,《中国高教研究》2009 年第 4 期。
宋晓平、梅红:《博士生培养过程中师生互动关系研究——基于博士研究生的视角》,《中国高教研究》2012 年第 8 期。
隋允康:《师贤方能生斐——谈导师在和谐研究生师生关系中的角色和作用》,《学位与研究生教育》2010 年第 12 期。
涂艳国、吴河江:《自由教育视野下研究生教育的导学关系重构——基于人文学科领域的思考》,《研究生教育研究》2018 年第 4 期。
王彩云、郑超:《价值理性和工具理性及其方法论意义——基于马克斯·韦伯的理性二分法》,《济南大学学报》(社会科学版)2014 年第 2 期。
王定华:《新时代我国教育改革发展的新方向新要求——学习习近平总书记在全国教育大会上的重要讲话》,《教育研究》2018 年第 10 期。
王树松:《简论技术价值合理性》,《自然辩证法研究》2004 年第 12 期。
王燕华:《从工具理性走向交往理性——研究生“导学关系”探析》,《研究生教育研究》2018 年第 1 期。
王振林、王松岩:《米德的“符号互动论”解义》,《吉林大学社会科学学报》2014 年第 5 期。
辛继湘:《教学论实践智慧的缺失与重建》,《课程·教材·教法》2011 年第 3 期。
徐岚:《从导师指导过程看立德树人对博士生社会化的作用》,《学位与研究生教育》2020 年第 5 期。
余清臣:《教育哲学的实践观演变与实践教育哲学》,《教育研究》2011

年第2期。

张志伟:《此在之迷途——关于〈存在与时间〉的得与失》,《同济大学学报》(社会科学版)2016年第1期。

赵光武:《哲学解释学的解释理论与复杂性探索》,《北京大学学报》(哲学社会科学版)2004年第4期。

四　外文文献

Acker S., Hill T. and Black E., "Thesis Supervision in the Social Sciences: Managed or Negotiated?", *Higher Education*, Vol. 28, No. 4, April 1994, pp. 483 – 498.

Aguinis H., Nesler M. S. and Quigley B. M., et al., "Power Bases of Faculty Supervisors and Educational Outcomes for Graduate Students", *The Journal of Higher Education*, Vol. 67, No. 3, March 1996, pp. 267 – 297.

Akerlind G. and Mcalpine L., "Supervising Doctoral Students: Variation in Purpose and Pedagogy", *Studies in Higher Education*, Vol. 42, No. 9, September 2017, pp. 1686 – 1698.

Bargar R. R. and Mayo-Chamberlain J., "Advisor and Advisee Issues in Doctoral Education", *the Journal of Higher Education*, Vol. 54, No. 4, April 1983, pp. 407 – 432.

Bloom J. L., Propst Cuevas A. E., Hall J. W., et al., "Graduate Students' Perceptions of Outstanding Graduate Advisor Characteristics", *Nacada Journal*, Vol. 27, No. 2, February 2007, pp. 28 – 35.

Conti G. J., "The Relationship Between Teaching Style and Adult Student Learning", *Adult Education Quarterly*, Vol. 35, No. 4, April 1985, pp. 220 – 228.

Dedrick B. E. F., "What Do Doctoral Students Value in Their Ideal Mentor?", *Research in Higher Education*, Vol. 49, No. 6, June 2008, pp. 555 – 567.

Franke A. and Arvidsson B., "Research Supervisors' Different Ways of Experiencing Supervision of Doctoral Students", *Studies in Higher Education*, Vol. 36, No. 1, January 2011, pp. 7 – 19.

Friedrich-Nel H. and Mac Kinnon J., "The Quality Culture in Doctoral Education: Establishing the Critical Role of the Doctoral Supervisor", *Innovations in Educa-*

tion and Teaching International, Vol. 56, No. 2, February 2019, pp. 140 – 149.

Gagliardi A. R., Perrier L., Webster F., et al., "Exploring Mentorship as a Strategy to Build Capacity for Knowledge Translation Research and Practice: Protocol for a Qualitative Study", *Implementation Science*, Vol. 4, No. 1, 2009.

Gatfield T., "An Investigation into PhD Supervisory Management Styles: Development of a Dynamic Conceptual Model and Its Managerial Implications", *Journal of Higher Education Policy and Management*, Vol. 27, No. 3, March 2005, pp. 311 – 325.

Grevholm B. and Wall P., "A Dynamic Model for Education of Doctoral Students and Guidance of Supervisors in Research Groups", *Educational Studies in Mathematics*, Vol. 60, No. 2, February 2005, pp. 173 – 197.

Guerin C., Kerr H. and Green I., "Supervision Pedagogies: Narratives from the Field", *Teaching in Higher Education*, Vol. 20, No. 1, 2015, pp. 107 – 118.

Gurr and Geoff M., "Negotiating the 'Rackety Bridge' —a Dynamic Model for Aligning Supervisory Style with Research Student Development", *Higher Education Research & Development*, Vol. 20, No. 1, January 2001, pp. 81 – 92.

Halse C. and Malfroy J., "Retheorizing Doctoral Supervision as Professional Work", *Studies in Higher Education*, Vol. 35, No. 1, 2010, pp. 79 – 92.

Hargreaves, A., "The New Professionalism: The Synthesis of Professional and Institutional Development", *Teaching & Teacher Education*, Vol. 10, No. 4, April 1994, pp. 423 – 438.

Hockey J., "Motives and Meaning Amongst PhD Supervisors in the Social Sciences", *British Journal of Sociology of Education*, Vol. 17, No. 4, 1996, pp. 489 – 506.

Kumar S. and Coe C., "Mentoring and Student Support in Online Doctoral Programs", *American Journal of Distance Education*, Vol. 31, No. 2, February 2017, pp. 128 – 142.

Kumar S. and Johnson M., "Mentoring Doctoral Students Online: Mentor Strategies and Challenges", *Mentoring & Tutoring: Partnership in Learning*, Vol. 25, No. 2, February 2017, pp. 202 – 222.

Lee Anne, "How are Doctoral Students Supervised? Concepts of Doctoral Research Supervision", *Studies in Higher Education*, Vol. 33, No. 3, March 2008, pp. 267 -281.

Lyons W., Scroggins D. and Rule P. B., "The Mentor in Graduate Education", *Studies in Higher Education*, Vol. 15, No. 3, March 1990, pp. 277 -285.

Macdonald C and Williams-Jones B., "Supervisor-Student Relations: Examining the Spectrumof Conflicts of Interest in Bioscience Laboratories", *Accountability in Research*, Vol. 16, No. 2, February 2009, pp. 106 -126.

Mainhard T., Rijst R. V. D. and Wubbels T. T., "A Model for the Supervisor-Doctoral Student Relationship", *Higher Education*, Vol. 58, No. 3, March 2009, pp. 359 -373.

Marian Wool house, "Supervising Dissertation Projects: Expectations of Supervisors and Students", *Innovations in Education & Teaching International*, Vol. 39, No. 2, February 2002, pp. 137 -144.

McAlpine L. and McKinnon M., "Supervision—the Most Variable of Variables: Student Perspectives", *Studies in Continuing Education.* Vol. 35, No. 3, March 2013, pp. 265 -280.

Mccallin A. and Nayar S., "Postgraduate Research Supervision: A Critical Review of Current Practice", *Teaching in Higher Education*, Vol. 17, No. 1, January 2012, pp. 63 -74.

Mowbray S. and Halse C., "The Purpose of the Ph. D.: Theorising the Skills Acquired by Students", *Higher Education Research & Development*, Vol. 29, No. 6, June 2010, pp. 653 -664.

Overall N. C., Deane K. L. and Peterson E. R., "Promoting Doctoral Students' Research Self-Efficacy: Combining Academic Guidance with Autonomy Support", *Higher Education Research & Development.* Vol. 30, No. 6, June 2011, pp. 791 -805.

Rogers S. and Renard L., "Relationship-Driven Teaching", *Educational Leadership*, Vol. 57, No. 1, January 1999, pp. 34 -37.

Rose G. L., "Enhancement of Mentor Selection Using the Ideal Mentor Scale", *Research in Higher Education*, Vol. 44, No. 4, April 2003, pp. 473 -494.

Smeby K. J. C. , "Teaching and Research. The Relationship Between the Supervision of Graduate Students and Faculty Research Performance", *Higher Education*, Vol. 28, No. 2, February 1994, pp. 227 – 239.

Stein M. K. and Lane S. , "Instructional Tasks and the Development of Student Capacity to Think and Reason: An Analysis of the Relationship Between Teaching and Learning in a Reform Mathematics Project", *Educational Research and Evaluation*, Vol. 2, No. 1, January 1996, pp. 50 – 80.

Titus S. L. and Ballou J. M. , "Faculty Members' Perceptions of Advising Versus Mentoring: Does the Name Matter?", *Science & Engineering Ethics*, Vol. 19, No. 3, March 2013, pp. 1267 – 1281.

Turner Gill, "Learning to Supervise: Four Journeys", *Innovations in Education and Teaching International*, Vol. 52, No. 1, January 2015, pp. 86 – 98.

Zuber-Skerritt O. , "Helping Postgraduate Research Students Learn", *Higher Education*, Vol. 6, No. 1, January 1987, pp. 75 – 94.

后　　记

不可否认的是，近现代以来整个社会的发展史，就是一部人类理性活动的发展史，包括导学关系在内，也深受理性主义的影响。而在理性发展过程中建立起来的导师与博士生之间的身份关系、制度关系、经济关系，以及影响现阶段博士生导学关系的各种显著因素，作为“目的—手段”的合理性，均是“主体—客体”交往模式的表达。工具理性的兴盛使导学关系对制度、技术及管理的依赖不断增加，淡化了人们对精神、生命及意义的探寻与追求，进而引发师生在交往过程中身份、制度、经济、情感等方面的问题与矛盾。无论是现象学，还是存在主义，抑或是哲学解释学，其对博士生导学关系建构的意义均在于摒弃传统形而上学的认识论或方法论思想，排除“主体—客体”二元对立的认知关系，进而转向对主体与事物本身意义的理解与解读。而作为具有对话性、理解性、意义生成性的交往理性导学关系，可以使师生作为主体在交往世界中得以自我呈现，超越“主体—客体”的当下性事态，建构“主体—主体”的沟通与交往模式，进而达成对师生生存意义与异化矛盾的消解。

本书是在河南省教师教育发展研究中心支持下的成果，感谢河南大学为我提供的成长平台。河南大学是一所历史悠久的综合性大学，自1912 年河南留学欧美预备学校创建算起，经历了中州大学、河南中山大学、省立河南大学、国立河南大学、河南师范学院、开封师范学院、河南师范大学诸阶段，至今已有 110 多年的历史。在河南大学的身上，我看到了她“明德新民、止于至善”的博大胸怀，看到了她栉沐风雨而茁壮，历经沧桑而弥坚的豁达态度。河南大学百折不挠、自强不息、严谨朴实、不事浮华、勇立潮头、革故鼎新的精神将是我人生道路上永远的明灯。

常海洋
2023 年 4 月 1 日